国家“双高计划”水利水电建筑工程高水平专业群活页式教材

水泵与水泵站

（活页式）

主　编　张鹏飞　李　欢　李广辉　程　林

中国水利水电出版社
www.waterpub.com.cn
·北京·

内 容 提 要

本书是国家“双高计划”水利水电建筑工程高水平专业群活页式教材，是教育部高等学校高职高专水利水电建筑工程专业教学指导委员会推荐教材。本书依据我国现行水泵与水泵站相关的标准和规范编写完成。全书共分为 9 个项目，包括初识泵站工程，水泵的工作原理与构造，叶片泵的性能，叶片泵的运行，机组的选型与配套，泵站工程规划，进、出水建筑物设计，泵房的设计和泵站机组安装与运行管理。

本书可作为高职高专、成人高校和职业教育本科水利类、农业类、市政类和环境类专业的“水泵与水泵站”课程教材，亦可作为水泵与水泵站工程技术人员的参考用书。

图书在版编目（CIP）数据

水泵与水泵站 ：活页式 / 张鹏飞等主编. -- 北京 ：中国水利水电出版社，2024.9

国家“双高计划”水利水电建筑工程高水平专业群活页式教材

ISBN 978-7-5226-1714-5

Ⅰ. ①水… Ⅱ. ①张… Ⅲ. ①水泵－高等职业教育－教材②泵站－高等职业教育－教材 Ⅳ. ①TV675

中国国家版本馆CIP数据核字(2023)第141989号

书　　名	国家“双高计划”水利水电建筑工程高水平专业群活页式教材 **水泵与水泵站（活页式）** SHUIBENG YU SHUIBENGZHAN（HUOYESHI）
作　　者	主编　张鹏飞　李　欢　李广辉　程　林
出版发行	中国水利水电出版社 （北京市海淀区玉渊潭南路 1 号 D 座　100038） 网址：www.waterpub.com.cn E-mail：sales@mwr.gov.cn 电话：(010) 68545888（营销中心）
经　　售	北京科水图书销售有限公司 电话：(010) 68545874、63202643 全国各地新华书店和相关出版物销售网点
排　　版	中国水利水电出版社微机排版中心
印　　刷	北京市密东印刷有限公司
规　　格	184mm×260mm　16 开本　11.75 印张　279 千字
版　　次	2024 年 9 月第 1 版　2024 年 9 月第 1 次印刷
印　　数	0001—1000 册
定　　价	**42.00** 元

前 言

《水泵与水泵站》活页式教材是贯彻《国家职业教育改革实施方案》(国发〔2019〕4号)中“倡导使用新型活页式、工作手册式教材并配套开发信息化资源”的精神，由黄河水利职业技术学院与河南水谷科技有限公司共同开发完成的。

本书对接水泵与水泵站工程技术人员的岗位需求，依据我国现行水泵与水泵站相关的标准和规范编写。全书共包括9个项目，包括初识泵站工程，水泵的工作原理与构造，叶片泵的性能，叶片泵的运行，机组的选型与配套，泵站工程规划，进、出水建筑物设计，泵房的设计和泵站机组安装与运行管理。本书在编写过程中力求深入浅出，概念清晰，密切联系工程实际，重点突出高职高专专业教学内容、技能培训、职业技能鉴定三位一体的工学结合特色，着重培养学生的应用能力。

本书编写人员及编写分工如下：黄河水利职业技术学院张鹏飞编写项目六、项目七、项目八；黄河水利职业技术学院李欢编写项目二、项目三、项目四；河南水谷科技有限公司李广辉编写项目五任务三至四、项目九；黄河水利职业技术学院程林编写项目一、项目五任务一至二。全书由张鹏飞统稿。在本书编写过程中，得到了苏州市清泽环境技术有限公司郭天鹏博士的大力帮助和指导，在此表示衷心的谢意。编写中参考了有关教材和科技文献资料的内容，在此一并表示感谢。

由于编者水平有限，书中难免存在缺点和疏漏，恳请各位专家、同行和广大读者批评指正。

编者

2024年6月

目 录

项目一

初识泵站工程

【本课程的任务和要求】

本课程是高职高专水利类相关专业的一门专业课，其主要任务是使学生获得水泵与水泵站的基础理论知识和生产实践技能，能从事水利工程中小型水泵站的规划、设计、安装和维护工作，具备服务现代水利发展需求的中小型泵站工程相应岗位的职业能力。

本课程的具体要求为：了解泵站工程在国民经济与社会发展中的作用和组成，掌握中小型泵站规划的基本素养，掌握本专业常用水泵的分类、构造、工作原理、基本性能等基本知识，掌握水泵机组选型与配套、工作点的确定与调节的基本方法，具备中小型泵站设计的初步能力，具备中小型泵站的安装、运行、维护、管理方面的基本技能。

任务一　泵站在国民经济与社会发展中的运用

水是生命之源、生产之要、生态之基。随着人口的增加、经济社会的快速发展和全球气候变化，水的问题越演越烈，洪涝灾害频繁仍然是中华民族的心腹大患，水资源供需矛盾突出仍然是可持续发展的主要瓶颈。泵站工程是利用机电提水设备增加水流能量，通过配套建筑物将水由低处提升至高处，以满足兴利除害要求的综合性系统工程。泵站作为水的唯一人工动力来源，是水利工程的重要组成部分，是保护和发展粮食生产的关键，在解决洪涝灾害、干旱缺水、水环境恶化当今三大水资源问题中起着其他水利工程不可替代的作用，承担着区域性的防洪、除涝、灌溉、调水和供水的重任，在新时代我国国民经济高质量发展中，占有非常重要的地位。

一、泵站在国民经济与社会发展中的作用

我国人均水资源占有量2100m^3，仅为世界平均水平的28%，正常年份缺水500多亿m^3。由于地形和气候的影响，降水量的季节变化和地区变化很大，有近一半国土水源不足。如我国西北高原地区、南方丘陵地区和华北井灌地区，或是干旱少雨，或是有水不能自流灌溉，必须采用机电提水和跨流域调水；而另一部分地区，如华北的平原河网地区，以及华东、华中的圩垸低洼地区，地势低洼易涝，需要采用机电排水。另外，为满足城镇居民生活、公共事业及工矿企业等用水需要及城镇雨水、污水排放要求，需要兴建供水、排水等泵站。泵站工程在农田灌溉与排水、城市给排水及跨流域调水等方面发挥着重要作用，有利于促进我国农业的发展，保证城镇和农村的生活用水，提高人

民的生活水平。

（一）在农业灌溉和节水中的作用

（1）在农业灌溉方面。提灌泵站的灌溉效益表现在农业干旱减灾层面，最具代表性的是我国西北一些干旱和半干旱地区，特别是西部多数地区自然条件差、缺水严重，在地势高的旱塬地带分布着大面积的平坦土地，土壤肥沃，光照充足，适于耕作。灌溉泵站的建设使农业生产获得了迅猛的发展，粮食产量成倍增长，农民收入大幅提高，为进一步改善民生、促进经济持续健康发展和社会和谐稳定提供了有利的水利支撑与保障。如陕西东雷抽黄工程，其一期工程于1987年建成，分9级提水，包括28座泵站，133台机组，累计净扬程311m，总装机容量11.86万kW，提水流量$40m^3/s$，灌溉面积6.5万hm^2。二期工程于1998年灌溉试运行，分8级提水，包括37座泵站，170台机组，累计最高扬程272.7m，总装机容量11.46万kW，提水流量$41.4m^3/s$，设计灌溉面积9.8万hm^2。

（2）在农业节水方面。使用泵站表现在水资源利用效率和农业效益的提高层面，我国自20世纪70年代中后期引入喷微灌技术以后，经过消化吸收、试验摸索，逐渐走上了稳步发展的道路。随着中央财政小农水重点县、规模化节水示范、百万亩喷微灌工程等项目的实施，以管道灌溉与喷微灌为代表的高效节水技术正在我国大面积推广应用。泵站作为首部控制工程在集中连片大规模推广应用高效节水农业灌溉技术，提高粮食综合生产能力和农业灌溉用水系数，实现节水、增粮的目的中发挥着重要作用。特别是变频技术在泵站中的运用，将管道灌溉方式中常见的管灌、喷灌、滴灌等单项节水技术进行组装后与变频调速技术配套进行各灌溉技术间的流量与压力协调，既能优化管道灌溉系统，又可解决高效灌水与种植结构调整之间的矛盾，还能改善加压设备和灌溉设备的工作条件，延长水泵及喷滴灌系统的使用寿命，达到节能降耗、节水增效的目的。据有关资料统计，“十三五”以来，全国新增高效节水灌溉面积超过1.2亿亩。

（二）在防洪和排涝中的作用

在防洪和排涝方面，泵站用于在汛期排除圩区内和城市范围的洪水、涝水、滞水，防止作物受滞涝灾害和城区内涝。泵站工程的排涝效益以平原湖区最为显著，如湖北的江汉平原、广东的珠江三角洲、东北的三江平原、浙江的杭嘉湖地区以及洞庭湖、鄱阳湖、太湖、巢湖的周边地区。泵站建设使许多地方都成了重镇，成为交通枢纽和当地的政治、经济和文化中心。随着我国城镇化的发展速度加快，这些地方的人口和资产密度不断增大，泵站的减灾效益也越来越明显。如浙江三堡排涝工程，于2015年建成投入使用，泵站设4台斜30°卧式轴流泵，排涝设计流量为$200m^3/s$，如遇百年一遇洪水，可增加太湖流域南排水量1.84亿m^3，降低杭州城区京杭运河拱宸桥水位42cm，高水位持续时间减少46h，工程建成后，完善了太湖流域“南排杭州湾”流域防洪布局，缓解了太湖防洪压力，提高了流域防洪减灾能力及杭州城市防洪排涝能力。

（三）在城市给水和排水中的作用

水泵站是城市给水和排水工程的重要组成部分，通常是供排水系统的枢纽。城镇给水系统中水泵站主要有取水泵站、二级泵站和加压泵站；城镇排水系统中水泵站主要有污水泵站和雨水泵站，主要起加压作用。城镇给水系统中除水泵站外，还有反应池、沉淀池、过滤池等构筑物，但这些都需要水泵把水提升到一定高度后才能运行。水泵站直接关系到城镇工农业生产和居民的日常生活，与老百姓的利益息息相关，也是民生工程的重要内容。由此可以看出，水泵站是市政给排水系统的核心，对城市给排水的正常运行起着非常关键的作用。

从经济角度看，城镇供水企业一般都是用电大户，在整个给水工程的用电量中，95%～98%的电量用来维持水泵的运转，其他2%～5%的电量用在制水过程中的辅助设备上，如电动阀、真空泵，设备维修和照明。一般城镇自来水公司，水泵消耗的电费通常占自来水制水成本的40%～70%，甚至更多。就全国泵站机组的电能消耗而言，它占全国电能总耗的21%以上。因此，水泵节能对提高目前制水企业的效益非常重要，对控制制水成本非常关键。

（四）在跨流域调水中的作用

由于水资源分布不平衡，部分地区缺水严重，需要利用多梯级泵站和水库、天然湖泊、江河等构成跨流域调水工程，解决水资源时空分布不均造成的区域缺水问题。在跨流域调水工程中水泵起着核心作用，水的流动都需要依靠水泵进行加压后才能输水。我国跨流域调水工程项目较多，其中最引人瞩目的是南水北调工程、引黄工程、引滦入津调水工程等。

我国南涝北旱，其中黄淮海流域水资源总量仅占全国的7.2%，人均水资源量为462m^3，为全国人均的1/5，是我国水资源承载能力与经济社会发展最不适应的地区，资源性缺水严重。南水北调工程分东线、中线、西线三条调水线路，通过三条调水线路与长江、黄河、淮河和海河四大江河的联系，可初步构成以“四横三纵”为主体的总体布局，基本可覆盖黄淮海流域、胶东地区和西北内陆河部分地区，形成我国水资源南北调配、东西互济的合理配置格局，是缓解我国北方水资源严重短缺局面的重大战略性工程。南水北调工程通过流域的水资源合理配置，大大缓解了我国北方水资源严重短缺问题，促进了南北方经济、社会与人口、资源、环境的协调发展。

南水北调东线工程利用现有的江苏省江水北调工程，基本沿京杭运河逐级提水北送，供水范围是黄淮海平原东部和胶东地区，分为黄河以南、胶东地区和黄河以北三片，解决调水线路沿线和胶东地区的城市及工业用水，改善淮北地区的农业供水条件，并在北方需要时提供生态和农业用水。工程从江苏省扬州附近的长江干流引水，利用京杭运河以及与其平行的河道输水，连通洪泽湖、骆马湖、南四湖、东平湖，并作为调蓄水库，经泵站逐级提水进入东平湖后，分水两路：一路向北穿黄河后自流到天津，另一路向东经新辟的胶东地区输水干线接引黄济青渠道，向胶东地区供水。从长江至东平湖段设13座梯级抽水站，南四湖以南为双线输水，共设泵站枢纽22座，总扬程65m。黄河以南输水干线上设泵站30座（主干线上13座，分干线上17座），设计抽水能力共10200m^3/s，装机容量101.77万kW，其中可利用现有泵站7座，设计抽水能力1100m^3/s，装机容量11.05万kW。一期工程仍设13座梯级抽水站，泵站23座，装机容量45.37万kW。黄河以北各蓄水洼淀进出口设5座抽水泵站，设计抽水能力共326m^3/s，装机容量1.46万kW。南水北调东线工程泵站的特点是扬程低（多为2～6m）、流量大（单泵流量一般为15～40m^3/s）、运行时间长（黄河以南泵站约5000h/a），部分泵站兼有排涝任务，要求泵站运转灵活、效率高。东线工程实施后一方面可基本解决天津市、河北省黑龙港运东地区，鲁北、鲁西南和胶东部分城市的水资源紧缺问题，并具备向北京供水的条件，促进环渤海地带和黄淮海平原东部经济发展，改善因缺水而恶化的环境；另一方面可为京杭运河济宁至徐州段的全年通航保证水源，使鲁西和苏北两个商品粮基地得到巩固和发展。

中线工程从长江中游及其支流汉江引水，解决京津华北地区城市缺水问题，缓和城市挤占生态与农业用水的矛盾，基本控制大量超采地下水、过度利用地表水的严峻形势，遏制生态环境持续恶化。从加坝扩容后的汉江丹江口水库陶岔渠首闸引水，沿规划线路开挖渠道输水，沿唐白河流城西侧过长江流域与淮河流域的分水岭方城垭口后，经黄淮海平原西部边缘，在郑州以西孤柏嘴处穿过黄河，继续沿京广铁路西侧北上，可基本自流到北京、天津。南水北调中线主体工程由水源区工程和输水工程两大部分组成，水源区工程为丹江口水利枢纽后期续建和汉江中下游补偿工程；输水工程以明渠为主，局部渠段采用泵站加压管道输水的组合方案。南水北调中线一期工程于 2014 年建成通水。

西线工程在最高一级的青藏高原上，从长江上游干支流调水入黄河上游，地形上可以控制整个西北和华北，因长江上游水量有限，只能为黄河上中游的西北地区和华北部分地区补水。由于黄河与长江之间有巴颜喀拉山阻隔，黄河河床高于长江相应河床 80～450m，调水工程需筑高坝壅水或用泵站提水，并开挖长隧洞穿过巴颜喀拉山。在长江上游通天河、支流雅砻江和大渡河上游筑坝建库，开凿穿过长江与黄河分水岭巴颜喀拉山的输水隧洞，调长江水入黄河上游。西线工程的供水目标主要是解决涉及青海、甘肃、宁夏、内蒙古、陕西、山西 6 省（自治区）黄河上、中游地区和渭河关中平原的缺水问题。结合兴建黄河干流上的骨干水利枢纽工程，还可以向邻近黄河流域的甘肃河西走廊地区供水，必要时也可及时向黄河下游补水。

二、我国水泵与水泵站发展概况

面对日益增加的洪涝灾害、干旱缺水、水环境恶化三大水资源问题的制约，泵站作为重要的工程措施，因其受水源、地形、地质等条件的影响较小，一次投资省、工期短、见效快、机动灵活等优点，许多国家把泵站工程建设列为优先考虑的重点。随着国民经济及社会的发展与进步，水泵设计制造技术和应用技术的不断提高，水泵的制造和生产正沿着大型化、系列化、通用化、标准化的方向发展，泵站工程也得到迅速发展。

我国很早开始使用传统的提水工具，品种也很多。西汉以前，使用最普遍的提水工具为桔槔，是一种利用杠杆原理的最早的提水机械，后因桔槔不便于提深水，辘轳应运而生。汉灵帝（公元 168—189 年）时，人们发明了翻车（俗称龙骨水车）。到宋代，翻车发展到了用畜力和水力驱动。到了元代（1300 年左右），改翻车为筒车，提水高度达 70m，至明代末年，构造比较复杂的斗子水车（即八卦水车）出现。

19 世纪末，柴油机的发明改变了传统的提水方式，由人畜、自然能提水发展为机械能提水。1868 年，上海江南制造总局开始仿制船用水泵。1920 年，我国开始仿制小型柴油机与水泵。1924 年，上海、江苏开始生产离心式水泵，浙江一带相继兴建起水泵站，进行农田灌溉。直到中华人民共和国成立，全国机电排灌动力有 7.17 万 kW，受益面积有 25.2 万 hm^2，占当时全国灌溉面积的 1.6%。

中华人民共和国成立后，我国工农业的迅速发展、各类农田旱涝保收标准的提高、高塬灌区的大力发展，沿江滨湖滞涝地区的不断改造、地下水源的开发和利用，以及多目标的大型跨流域调水工程的规划与实施等，促进我国机电排灌事业得到了很大的发展。

中华人民共和国成立初期，我国的水泵生产几乎为零。进入 20 世纪 50 年代，我国水泵开始从仿制走向设计，到 60 年代中后期，开始生产系列化、标准化、通用化的水泵产品。随着水利事业和机械工业的发展，我国已建成了具有相当规模的水泵行业，形成了一支有较强力量的科研队伍，我国农用泵及工业泵的设计制造能力亦有相应提高，研制和生产了大量适合我国特点的各类水泵。截至目前，我国生产的水泵产品有数百个系列数千种规格。产品包括离心泵、混流泵、轴流泵、长轴深井泵、潜水电泵、水轮泵等。现有水泵的进出口口径范围从 32mm 到 6m，流量从 $3m^3/h$ 到 $100m^3/h$，扬程从 1.5m 到 600m，深井提水泵可达 400m 以上。目前我国已生产的最大的离心泵，单泵流量 $2.2m^3/s$，扬程 225m，功率 8000kW；叶轮直径最大的轴流泵，叶轮直径 4.5m，单泵流量 $60m^3/s$，扬程 7.0m，功率 5000kW；最大的混流泵，叶轮直径 5.7m，单泵流量 $97.5m^3/s$，扬程 5.96m，功率 7000kW。

20 世纪 50 年代至 60 年代初期，我国经过三年国民统济恢复和第一个五年计划，在东部经济基础较好的部分省、市重点建设了一批柴油机和电动机的动力泵站。到 1957 年年底，机电灌排泵站的总装机容量达到 40 万 kW 左右，相当于 1949 年的 5.7 倍，不仅为东部地区的农业发展做出了资献，而且为全国的推广探索积累了经验，奠定了较好的技术基础。我国大型排灌泵站的建设始于 20 世纪 60 年代初期。如江苏的江都排灌站，湖北的黄山头、沉湖、南套沟等泵站，安徽的驷马山泵站，山西省夹马口电灌站等相继建成。其中，江都排灌站是我国建设最早、规模最大的综合利用泵站工程，是由 4 座大型泵站和 10 余座节制闸、船闸组成联合运行的水利枢纽。江都排灌站共安装大型轴流泵 33 台，总装机容量 4.98 万 kW，设计流量 $473m^3/s$，抽长江水灌溉稻田 20.1 万 hm^2，并可为淮北部分地区提供抗旱用水，可抽排江都、高邮等五县市的涝水，为京杭运河提供航运用水，为运河沿线城镇提供生活及工业用水，在满足灌溉和航运用水后，余水可利用江都三站可逆式机组倒转发电，发电能力约 3000kW，现已成为南水北调东线工程的起点泵站。这些早期建成的泵站，在抗击旱涝灾害保收中取得了十分显著的成效。

20 世纪 70 年代及 80 年代初期，是我国大型泵站大发展时期，大型水泵制造技术和规划水平也有了很大提高。如湖北的樊口泵站，装有 4000mm 口径的大型轴流泵 4 台，泵站设计流量 $214m^3/s$，总装机容量 2.4 万 kW，排涝受益面积 3.1 万 hm^2，灌溉受益面积 1.3 万 hm^2；天津的引滦入津调水工程，采用 3 级提水将海河水送入天津，全线兴建大型泵站 4 座，共装大型轴流泵 27 台，总装机容量 2 万 kW；甘肃的景电二期工程，设计提水流量 $18m^3/s$，加大提水流量 $21m^3/s$，灌溉面积 3.5 万 hm^2，分 19 级提水，包括支渠设泵站 30 座，装机 204 台套，总装机容量 18.09 万 kW，总扬程 721.88m。另外，还有江苏的皂河泵站、山西的尊村抽黄工程、湖北的新滩口泵站、宁夏的固海扬水工程、山东的引黄济青工程等，从工程设计、施工安装到设备的设计制造、通信调度等方面采用了一些先进技术，如江苏淮安二站国内最大叶轮直径的轴流泵，叶轮直径4.5m，单泵流量60m^3/s，配套功率5000W；江苏皂河泵站安装的混流泵，叶轮直径6.0m，平均流量97.5m^3/s，配套功率7000W；陕西东雷抽黄灌溉工程二级站，安装单机功率最大的离心泵，最大单机容量8000kW，单泵扬程225m。同时在排灌泵站工程和系统的优化调度、泵站水锤及防护的试验、泵站进水池的试验、进水流道的试验、大型拍门的试验研究等方面取得了很大发展。

20世纪80年代以来，泵站工程在规模、质量、效益、管理等方面得到全面的提高和综合的发展。其特点，一是大型泵站在跨流域调水工程相继建成并投入使用，如江苏省为解决苏北里下河地区、苏北灌溉总渠、大运河的灌溉、航运水源和排涝问题，结合南水北调东线工程兴建了一批大泵站，南水北调东线工程集中体现了我国泵站工程技术的发展水平，是实现我国水资源优化配置的战略举措；二是重点抓技术改造和经营管理，从工程规划、设计、施工、安装到运行管理，技术水平上了一个新台阶，经济效益越来越好，建设与管理水平越来越高。1998年12月建成了常熟抽水站，该站与节制闸组成常熟枢纽，共安装9台轴流泵，设计总流量180m^3/s，该站为闸站结合式工程，两侧为节制闸，中间为抽水站，采用双层矩形开敞式流道，可实现双向运用，抽引长江水灌溉和抽排太湖地区涝水，并可利用下层流道自流引排水，具有泄洪、排涝、引水等综合功能。

20世纪90年代以来，一方面在长三角和珠三角等东南沿海地区建设了一批适应当地特点的低扬程、大中型立式、斜轴式和卧式排水泵站；另一方面，早期建设的灌排泵站老化问题逐渐严重，泵站的更新改造工作逐渐得到各级政府部门的重视。“十一五”期间国家投入180多亿元，更新改造1500多座大型排涝泵站，占大型灌排泵站的50%以上，是1949年中华人民共和国成立以来投入和建设规模最大的一次。更新改造后，我国泵站的技术装备水平明显提高，年节省电能约占大型泵站年耗电量的1/4，更新改造效益显著。“十二五”期间继续投资180.02亿元，对1936座泵站进行更新改造，装机12100台套，总装机容量298.1万kW，总设计流量13480m^3/s。更新改造恢复改善排涝面积255.6万hm^2，灌溉面积274万hm^2，新增粮食产能60亿kg，年节能可达10亿kW·h以上。大型灌排泵站更新改造完成后，泵站工程和设备完好率分别达到90%和95%以上，安全运行率达到98%以上，装置效益和能源单耗达到国家现行相关标准的要求。

至今，我国已初步形成了以大型泵站为骨干的防洪排涝以及跨流域调水工程体系，以重点中型泵站为主体的跨流域调水、排灌工程体系和以中小型泵站为主导的地区性排涝、灌溉工程网络。机电排灌事业的发展，特别是大型泵站的发展，有力地提高了各地抗御自然灾害的能力，促进了国民经济快速、稳定、健康发展。

三、我国水泵与水泵站发展趋势

1. 我国现有泵站工程分布特点

(1) 大型低扬程泵站，主要分布在长江中下游沿江低洼地区，特点是扬程低、流量大、自动化程度高，如江都三站、江都四站、驷马山站、高潭口站等。

(2) 大型高扬程泵站，主要分布在陕西、山西等高原地区，特点是扬程高、梯级多、工程艰巨，如山西夹马口泵站、陕西东雷二级站等。

(3) 机井泵站、浮动式及中小型泵站，浮动式泵站主要分布在我国西南、中南等省区水位变幅较大的江河与水库等沿岸，中小型泵站主要分布在平原、圩垸等水源丰富地区。

2. 我国现有泵站工程主要存在的问题及解决办法

从我国水泵与水泵站发展现状来看，主要存在的问题是：泵站的装置效率低，能源消耗偏大，自动化程度普遍不高，管理水平低。据有关资料统计，全国有一半以上泵站的装置效率在50%以下，有的甚至低达20%，有些提水灌区的渠道渗漏严重，水的利用率低，有30%～50%的水量漏失。针对这些情况，当前应从以下几个方面做好工作：

(1) 做好规划设计。泵站规划、设计的合理与否，直接影响泵站效益的发挥。新建泵站必须科学、合理地进行规划，提高设计水平，为充分发挥效益提供可靠的保证。

(2) 加强经营管理，提高管理水平。规划、设计是前提，管理是关键。一个泵站规划、设计得再好，如果管理不善，仍不能充分发挥其效益。因此，加强经营管理，提高泵站管理人员的管理水平，对于充分发挥泵站的效益是至关重要的。

(3) 重视科学研究，提高装置效率。在泵的结构设计、动力机配套、泵站设计理论等方面重视科学研究工作，提高泵站的装置效率，从而迅速降低能耗，提高泵站工程效益的目的。

(4) 进行泵站改造，更新设备，提高自动化程度。随着科学技术的发展，我国早年兴建的一些泵站普遍存在的问题是设备老化，性能较差，自动化程度低，能耗偏大，工程效益难以发挥。因此，改造泵站、更新设备、提高自动化程度，对于降低能耗、充分发挥泵站的工程效益是非常必要的。

3. 我国现有泵站工程的发展方向

随着基础理论、计算技术、模型试验、测量手段以及材料选择、加工工艺等一系列环节上进行革新，水泵设计制造技术和应用技术、泵站设计与运行管理水平的不断提高，水泵与水泵站正沿着大型化、大容量化、高速化、系列化、通用化、标准化、自动化的方向发展。

(1) 泵站的规模逐渐增大。近年来，大型水泵技术发展很快，大型泵站越来越多，在高扬程、长距离管道输水和低扬程、大流量跨流域调水工程中应用较多。

(2) 水泵转速逐渐提高。随着水泵汽蚀、材料强度等问题的不断改善，为降低泵站建设投资，大型水泵正向着转速提高、体积减小、运行稳定性增强的方向发展。

(3) 系列化、通用化、标准化程度逐渐提高。产品的系列化、通用化、标准化是现代工业生产工艺的必然要求。

(4) 调水工程泵站逐渐增多。随着水资源紧缺的加剧，兴建跨流域、跨地区的调水工程，成为全球水利发展的趋势之一，而泵站在调水工程中肩负着不可替代的重要作用。

(5) 投资效益逐渐提高。泵站工程越来越注重多目标服务和工程的投入产出，运用系统工程的观点和方法，优化工程投资、运行费用和工程效益之间的关系，从而提高泵站投资效益。

（6）安全节能要求越来越高。目前广泛采用试验、用计算机计算流体动力学的手段对水泵和泵站流态与结构特性进行分析，寻找提高效率、减轻振动等的途径，增强泵站安全性能，降低能源消耗。

（7）泵站自动化水平逐步提高。随着计算机和网络技术的迅猛发展，泵站自动化装备越来越完善，自动控制水平也越来越高，为大中型泵站实现无人值守、少人看管、优化调度、提高运行效率和管理水平提供了可能。泵站自动化的主要内容包括对泵站主机的自动开停机及对叶片、励磁实现自动调节，对泵站辅助设备（油、气、水）的自动开停机，自动统计主、辅助开停机时间和电量、流量值；事故告警和事故自动记录，具有多媒体自动告警功能；自动生成实时数据库与历史数据库，动态图像显示泵站主机、辅机及各类设备运行参数与状态；打印各类报表、各类参考趋势图；与上级部门网络通信、发送现场实时运行参数，接收上级网络调度命令等。

任务二　泵站工程组成与分类

泵站工程是由抽水装置、进出水建筑物、泵房及输配电系统等组成的多功能、多目标的综合水利枢纽，是机电排灌工程的核心，也是水利工程的重要组成部分，广泛应用于农业、工业、城镇供排水及跨流域调水等诸多领域。

一、泵站工程的组成

泵站工程通常由机电设备及其配套的建筑物组成，具体组成如下：

（1）进水建筑：取水闸、引渠、前池、进水池、进水流道。

（2）抽水装置：水泵、动力机、传动装置、进出水管道及阀件。

（3）泵房：主厂房、副厂房。

（4）出水建筑物：出水流道、出水池、出水渠。

（5）其他建筑物：变电站，交通建筑物，生活、工作用房等。

（6）电气设备：变电、配电和用电设备等。

（7）辅助设备：充水、供水、排水、通风、供油、起重和防火设备等。

二、泵站工程的分类

泵站工程根据其用途、提水高度、规模、配套动力类型、主泵类型，有不同的分类方法。

（1）按泵站用途可分为：灌溉泵站、排水（排涝、排渍）泵站、灌排结合泵站、供水泵站、调水泵站等。

（2）按泵站的提水高度可分为：高扬程泵站、中扬程泵站、低扬程泵站。

（3）按泵站规模可分为：大型泵站、中型泵站、小型泵站。

（4）按泵站的配套动力类型可分为：电力泵站、热能泵站、水能泵站、风力泵站和太阳能泵站。

（5）按其主泵类型可分为：轴流泵站、混流泵站、离心泵站、潜水泵站等。

思　考　题

1. 泵站工程在国民经济发展中有何作用?
2. 我国泵站工程分布有哪些特点? 今后发展趋势如何?
3. 泵站工程按其用途分有哪些类型? 应用在哪些地方?
4. 泵站枢纽由哪些建筑物组成? 各有何功能和作用?

项目二

水泵的工作原理与构造

本项目从泵的定义和分类着手，主要分析叶片式水泵的工作原理，介绍叶片式水泵的结构构造以及排灌工程中常用的其他类型泵的主要特点，并对常用叶片泵的拆卸与装配方法进行重点介绍。

任务一　泵的定义与分类

一、泵的定义

泵是一种转换能量的机械，它通过工作体的运动，将外加能量传给被抽送的液体，使其能量增加，简单来说泵是一种将原动机的机械能（或其他能量源）转化为抽送液体势能和动能的转换机械装置。所谓的工作体，既可以是液体或气体，也可以是悬浮固体物的液体，它因泵的种类不同而不同，通常输送水的泵，称为水泵。

现代泵的用途很广，在农业、电力、建筑、工业、化工、冶金、矿山开采等国民经济中占据重要地位。所以，把泵列为通用机械，它是机械工业中的一类主要产品。

二、泵的分类

泵的品种繁多，结构各异，按工作原理可分为以下几种。

1. 叶片式泵

叶片式泵是靠叶轮带动液体高速旋转而把机械能传递给所输送的液体。

根据泵的叶轮和流道结构特点的不同，叶片式泵又可分为离心泵、轴流泵、混流泵三种，如图 2-1 所示。

离心泵按照泵轴的装置方式可分为卧式泵和立式泵；根据水流进入叶轮的方式可分为单吸泵和双吸泵；根据轴上安装叶轮的个数可分为单级泵和多级泵。

轴流泵按泵轴装置方式可分为立式泵、卧式泵和斜式泵；按叶片调节的可能性可分为固定式泵、半调节式泵和全调节式泵。

混流泵按结构形式分为蜗壳式混流泵和导叶式混流泵。

2. 容积式泵

容积式泵靠工作部件的运动造成工作容积周期性地增大和缩小来输送液体。

依据运动部件运动方式的不同，容积式泵又分为往复泵（图 2-2）和回转泵（图 2-3）两种。

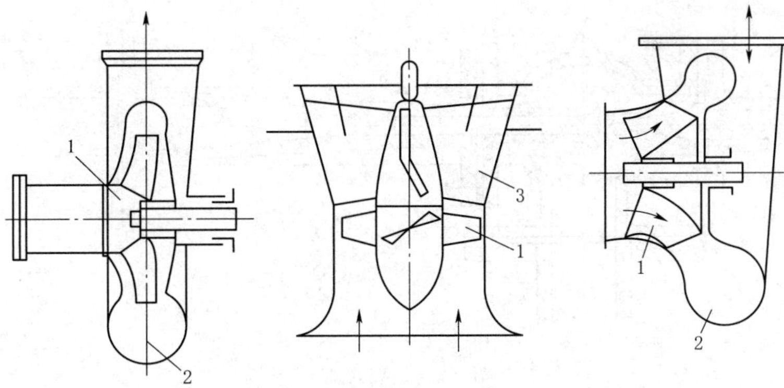

（a）离心泵　（b）轴流泵　（c）混流泵

图 2-1　叶片式泵

1—叶轮；2—蜗形体；3—导叶

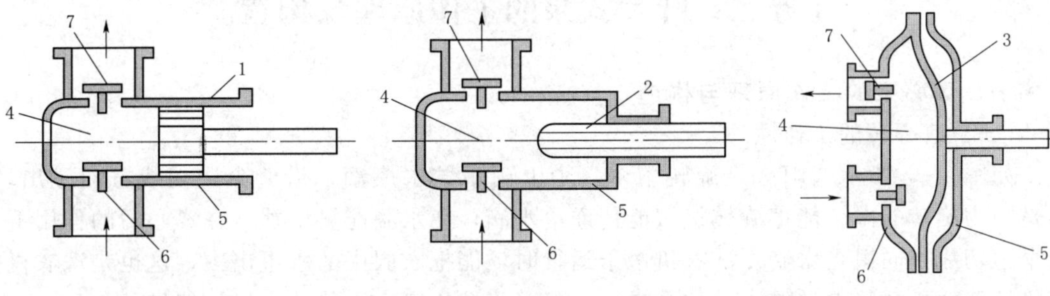

（a）活塞泵　（b）柱塞泵　（c）隔膜泵

图 2-2　往复泵示意图

1—活塞；2—柱塞；3—隔膜；4—工作室；5—泵缸；6—吸水阀；7—压水阀

往复泵是利用柱塞在泵缸内做往复运动来改变工作室的容积而输送液体的。例如，拉杆式活塞泵是靠拉杆带动活塞做往复运动进行提水的。

回转泵是利用转子做回转运动来输送液体的。

3. 其他类型泵

叶片式泵和容积式泵以外的特殊泵型称为其他类型泵。在灌排泵站中有射流泵（图 2-4）、水锤泵、气升泵（又称空气扬水机）、螺旋泵、内燃泵等。其中，除螺旋泵是利用螺旋推进原理来提高液体的位能外，其他各种泵都是利用工作流体传递能量来输送液体的。

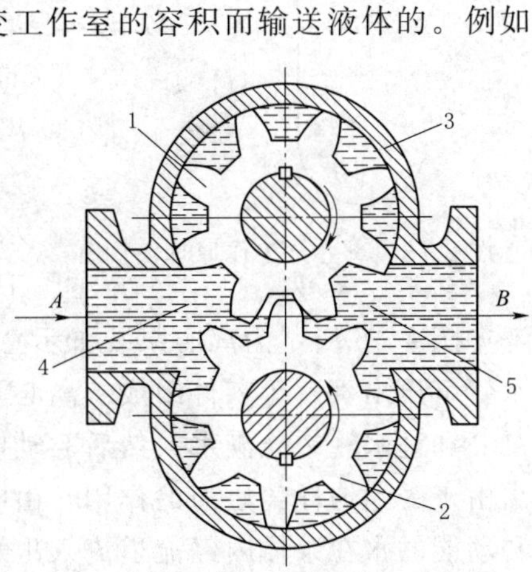

图 2-3　回转泵（齿轮泵）示意图

1—主动齿轮；2—从动齿轮；3—泵壳；4—进口工作室；5—出口工作室

叶片式泵覆盖了从低扬程到高扬程、从小流量到大流量的广阔区间，使用范围宽广。在排灌

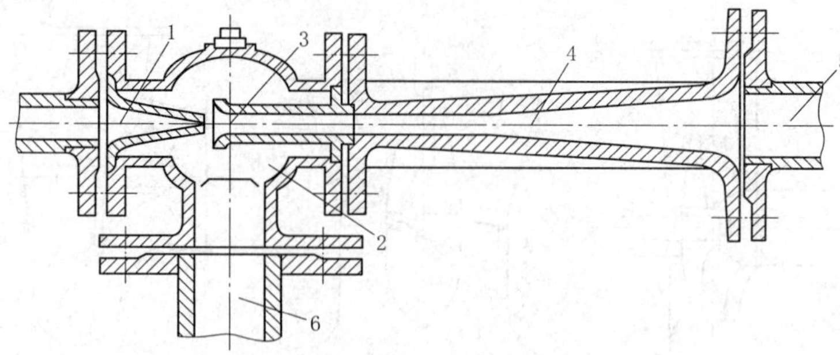

图 2-4　射流泵

1—喷嘴；2—吸入室；3—混合室；4—扩压管；5—压出管；6—吸入管

用泵中使用最多的是叶片式泵，因此，本教材将着重讲解叶片式泵。

任务二　叶片式泵的工作原理及构造

一、离心泵的工作原理与构造

（一）离心泵的工作原理

如图 2-5 所示，雨天，旋转雨伞，伞上雨水结水成滴，沿着伞边切线方向飞出，这是因为旋转的雨伞能把旋转机械能传递给水滴，使水滴能量增加，在离心力的作用下沿伞边切线方向甩走水滴。洗衣机甩干运行时，能把衣服中的水甩出去，这也是洗衣机滚筒把旋转机械能传递给水滴的结果。可见，旋转的离心力能给水增加能量。

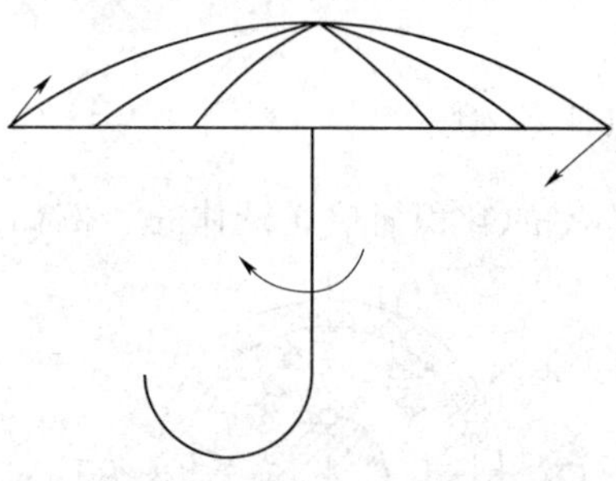

图 2-5　离心泵工作原理简图

由物理学可知，做圆周运动的物体受到向心力的作用，如果向心力不足或失去向心力，物体由于惯性就会沿圆周的切线方向飞出，形成所谓的离心运动，离心泵就是利用这种惯性离心运动进行工作的。因此，离心泵就是根据上述原理设计出来的。离心泵是利用水泵叶轮的高速旋转产生的惯性离心力甩水，使得水流能量增加，并通过水泵出口流出水泵，再经过出水管输往目的地。这就是离心泵的工作原理。

如图 2-6 所示为离心泵装置示意，它由叶轮、泵轴、泵壳、进水管（吸入管）和出水管（压出管）等零件组成。离心泵的工作过程是：在启动之前，应当先充水排气，使泵壳和进水管中充满水，然后驱动电机，叶轮和叶轮中的水做高速旋转运动，叶轮中的水由于受到惯性离心力的作用，由叶轮中心甩向叶轮外缘，并汇集到泵体内，获得势能和动能的水在泵体内经流道流入出水口，再由水泵出口流入出水管道。与此同时，叶轮进口处产生真空，而作用于进水池水面的压强为大气压强，进水池中的水便在压强差的作用下，通过进水管吸入叶轮。叶轮不停地旋转，水就源源不断地被离心力作用甩出和在压强差作用下吸入，这就是离心泵的工作原理。

(二) 离心泵的基本构造

离心泵的类型很多，且有不同的分类方法。按级数可分为单级和多级，单级指进入泵的液体仅通过叶轮一次，多级指进入泵的液体多次串联地通过叶轮。按吸入方式可分为单吸和双吸，单吸指叶轮仅一侧有吸入口，双吸指叶轮两侧都有吸入口。按泵轴方向可分为卧式、立式和斜式。下面简略介绍单级单吸离心泵、单级双吸离心泵和分段式多级离心泵的构造。

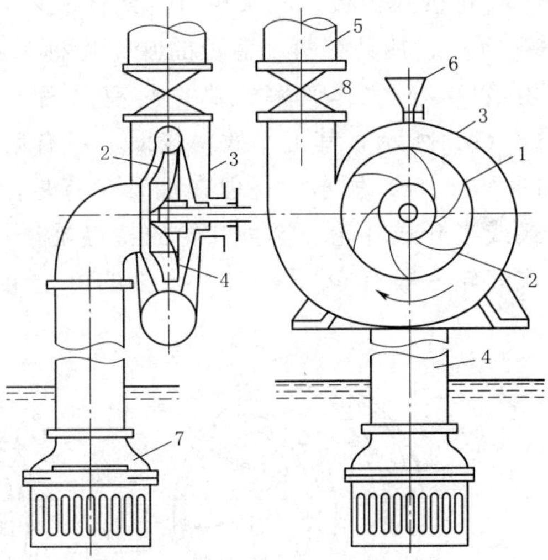

图 2-6 离心泵装置示意

1—叶片；2—叶轮；3—泵壳；4—吸入管；5—压出管；6—引水漏斗；7—底阀；8—阀门

1. 单级单吸离心泵

单级单吸离心泵常为卧式，它的结构如图 2-7 所示，由叶轮、泵体、减漏环、泵轴和轴承、轴封等主要部分组成。

(1) 叶轮。叶轮是将动力机的机械能传递给液体的具有叶片的旋转体，它是水泵的核心部件。叶轮的几何形状、尺寸、材料及加工工艺等对水泵的性能有着决定性的影响。

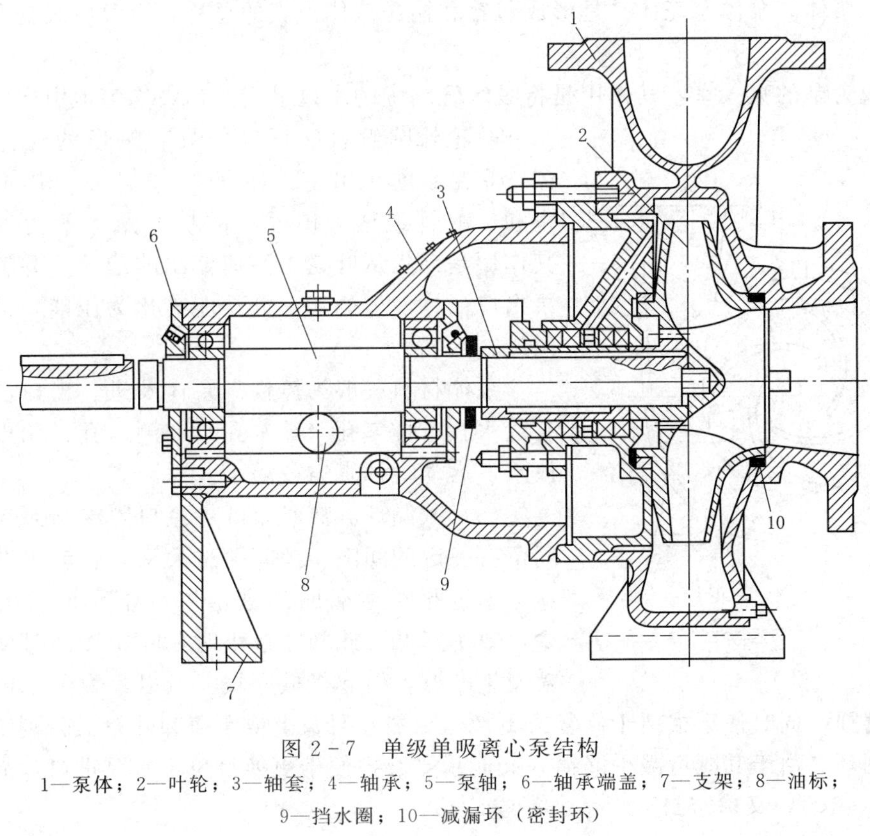

图 2-7 单级单吸离心泵结构

1—泵体；2—叶轮；3—轴套；4—轴承；5—泵轴；6—轴承端盖；7—支架；8—油标；9—挡水圈；10—减漏环（密封环）

叶轮按其盖板情况又可分为封闭式叶轮、敞开式叶轮和半开式叶轮三种形式，如图2-8所示。凡具有两个盖板的叶轮，称为封闭式叶轮，如图2-8（a）所示，这种叶轮应用最广，其工作效率较高。只有叶片没有完整盖板的叶轮称为敞开式叶轮，如图2-8（b）所示，其工作效率较低。只有后盖板，没有前盖板的叶轮，称为半开式叶轮，如图2-8（c）所示。一般在抽升含有悬浮物的污水泵中，为了避免堵塞，有时采用敞开式或半开式叶轮，这种叶轮的特点是槽道较宽，叶片少，一般仅2～5个叶片。而封闭式叶轮一般有6～8个叶片，多的可至12个叶片。

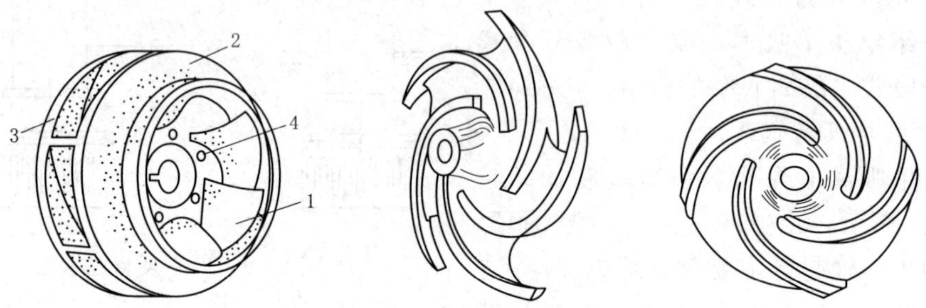

（a）封闭式　（b）敞开式　（c）半开式

图2-8　单吸式离心泵叶轮形式

1—叶片；2—前轮盘；3—后轮盘；4—平衡孔

（2）泵体。泵体（壳体）是形成包容和输送液体外壳的总称，主要由泵盖和蜗形体组成。

泵盖为泵的吸入室，其作用是将吸水管路中的水以最小的损失均匀地引向叶轮。

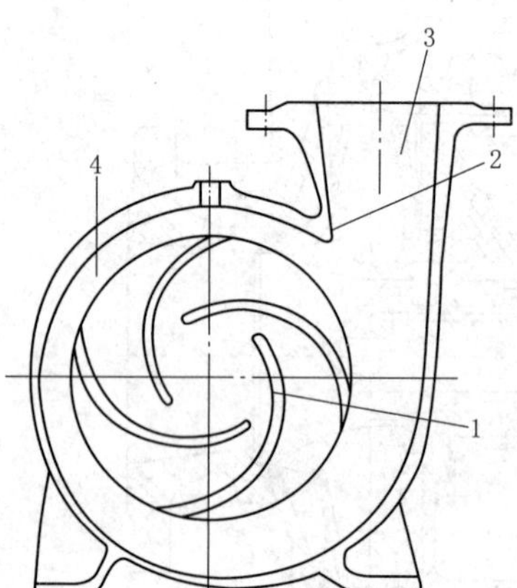

图2-9　蜗形体

1—叶片；2—隔舌；3—扩散管；4—蜗室

叶轮外圆侧直接形成的具有蜗形的壳体称蜗形体，它是泵的压出室，如图2-9所示。蜗形体由蜗室和扩散管组成，扩散管的扩散角一般为8°～12°。其作用是汇集从叶轮中高速流出的液体，并输送到水泵出口；将液体的一部分动能转化为压能，消除液体的旋转运动。

泵体材料一般为铸铁。泵体及进、出口法兰上设有泄水孔、排气孔（灌水孔）和测压孔，用以停机后放水、启动时抽真空或灌水。

（3）减漏环。离心泵叶轮进口外缘与泵盖内缘之间留有一定的间隙。此间隙过大从叶轮流出的高压水就会通过此间隙漏回到进水侧，导致泵的出水量减少，效率降低。此间隙过小时，叶轮转动时就会和泵盖发生摩擦，引起机械磨损。所以，为了尽可能减少漏损和磨损，同时使磨损便于修复或更换，一般在泵盖上或泵盖和叶轮上分别镶装一精制铸铁圆环，由于其既可减少漏损，又能承受磨损便于更换且位于水泵进口，故称减漏环（图2-10），又称密封环、承磨环或口环。

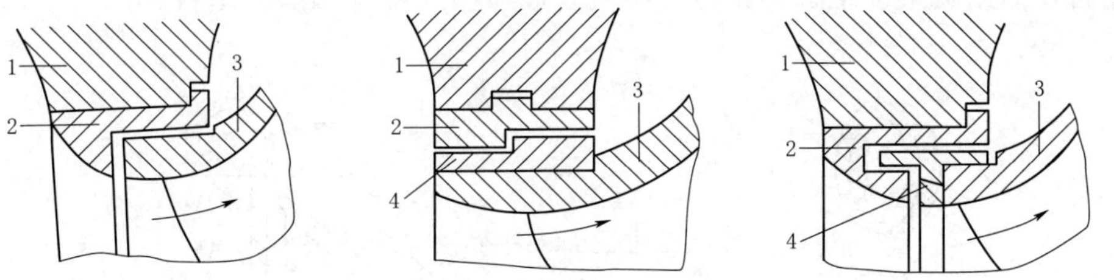

(a) 单环型　　(b) 双环型　　(c) 双环迷宫型

图 2-10　减漏环

1—泵壳；2—镶在泵盖上的减漏环；3—叶轮；4—镶在叶轮上的减漏环

(4) 泵轴。泵轴是支承和连接叶轮的部件，并带动叶轮旋转，将外加能量传递到叶轮上，同时承受叶轮上传来的力。它的材料要求有足够的抗扭强度和刚度，不允许产生变形，以保证叶轮在泵腔中的合适位置，防止叶轮与泵体之间产生相互摩擦。泵轴常用碳素钢和不锈钢制成。泵轴、叶轮与其他转动部分合称转子，应经过静平衡、动平衡试验，以免运转时导致振动和引起金属磨损。

泵轴一端用键、叶轮螺母和外舌止退垫圈固定叶轮，另一端装联轴器或皮带轮，与动力机连接。为了防止填料与泵轴直接摩擦及轴的锈蚀，多数泵轴在轴与水的接触部分装有钢制或铜制的轴套，轴套锈蚀、磨损后可以更换。为防止水进入轴承，轴上有挡水圈或防水盘等挡水设施。

(5) 轴承。轴承用以支承泵转子部分的重量以及承受径向和轴向荷载。轴承分为滚动轴承和滑动轴承两大类。单级单吸离心泵通常采用滚动轴承，其中单列向心球轴承较为常见，如图 2-11 所示。

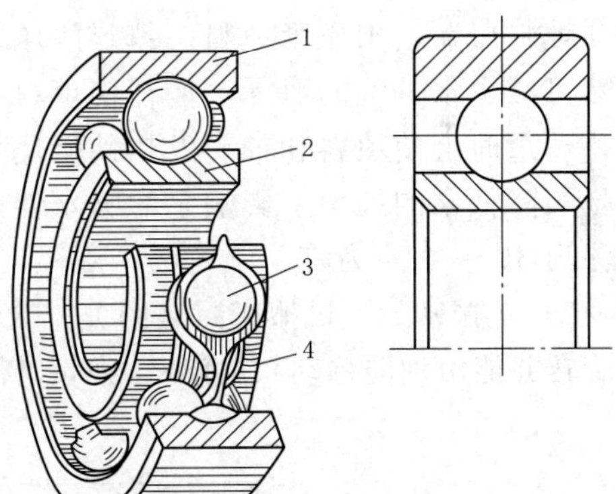

图 2-11　单列向心球轴承

1—外圈；2—内圈；3—滚动体；4—保持架

(6) 轴封。泵轴穿出泵壳时，在轴与泵壳之间存在间隙，如不采取措施，间隙处就会有泄漏。当间隙处的液体压力大于大气压力（如单吸式离心泵）时，泵壳内的高压水就会通过此间隙向外大量泄漏；当间隙处的液体压力为真空（如双吸式离心泵）时，则大气就会从间隙处漏入泵内，从而降低泵的吸水性能。为此，需在轴与泵壳之间的间隙处设置密封装置，称为轴封。目前，应用较多的轴封装置有填料密封和机械密封。

1) 填料密封。填料密封装置称填料函（又称填料箱），它由填料、压盖、水封环（又称填料环）、水封管和底衬环组成，如图 2-12 所示。填料又名盘根，被缠绕在填料环两侧的轴上，再用填料压盖压紧，其作用是填充泵轴穿出泵壳处的间隙，进行密封。常用的填料由石棉绳编制并用黄油浸透，再压成截面为矩形的条状，外表涂以石墨粉，具有耐磨、耐高温和略有弹性等特点。近年来，又出现了各种耐高温、耐磨损及耐强腐蚀的填料，如用碳素纤维、不锈钢纤维及合成树脂纤维等编织的填料。

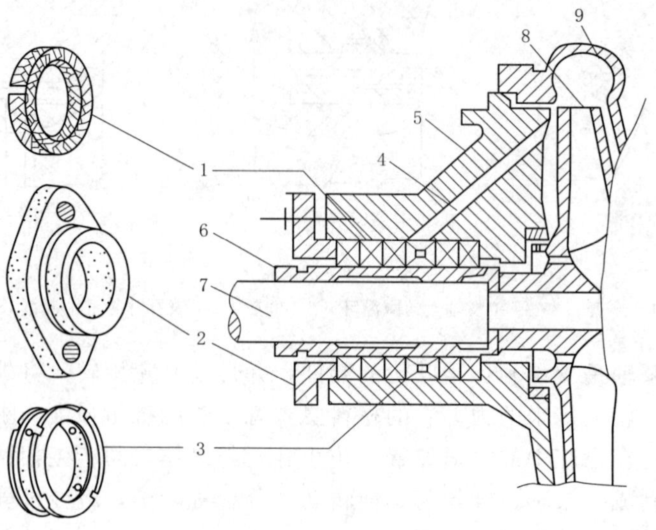

图 2-12 填料函（箱）结构示意图

1—填料；2—压盖；3—水封环；4—水封管；5—泵盖；6—轴套；7—泵轴；8—叶轮；9—泵壳

水封环套装于泵轴上，位于填料中部。环上开有若干小孔，泵内的高压水通过水封管进入这些小孔并渗入填料，起着水封、冷却和润滑的作用。对叶轮上无平衡孔的单吸式离心泵不必设水封环及水封管，因叶轮背面的高压水可自行压入填料中。

填料压盖用来压紧填料。填料的压紧程度用压盖上的螺钉来调节，填料压得过紧，虽然可减少水、气的泄漏，但却使填料与轴套的摩擦力增大，缩短填料和轴套的使用寿命，严重时会使填料和轴套发热甚至烧毁；相反，填料压得过松，则会增加漏水量或进气量，降低泵的效率，影响泵的吸水性能。一般比较适宜的压紧程度以每分钟水从填料中渗出 40～60 滴为宜。

2）机械密封。机械密封（图 2-13）是无填料的密封装置，主要由动环（可随轴一起旋转并能做轴向移动）、静环、弹簧（压紧元件）和密封圈（密封元件）等组成。这种

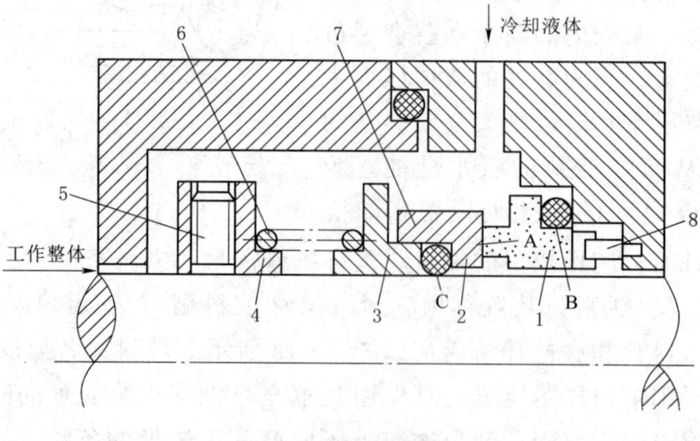

图 2-13 机械密封

1—静环；2—动环；3—动环座；4—弹簧座；5—固定螺钉；6—弹簧；7—密封圈；8—防转销

密封装置主要依靠密封腔中液体和弹簧作用在动环上的压力，使动环端面贴合在静环端面上，形成密封端面 A；用两个密封圈 B 和 C 封堵静环和泵壳、动环与泵轴之间的间隙，切断密封腔中液体向外泄漏的可能途径；再加上弹簧和密封圈具有缓冲振动和端面 A 磨损的作用，又可以确保运行中动、静环密封端面紧密地贴合，从而实现装置可靠的密封。同时，密封圈还起到缓冲振动和冲击的作用。此外，为带走密封端面 A 产生的摩擦热，避免端面液膜汽化和某些零件老化、变形并防止杂质聚集，该装置还采用引入清洁冷却液体等方法降低密封腔中液体的温度，并通过少量泄漏对端面 A 进行冷却润滑和冲刷。

机械密封装置结构紧凑，机械摩擦小，密封性能可靠；但制作工艺要求高，在浑水中，动、静环贴合面被磨损而使密封失效，适合于清水中使用。

(7) 联轴器。联轴器又称靠背轮，是将电动机的动力传递给水泵的重要装置，有刚性和挠性两种。

单级单吸离心泵的特点是扬程较高，流量较小，结构简单，维修容易，体积小，重量轻，移动方便；泵的出水口方向可按安装使用要求作 90°、180°及 270°调整。单级单吸离心泵目前主要有 IB、IS、B、BA 四个系列。IB、IS 系列与 B、BA 系列的构造基本相同，是 B、BA 系列泵的更新产品。它是按照 ISO 2858 标准设计，性能指标和标准化、系列化、通用化水平都比老产品有较大提高的泵型，其适用范围转速为 2900r/min 或 1450r/min，泵进口直径为 50～200mm，流量为 6.3～400m^3/h，扬程为 5～125m，用于丘陵山区和一些小型抽水灌区。

2. 单级双吸离心泵

单级双吸离心泵外形如图 2-14 所示，其结构如图 2-15 所示。其主要零件与单级单吸离心泵基本相似，所不同的是：双吸泵的叶轮形状是对称的，是由两个相同的单吸式叶轮背靠背地连接在一起，水从两面进入叶轮。

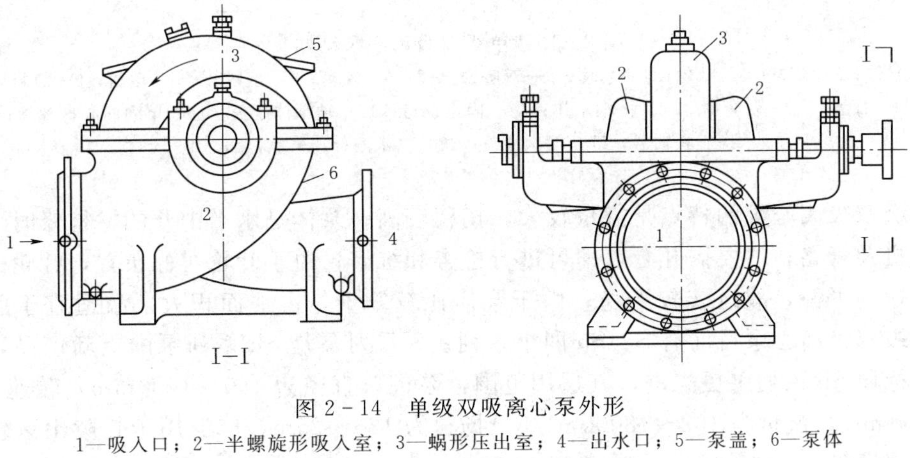

图 2-14 单级双吸离心泵外形

1—吸入口；2—半螺旋形吸入室；3—蜗形压出室；4—出水口；5—泵盖；6—泵体

叶轮用键、轴套和两侧的轴套螺母固定，其轴向位置可通过轴套螺母进行调整；双吸泵的泵盖与泵体共同构成半螺旋形吸入室和蜗形压出室。泵的吸入口和出水口均铸在泵体上，呈水平方向，与泵轴垂直。水从吸入口流入后，沿着半螺旋形吸入室从两面流入叶轮（图 2-14），故称为双吸泵，双吸泵在泵体与叶轮进口外缘配合处装有两只减漏环，称双吸减漏环。在减漏环上制有突起的半圆环，嵌在泵体凹槽内，起定位作用；双吸泵在泵轴穿出泵体的两端共装有两套填料密封装置，水泵运行时，少量高压水通过泵盖中开面上的凹槽及水封环流入填料室中，起水封作用；双吸泵从进水口方向看，在轴的右端安装联轴器，根据需要也可在轴左端安装联轴器，泵轴两端用轴承支承。轴承形式一般用单列向心球轴承，当轴径与转速的乘积 $Dn>300000\text{mm}\cdot\text{r/min}$ 时采用滑动轴承。

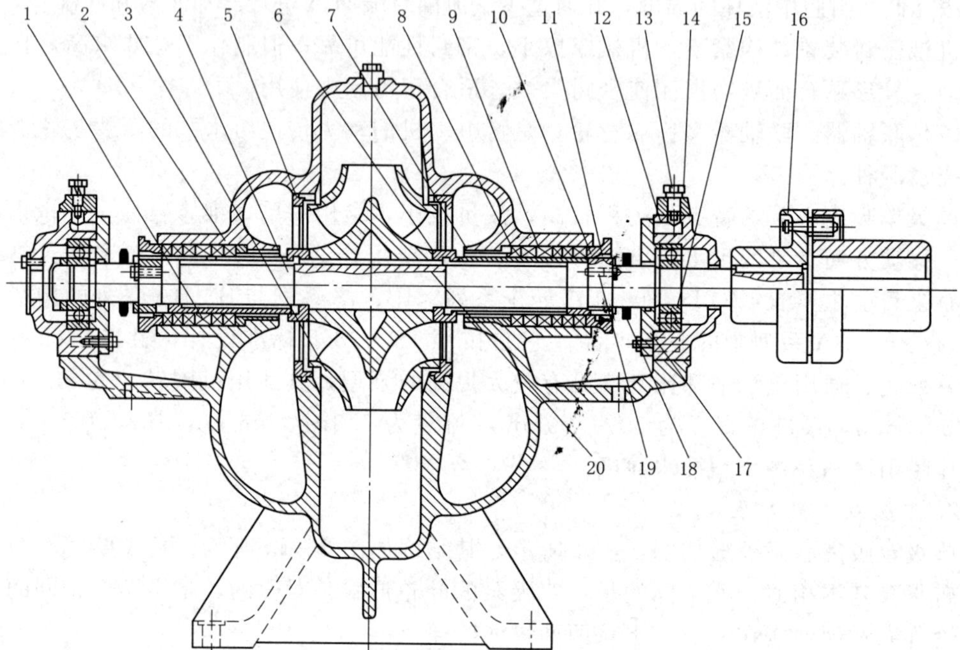

图 2-15 单级双吸离心泵结构

1—泵体；2—泵盖；3—叶轮；4—泵轴；5—双吸密封环；6—轴套；7—填料套；8—填料；9—填料环；10—压盖；11—轴套螺母；12—轴承体；13—固定螺钉；14—轴承体压盖；15—单列向心球轴承；16—联轴器，17—轴承端盖；18—挡水圈；19—螺；20—键

单级双吸离心泵的特点是流量较大，扬程较高；泵体是水平中开的，检修时不需拆卸电动机及管路，只要揭开泵盖即可进行检查和维修；由于叶轮对称布置，叶轮的轴向力基本达到平衡，故运转较平稳；由于泵体比较笨重，占地面积大，故适宜于固定使用。单级双吸离心泵目前有 S、Sh 两个系列。S 系列泵是 Sh 系列泵的更新产品，泵的性能指标比 Sh 系列泵更先进，其适用范围：泵进口直径为 150～1400mm，转速为 360～2900r/min，流量为 162～18000m^3/h，扬程为 12～125m，广泛用于丘陵山区较大面积的农田灌溉。

3. 分段式多级离心泵

分段式多级离心泵将若干个单吸叶轮串联起来工作，每一个叶轮称为一级。泵体分成进水段、中段和出水段，各段用大的穿杠螺栓紧固在一起，如图 2-16 所示。水泵运行时，水流从第一级叶轮排出后，经导叶进入第二级叶轮，再从第二级叶轮排出后经导叶进入第三级叶轮，依此类推。叶轮级数越多，水流得到的能量越大，扬程就越高。泵的两端设有填料密封装置，水流通过回水管进入填料室，起水封作用。由于泵内各叶轮均为单侧进水，故其轴向力很大，一般采用在末级叶轮后面装设平衡盘来加以平衡。平衡盘用键固定在轴上，随轴一起旋转。

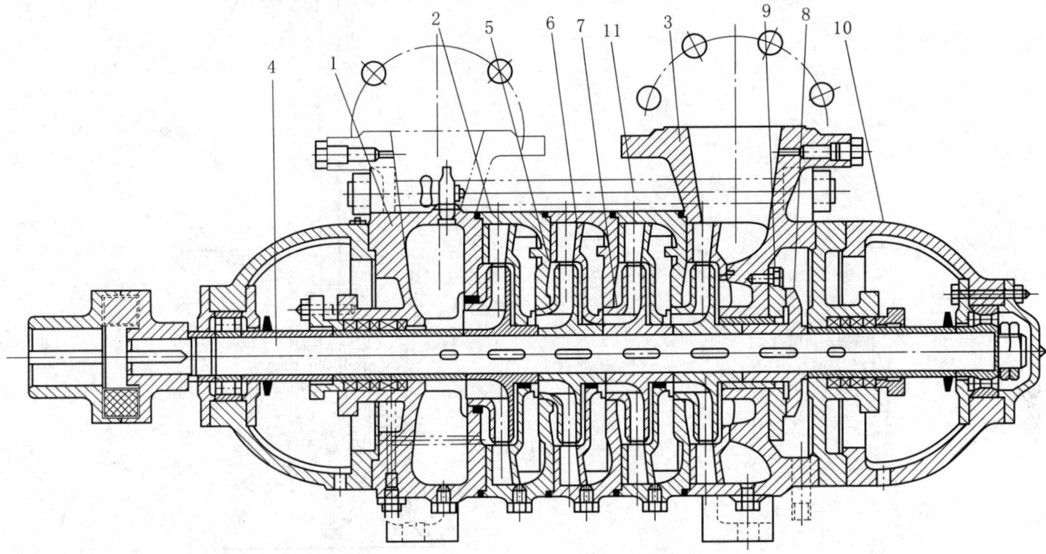

图 2-16　分段式多级离心泵结构

1—吸入段；2—中段；3—压出段；4—轴；5—叶轮；6—导叶；7—密封环；8—平衡盘；9—平衡圈；10—轴承部件；11—穿杠

分段式多级离心泵的特点是流量小、扬程高。扬程可根据使用需要，通过选用叶轮的级数来达到。但结构较复杂，使用维护不太方便。分段式多级离心泵品种较多，最常见的为 D、DA 型，其扬程范围为 17.5～600m，流量为 6.25～450m^3/h，适用于城乡人畜供水和小面积农田灌溉工程。

二、轴流泵的工作原理与构造

（一）轴流泵的工作原理

图 2-17 为立式轴流泵基本构造简图，它由叶轮、泵轴、喇叭管、导叶和出水弯管等组成。立式轴流泵叶轮安装在进水池最低水面以下，当电动机通过泵轴带动叶片旋转时，淹没于水面以下的叶片对水产生推力（又称升力）并使液体在泵体内旋转，在此升力和导叶体的共同作用下，水流经导叶而沿轴向流出，然后通过出水弯管、出水管输送至出水池。

（二）轴流泵的基本构造

轴流泵的结构形式有立式、卧式和斜式三种，农田排灌中使用较多的是立式轴流泵，如图 2-18 所示。它由叶轮、喇叭口、导叶体、泵轴和轴承、轴封等主要部分组成。

1. 叶轮

轴流泵的叶轮通常由叶片、轮毂、导水锥等组成，其叶片一般为 4～6 片，呈扭曲

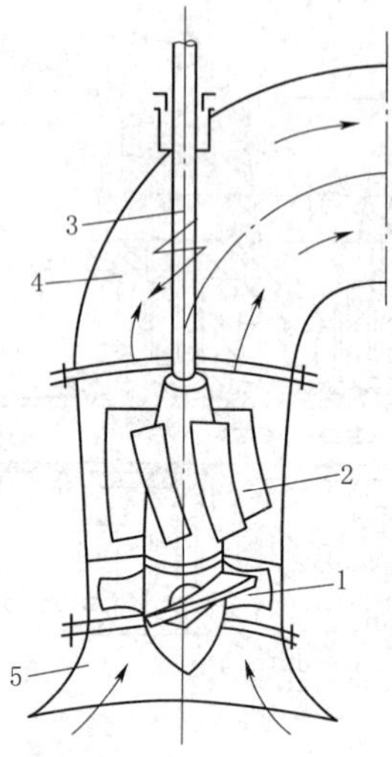

图 2-17 立式轴流泵基本构造简图

1—叶轮；2—导叶；3—泵轴；
4—出水弯管；5—喇叭管

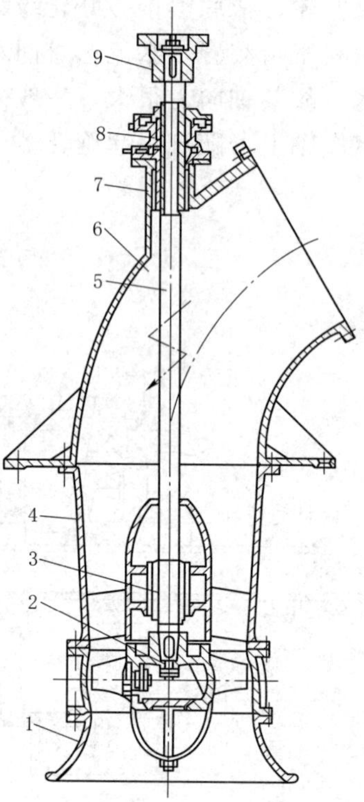

图 2-18 立式轴流泵结构

1—喇叭管；2—叶轮；3、7—胶导轴承；4—导叶体；
5—泵轴；6—出水弯管；8—轴封；9—联轴器

形安装在轮毂体上。叶轮形式有固定式、半调节式和全调节式三种。叶片的材料要求能抗腐蚀、抗汽蚀，一般采用优质铸铁，大型泵多采用铸钢制造。

2. 喇叭口

喇叭口一般为渐缩管，其主要作用是把水流以最小的损失均匀平顺地引入叶轮，一般采用流线型的铸铁喇叭管，其直径约为叶轮直径的 1.5 倍。大型轴流泵一般不用喇叭口，而采用现场浇制的进水流道。

3. 导叶体

导叶体为轴流泵的压水室，装在叶轮上方，由导叶、导叶毂和外壳组成。导叶一般有 6～12 片，固定于导叶毂和外壳上，外壳呈倒圆锥状。导叶体的主要作用是将从叶轮流出的水流的旋转运动变为轴向运动，并使流速逐渐降低，从而将部分动能转化为压能。导叶体内还装有下导轴承。

4. 泵轴和轴承

泵轴用于传递扭矩，一般用优质碳素钢制成。大型全调节式轴流泵的泵轴常作成空心轴，以便于在里面安装叶片调节油管。轴流泵的轴承有两种：导轴承和推力轴承。卧式泵仅设有导轴承而不设推力轴承。导轴承用于承受径向力，起径向支撑作用。它又可以分为水润滑的橡胶导轴承和油润滑的金属导轴承两种。中小型立式轴流泵多采用橡胶导轴承，并有上下导轴承之分。上导轴承设于泵轴穿出泵壳处，下导轴承设于导叶体内。在上导轴承处设有引水管，用于在水泵启动前向该轴承体内加注清水进行润滑。

立式泵既设有推力轴承也设有导轴承。推力轴承设于电动机机座上，主要用于承受水流作用在叶片上向下的轴向压力、水泵和电动机转动部件的重量以及维持转子的轴向位置并将全部轴向力传到机座上去。中小型立式轴流泵采用推力滚珠轴承。大型立式轴流泵的推力轴承由推力头、推力瓦块、绝缘垫、镜板和抗重螺栓等组成。

5. 轴封装置

轴封装置设于泵轴穿出泵壳的轴孔处用以防止压力水的泄漏，常用的轴封装置为填料箱，其构造与离心泵的填料箱相似，只是无水封管和水封环，泵内压力水可直接进入填料中进行润滑和冷却。

6. 出水弯管

水流从导叶体出来以后通过一段扩散管进入出水弯管，弯管的作用是把水流平顺地引出泵体，弯管弯角通常为60°。弯管后接压力管路。

三、混流泵的工作原理与构造

混流泵中液体的出流方向介于离心泵与轴流泵之间，所以叶轮旋转时，液体受惯性离心力和轴向推力共同作用。

混流泵按结构形式可分为蜗壳式和导叶式两种。蜗壳式混流泵有卧式和立式两种，中、小型泵多为卧式，立式用于大型泵。卧式蜗壳式混流泵的结构与单级单吸离心泵相似，只是叶轮形状不同，如图 2-19 所示。混流泵叶片出口边是倾斜的，叶片数较少，流道宽阔，如图 2-20 所示。

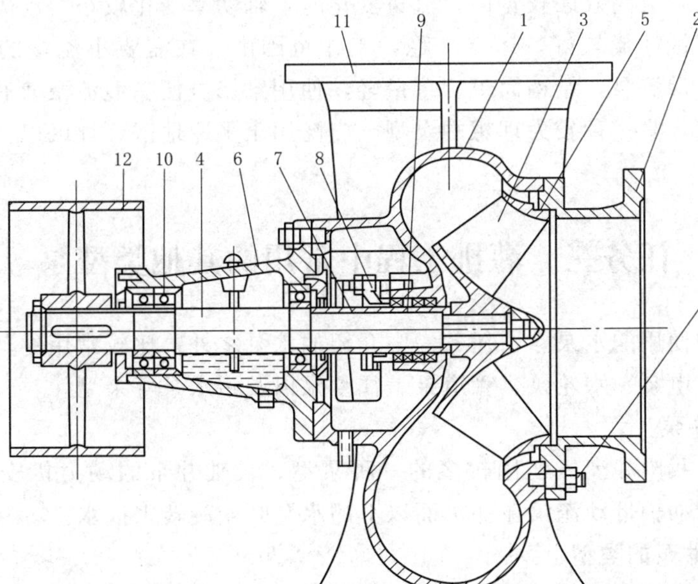

图 2-19 卧式蜗壳式混流泵结构

1—泵壳；2—泵盖；3—叶轮；4—轴承；5—减漏环；6—轴承盒；7—轴套；8—填料压盖；9—填料；10—滚动轴承；11—出水口；12—皮带轮；13—双头螺栓

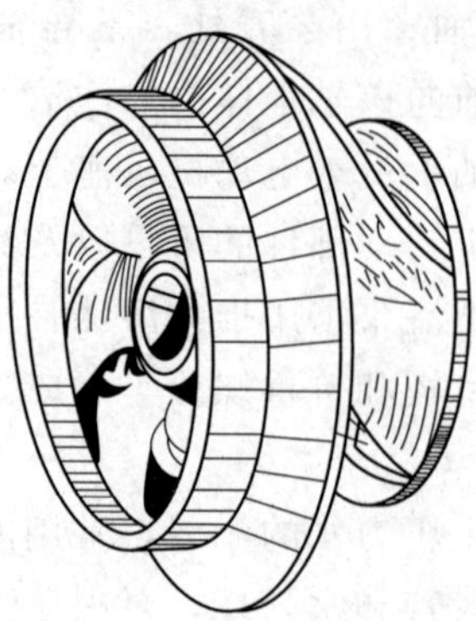

(a)低比速叶轮

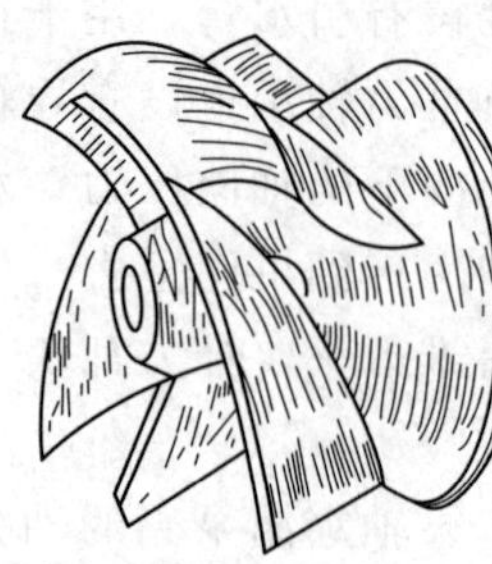

(b)高比速叶轮

图 2-20 混流泵叶轮

不同工作原理的水泵运行时，液体在叶轮中的流动方向不同。在离心泵内液体是径向流出叶轮，在轴流泵内液体近于轴向流出叶轮，而在混流泵内液体是斜向流出叶轮。混流泵的流量一般较离心泵大，其蜗形体也较大，为了支承稳固，泵的基础地脚座一般均设在泵体下面，轴承体靠泵体支承。

导叶式混流泵有立式和卧式两种，其结构与轴流泵很相似。按叶片角度调节方式也可分为固定式、半调节式与全调节式。与蜗壳式混流泵相比，它的径向尺寸较小，但水力性能稍差。卧式导叶式混流泵的泵体为水平中开式，安装、维修都较方便。

混流泵的特点是流量比离心泵大，但较轴流泵小；扬程比离心泵低，但较轴流泵高；泵的效率高，且高效区较宽广；流量变化时，轴功率变化较小，动力机可经常处于满载运行；抗汽蚀性能较好，运行平稳，工作范围广，在需要小流量的场合可连续运转；中小型卧式混流泵，结构简单，重量轻，使用维修方便。混流泵兼有离心泵和轴流泵两方面的优点，是一种较为理想的泵型，广泛用于平原地区、圩区以及丘陵山区的灌溉与排涝。

任务三 灌排工程中常用的其他类型泵

灌排工程中使用的水泵除了任务一中介绍的水泵之外，比较常用的其他类型泵还有长轴井泵、潜水电泵、水轮泵、管道泵、往复泵以及污水泵等泵型。

一、长轴井泵

长轴井泵是我国井灌区使用较多的一种泵型。长轴井泵的动力机安装在井口地面上，用一根长传动轴带动淹没在井水面以下的水泵叶轮旋转来抽水。

(一) 长轴井泵的类型

长轴井泵的类型较多，按泵的扬程大小可分为浅井泵和深井泵。

(1) 浅井泵。泵的扬程在 60m 以下，适用于较大的机井或大口井，这种泵的叶轮级数不多，通常为 1～5 级，主要提取浅层水。

(2) 深井泵。泵的扬程在 60～300m，它多用于井径较小的机井中。为适应深井提水的需要，这类泵的叶轮级数较多。扬程超过 300m 的泵称为超深井泵。

（二）长轴井泵的构造

长轴井泵的构造大同小异，现以 JC 系列长轴井泵为例介绍其构造。JC 系列长轴井泵的结构如图 2-21 所示。

1. 滤水管和泵体部分

滤水管安装在泵体的下端，由一节短管加工而成。在短管下部管壁上钻有若干直径为 10～25mm 的进水孔，其作用是防止井中杂物吸入泵体。短管的上部为进水管，其作用是稳定水流，使从进水孔流入的水流平稳地进入泵体。短管的下端封闭，上端用螺纹或法兰与下导流壳相连。

泵体由下导流壳、中导流壳、上导流壳、叶轮轴、叶轮、锥形套和橡胶轴承组成。上、下导流壳各有一个，中导流壳数目为叶轮级数减一。导流壳的作用是将水流平顺引进各级叶轮，并使水流以最小的水力损失经泵体进入输水管。导流壳之间用螺纹或法兰连接。

2. 输水管和传动轴部分

该部分包括输水管、传动轴、联轴器、轴承支架和橡胶轴承等。输水管由中间若干根等长管段和上、下两根短管用联管器连接而成。传动轴由若干节等长轴和上、下两节短轴用联轴器连接而成。轴承支架内装有橡胶轴承，其作用主要是径向稳定传动轴。

3. 泵座和电动机部分

泵座和电动机（或传动设备）是长轴井泵的井上部分。四个地脚螺栓将泵座固定在混凝土基础上，电动机（又称电机）安装在泵座上。泵座承受水泵的全部重量和水泵的轴向力。动力机除采用电动机外，还可配用柴油机作动力，通过皮带传动或齿轮传动装置进行间接传动。

150JC-30-9.5×6 型长轴井泵的型号意义：150—该泵适用的最小井径为 150mm；JC—井用长轴泵；30—额定流量为 $30m^3/h$；9.5—单级叶轮的扬程为 9.5m；6—叶轮个数（水泵级数）为 6。

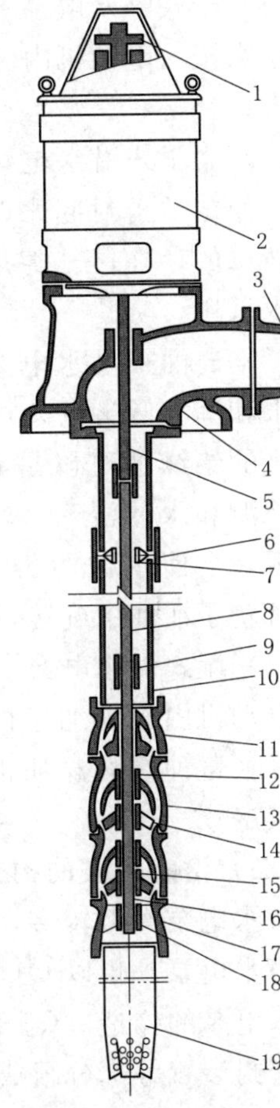

图 2-21　JC 系列长轴井泵结构示意图

1—调节螺母；2—电机；3—出水管；4—泵座；5—电机轴；6—支架；7—轴承支架；8—传动轴；9—联轴器；10—输水管；11—上导流壳；12—橡胶轴承；13—中导流壳；14—叶轮；15—锥形套；16—叶轮轴；17—下导流壳；18—轴承；19—滤水管

二、潜水电泵

在我国的井灌区使用较多的另一种泵型是潜水电泵。潜水电泵是将电动机和水泵制作成一个整体，潜入水源水面以下工作。

（一）潜水电泵的类型

1. 按使用场合分类

（1）作业面潜水电泵。用于从浅井、沟、塘、河、湖中提水，移动方便。水泵部分大多为立式单级泵。

（2）深井潜水电泵。用于从深井中提水，提水高度大。水泵部分一般为立式多级泵。

2. 按电动机防水方式分类

（1）干式潜水电泵。在电动机轴伸端采用机械密封或气垫密封装置进行严密轴封，以阻止水浸入电动机内腔，保持机内干燥。但由于受密封结构的限制，浸入水下深度不能太大。

（2）半干式潜水电泵。把电动机定子与转子用屏蔽罩分开，使定子密封起来与水隔离，而转子在水中运行。由于屏蔽罩的存在，气隙增大，影响了电动机的性能，目前已很少采用。

（3）充油式潜水电泵。在电动机内腔充满绝缘油，以阻止水和潮气侵害电动机绕组并起绝缘、冷却、润滑作用。电动机的绝缘油可以是有压的，也可以是无压的。为防止油的外泄和水的浸入，轴伸端仍需采用密封装置。当密封失效后，会使水源污染，故不适合提取生活用水。此外，电动机转子在油中旋转，阻力较大，电动机效率较低。

（4）湿式潜水电泵。电动机定子绕组采用防水绝缘导线。电动机内充满纯净的水，转子浸在水中运转，散热性能较好。这种泵对材质的要求较高，对部件的防锈蚀性能要求较严。

（二）潜水电泵的构造

潜水电泵类型较多，井灌中使用较多的是充油式和充水式潜水电泵。现以 QJ 系列潜水电泵为例，简单介绍充水式潜水电泵的构造。QJ 系列潜水电泵由水泵、电动机、进水和密封装置等部分组成，如图 2－22 所示。

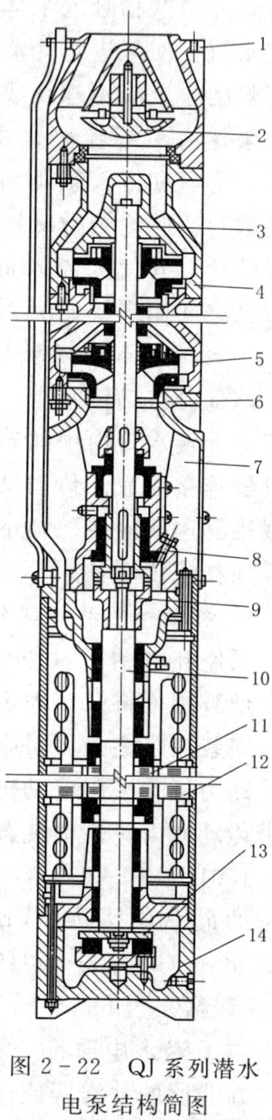

图 2－22 QJ 系列潜水电泵结构简图

1—阀体；2—阀盖；3—轴套；4—上壳；5—叶轮；6—泵轴；7—进水壳；8—电缆；9—联轴节；10—电机轴；11—转子；12—定子；13—止推盘；14—底座

水泵部分位于潜水电泵上端，主要由叶轮、导流壳、泵轴、橡胶轴承等零部件组成，泵轴和电机轴用筒式联轴器连接。叶轮为离心封闭式叶轮，为了防止停机时水泵倒转，上端设有逆止阀。

电机部分位于潜水电泵下端，主要由转子、定子、导轴承、推力轴承以及调压膜等零部件组成。定子绕组采用聚乙烯绝缘尼龙护套耐水电磁线。电机内部充满清水，用以冷却电动机和润滑轴承。在电动机底部装有橡胶调压膜，用以调整电机温升引起的机体内水压的变化。

进水和密封装置部分位于潜水电泵的中部。密封装置在电机的上端，由甩沙圈及正反装置的骨架油封组成，其作用是防止水中的泥沙进入电机内部。

200-QJ80-55/5 型潜水电泵的型号意义：200—该泵适用的最小井径为 200mm；QJ—井用潜水电泵；80—额定流量为 $80m^3/h$；55—额定总扬程为 55m；5—水泵级数。

三、水轮泵

水轮泵是由水轮机和水泵按一定方式组成的提水机械，在某一确定水头作用下，水轮机转轮带动水泵叶轮旋转，把水由低处提到高处。水轮泵的水泵部分的工作原理与一般叶片式水泵完全相同。

（一）水轮泵的特点

（1）水轮机与水泵同轴或非同轴连成一体，潜没在水源水面以下工作，无须传动设备、充水设备，无吸程要求。与其他水泵相比，具有结构简单、节省材料、投资少、见效快等优点。

（2）不用油、不耗电、无污染，能够充分利用自然水能，提水成本低。

（3）运行性能好、管理方便，还可以为农副产品加工及发电等综合利用提供动力。

凡取得 1m 以上水头和流量大于 $0.1m^3/s$ 的地方，如溪流急滩、山塘水库、山涧涌泉、拦河堵坝、渠系跌水及河口潮汐等地，都可利用简单的工程安装使用水轮泵。其缺点是不能充分利用河流水量资源进行灌溉，一般出水量仅为过水量的 1/10～1/5。

（二）水轮泵的构造

水轮机和水泵匹配组成了水轮泵。图 2-23 所示为机泵同轴水轮泵的结构。上部是离心泵部分，由叶轮、泵壳、锥形滚柱轴承、滤网等零部件组成。下部是水轮机部分，由导水座、转轮、主轴和导轴承等零部件组成。叶轮与转轮同轴连接。转轮一般为轴流式叶片，小型水轮泵的转轮一般多为定桨式构造。

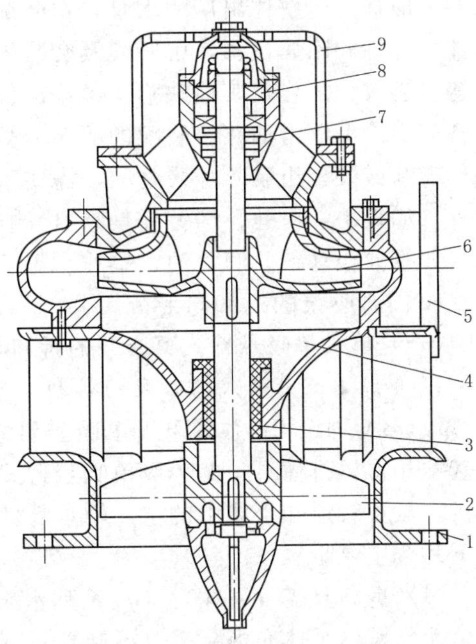

图 2-23　机泵同轴水轮泵结构

1—导水座；2—转轮；3—导轴承；4—主轴；5—泵体；6—叶轮；7—橡胶密封；8—锥形滚柱轴承；9—滤网

四、污水泵、杂质泵

污水泵实际上是杂质泵的一种，按结构形式不同分为卧式和立式两种。常用的 PW 型污水泵为卧式单级悬臂式离心泵；PWL 型污水泵是立式单级单吸离心泵。由于输送带有纤维或其他悬浮杂质的污水，因此在结构上与一般清水泵的不同之处在于其叶轮的叶片数少、流道宽。另外，为了避免堵塞，在泵体的外壳上开设有检查、清扫孔，便于在停机后及时清除泵壳内部的杂质。

在矿山、冶金、化工、电力等部门中，经常需要输送带有杂质液体的水泵如泥浆泵、灰渣泵、混凝土泵等，这类泵统称为杂质泵。其主要特点是，叶轮、泵体及泵盖等过流部分要求采用耐磨材料。此外，泵壳上通常有清扫孔，以适应经常检查清洗的要求。对于杂质泵也有采取局部加厚承磨部分的断面来延长使用寿命的。

4PWL型污水杂质泵的型号意义：4—水泵的出水口直径为4in（1in＝2.54cm）；P—杂质泵；W—污水泵；L—立式安装。

任务四　叶片泵的拆卸与装配

叶片泵的拆卸与装配组装，是检查、检修水泵时的重要工作环节。某些特型或大型水泵在出厂及运输过程中，有时需要被拆解成零部件，在泵站机组安装时，按照国家标准和企业标准的要求对水泵进行正确的装配组装。整体出厂的水泵在生产厂家规定的防锈保证期内，其内部零件不宜拆卸，只洗外表。当超过防锈保证期或有明显缺陷需拆卸时，其拆卸、清洗和检查应符合设备技术文件的规定。当无技术规定时，可参考国家标准的一般规定。解体出厂的水泵，在装配之前对水泵零部件应进行严格检查，泵的主要零件、部件和附属设备，中开面及套装零件、部件的端面不得有擦伤和划痕；轴的表面不得有裂纹、压伤及其他缺陷。各零部件清洗洁净后，应去除水分并应将零件、部件和设备表面涂上润滑油并按装配的顺序分类放置。

拆卸或装配组装叶片泵之前，需要事先准备操作使用的各种工具，其主要包括钳工工具（如扳手、手锤、螺钉旋具）、检测工具（如千分卡、塞尺）以及一些辅助消耗用品（如螺栓松动剂、润滑油、垫片）等。

一、离心泵的拆卸与装配

（一）单级单吸悬臂式离心泵的拆卸与装配

1. 单级单吸悬臂式离心泵的拆卸

B、BA、IS、IB系列单级单吸悬臂式离心泵的形体不大，构造基本相同，拆卸方法基本相似。排灌泵站的单级单吸悬臂式离心泵需要拆卸时，必须先按照停机程序正常停机，放掉管道和泵体中的水，轴承部件若采用稀油润滑，还应放掉润滑油。拆卸分为以下几个主要步骤：

（1）拆卸泵盖（泵体）。BA系列水泵有泵盖，泵盖上带进水管口，B、IS、IB系列水泵无泵盖，泵体充当泵盖。拆卸泵盖（泵体）时，先拧下泵体与托架间的固定螺母，再用木板垫住泵体进行敲打，即可拆下泵盖（泵体）。单级单吸悬臂式离心泵拆卸如图2-24所示。

（2）拆卸叶轮。首先打开叶轮锁紧螺母处的锁片，用扳手按叶轮工作的转向拧下叶轮锁紧螺母，用垫木敲击或用拉头从泵轴上卸下叶轮。

（3）拆卸填料函。先拧下压盖螺母，取下压盖，用铁丝勾出填料和水封环。

（4）拆卸轴承。先检查放净托架内的机油（黄油则不放），再拧下前后轴承盖，用木块垫在装叶轮一端的轴头上，用锤敲打垫木，使泵轴和轴承一起从托架中取出。

（5）拆卸泵轴和联轴器。抽出泵轴，撬出固定联轴器的平键，用木块垫在联轴器上，在圆周的不同位置处用手锤敲打垫木，直至联轴器脱落。

若要对拆卸后的水泵进行检修，需要将拆下的零件进行清洗和认真检查。首先检查

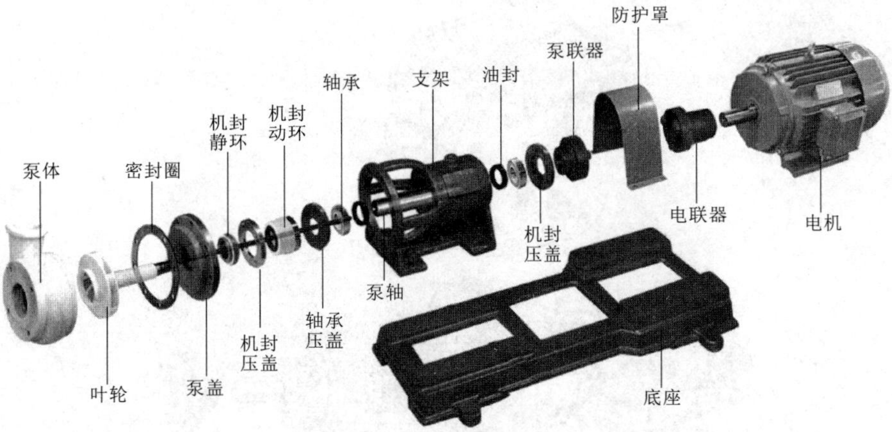

图 2-24　单级单吸悬臂式离心泵拆卸图

泵壳、叶轮有无汽蚀、沟槽或孔洞；然后检查泵轴是否弯曲、磨损；还要检查轴承是否晃动、磨损或损坏。

2. 单级单吸悬臂式离心泵的装配

单级单吸悬臂式离心泵装配的顺序与拆卸顺序相反，但要注意以下两点：

（1）检查轴承与泵轴是否配合，如果已将轴与轴承拆解，组装时应先将轴承浸在120℃左右的机油中加热10～15min后再装配。

（2）安装环状填料时，应使相邻环的切口相互错开。

（二）单级双吸离心泵的拆卸与装配

单级双吸离心泵为水平中开式结构，主体的拆卸与安装都比较方便。

1. Sh、S 等系列单级双吸离心泵的拆卸

（1）松开泵盖螺母打开泵盖，去掉中开面纸垫，此时，水泵内部结构将全部暴露。打开泵盖取下联轴器后的 Sh 型水泵如图 2-25 所示。

（2）拆卸轴承体压盖，将水泵的转子部件抬离或吊离泵体，妥善放置。

（3）拆解水泵的转子部件（若水泵无重大故障，本步骤一般可不进行或选择性进行），依次取下密封环、挡水圈、填料压盖、填料、轴套螺母、轴套、平键、叶轮、联轴器。

（4）检查各个零件，观察是否有损坏现象。若各零件完好无损，应去除表面水分并给零件配合表面涂上润滑油，按装配的顺序放置整齐。

2. Sh、S 等系列单级双吸离心泵的装配

Sh、S 等系列单级双吸离心泵的装配顺序与其拆卸顺序完全相反，主要操作步骤如下：

（1）装配转子部件。依次将叶轮、轴套、轴套螺母、填料压盖、挡水圈装在轴上，套上两个密封环，装上轴承部件和联轴器。

（2）检查转子部件上叶轮的密封部位，外圆的径向跳动不超过有关规定。

（3）将转子部件和螺柱装在泵体上，装好轴承体压盖。用轴套螺母调整叶轮的轴向

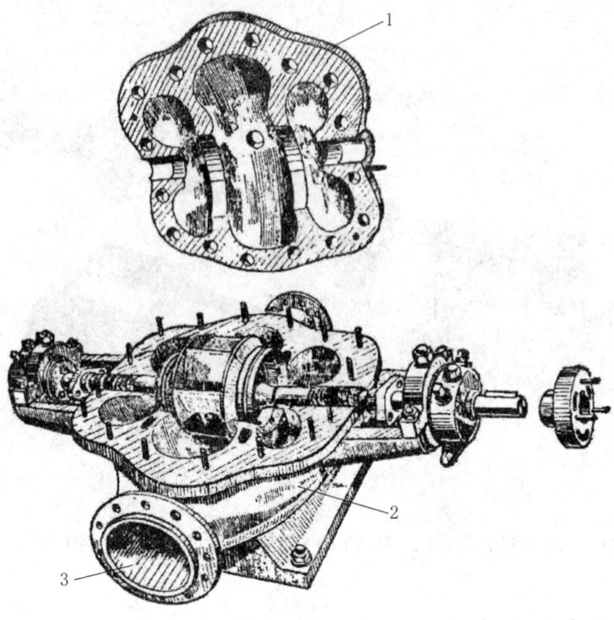

图 2－25 Sh 型水泵拆解图

1—泵盖；2—泵体；3—吸入口

位置到泵体流道的中间，然后加以固紧。

（4）装上填料，放好中开面纸垫，盖上泵盖，打紧螺尾锥销，拧紧泵盖螺母。压紧填料压盖，但不要将填料压得太紧，过紧会使轴套发热，同时增加能耗；也不要压得太松，过松会使液体渗漏量增大，降低水泵效率。

（5）装配完毕后，用手转动转子，无卡擦现象，轻滑均匀即可。

（三）多级离心泵的拆卸与装配

多级离心泵具有扬程高、流量小、结构比较复杂、使用要求严格等特点。拆卸及装配安装多级离心泵时，应当小心谨慎，仔细操作，确保拆、装无误。

1. 多级离心泵拆卸应注意的事项

（1）按停机顺序正常停机。

（2）泵壳内液体（包括冷却水）应放掉；轴承部件是稀油滑润时，应放掉润滑油。

（3）拆去妨碍拆卸的附属管路，如平衡管、水封管等管路和引线。

（4）应严格保护零件的制造精度不受损伤，拆卸穿杆的同时应将各中段用垫块垫起，以免各中段止口松动下沉，将轴压弯。

2. 多级离心泵的拆卸顺序

（1）拧下吐出侧轴承端盖上的螺栓和出水段、尾盖、轴承体三个部件之间的连接螺栓，卸下轴承端盖、轴承体等轴承部件。

（2）拧下轴上圆螺母并依次卸下轴承内圈、轴承压盖和挡圈后，卸下填料体（包括填料压盖、填料环、填料等在内）。

（3）依次卸下轴上的密封圈、轴套、平衡盘和平键之后，卸下出水段、末导叶、平衡环套等零件。

（4）卸下末级叶轮和键之后，卸下中段、导叶；按此依次卸下各级叶轮、中段和导叶，直至卸下前级叶轮。

（5）卸下水泵联轴器后，拧下进水段和轴承体的连接螺母和轴承压盖上的螺栓，卸下进水段侧轴承部件。

（6）将轴从进水段中抽出，拧下轴上固定螺母，依次将轴承内圈、密封圈、轴套等卸下。

（7）采用滑动轴承的泵，其拆卸顺序与上述步骤基本相同，仅在拆轴承部件的时候略有区别。

3. 多级离心泵的装配顺序

多级离心泵在装配前应仔细检查零件有无影响装配的缺陷，并擦洗干净之后，方可进行装配。

（1）预先可将各处的连接螺栓、丝堵等分别拧紧在相应的零件上。

（2）预先可将密封圈、纸垫、毛毡等分别放置在相应的零件上。

（3）预先可将密封环和填料、填料环、填料压盖等依次装到泵盖内。

（4）将滚动轴承装到轴上，然后装到悬架内，再合上压盖，压紧滚动轴承，并在轴上套上挡水圈。

（5）将轴承装到轴上，再将泵盖装到悬架上，然后再将叶轮、止退垫圈、叶轮螺母等装上并拧紧。最后将上述组件装到泵体内，并拧紧泵体、泵盖上的连接螺栓。

在上述装配过程中，一些小件如平键、挡油盘、挡水圈、轴套内的密封圈等容易遗漏或装错顺序，应特别注意。

4. 多级离心泵装配应注意的事项

装配质量的好坏直接影响水泵能否正常运行，并影响泵的使用寿命和性能参数。所以，装配时还应注意以下几点：

（1）应保护好零件的加工精度和表面光洁度，不允许有碰伤、划伤等现象，各紧固螺钉和螺栓应受力均匀。

（2）叶轮出口流道与导叶进口流道的对中性是依各零件的轴向尺寸来保证的，流道对中性的好坏直接影响泵的性能，故泵的安装装配尺寸不能随意调整。

（3）水泵装配完毕后，在未装填料前，用手转动泵转子，检查转子在泵中是否灵活，轴向窜动量是否达规定要求。

（4）检查合格后压入填料，并注意填料在填料腔内的相对位置。

（四）自吸离心泵的拆卸与装配

自吸离心泵的结构构造与单级单吸离心泵相似，只是其进水室部分设有较大的气水分离室，其他部分并无太大区别。因此，其拆卸、装配顺序和方法与单级单吸离心泵基本相同。

二、轴流泵的拆卸与装配

ZL、ZLB、ZLO 系列轴流泵是排灌工程中常用的泵型。立式轴流泵的泵轴通过联轴器（一般为刚性联轴器）与中间轴连接。电机支座下面的轴承承受转子全部向下的轴向力。中间轴与电机轴一般用弹性联轴器连接。

（1）小型 ZL 系列轴流泵拆卸的方法步骤如下：

1）拆卸两个联轴器和中间轴。

2）吊出出水弯管及泵体（包括进水喇叭），并将其卧放于泵室地坪上。

3）拧开泵体外筒与出水弯管以及进水喇叭的连接螺钉，拆卸出水弯管及进水喇叭。

4）整体抽出转子部件及导叶体。

5）拆卸导叶体及橡胶轴承。

6）拆卸转子部件（包括叶片、轮和泵轴）。

7）检查各个零件，按装配顺序整齐放置。

（2）装配小型 ZL 系列轴流泵的步骤与拆卸步骤相反，操作也比较简单，这里不再赘述。但较大规模的立式轴流泵在安装结束后，应特别注意检查水泵整体的连接和配合情况，具体如下：

1）水泵整体传动装置以及动力机应完好无损。

2）泵轴和传动轴不应弯曲。

3）泵轴和传动轴在轴颈处的径向跳动，各联轴器端面斜度偏差及联轴器径向跳动应符合技术文件的规定。

4）叶轮与水泵壳体之间的间隙应均匀。

5）导叶体处的水泵外壳、叶轮处的水泵外壳以及套管各部的轴线均应与泵座轴线重合。

6）动力机轴与中间轴和泵轴的同轴度符合要求。

7）橡胶轴承无沾染油脂。

8）真空破坏阀、油压设备、真空泵、电磁阀等辅助设备和各管路连接后，按系统单独试验合格，连接处无泄漏现象。另外，当水泵输送常温清水时，水润滑橡胶轴承可用输送的介质润滑，泵轴无须保护装置；在输送含沙水（如黄河水）或有腐蚀性介质（如海水）时轴和导轴承需要采用护（套）管保护，使之与介质隔离，用外供清水润滑，这个问题在规划设计泵站、选择配套水泵时就应予以考虑。

三、混流泵的拆卸与装配

蜗壳式混流泵的结构构造与单级单吸离心泵相似，拆卸顺序和方法也与之相仿，在此不再赘述。蜗壳式混流泵的装配顺序与拆卸顺序相反，装配组装方法与单级单吸离心泵相同。但因混流泵叶轮直径比单级单吸离心泵大一些，装上叶轮之后，应检查叶轮外缘的摆动幅度，一般不宜太大，尽量控制在 0.15m 范围内。轴承及润滑油系统也应做详细的检验检查，确保润滑良好且不漏油。

导叶式混流泵的结构构造与立式轴流泵基本相似，其拆卸顺序和方法也与之基本相同。根据安装方式，又可分为单基层式安装和双基层式安装两种，单基层式安装的电机与水泵安装于同一基础上，而双基层式安装的电机与水泵分别安装在各自的基础之上。为适应不同使用范围，叶片分为固定式和可调式两种。

四、其他排灌用泵拆卸与装配的注意事项

其他排灌用泵的类型很多，新产品也层出不穷，拆卸与装配组装的方法区别很大，

但在拆卸与装配组装的时候，既要遵守国家有关标准的规定，又要符合各个水泵技术文件的要求。

（一）长轴井泵的拆卸与装配

长轴井泵在出厂之前已经装配好的部件，一般不应拆卸。安装在井泵站的长轴井泵，其拆卸顺序只能是自上而下，先拆卸传动装置（或联轴器）、电动机和泵座，再逐段起吊拆卸输水管和传动轴，直至将泵体部分吊上地面之后，再拆卸泵体部分。在井泵站安装长轴井泵之前应对水泵各个部件以及对井进行必要的检查，井管内径和井管直线度应符合水泵的安装规定。输水管应正、直，螺纹或法兰连接端面应无碰伤并应清洗洁净。已经安装的长轴井泵，转动部件的转动应当灵活、无阻滞现象。传动轴为螺纹联轴器连接时，两轴端面应紧密贴合，两轴旋入联轴器的深度相等；泵座与输水管连接后应安放在基础上，电动机与水泵底座应紧密贴合。试运行之前还要调整叶轮与导流壳之间的轴向间隙，传动装置处应灌注润滑油（脂），还应加水润滑橡胶轴承。运行中的水泵，应当运转平稳、出水正常，不应有异常振动和声响。上述要求都与水泵的正确拆卸、安装与调整有关。

（二）潜水电泵的拆卸与装配

潜水电泵由泵体部分和输水管部分组成，泵体部分由潜入式电机和水泵组成，水泵部分一般可以是离心泵、轴流泵或混流泵。潜水泵站的潜水电泵在拆卸时，应先逐段起吊、拆卸输水管并整齐放置，将泵体吊上地面后，再拆卸水泵和电机。水泵和电机的拆卸与装配组装按照水泵的技术文件规定进行。潜水电泵安装前要对电缆接头以及电机外壳做电气绝缘试验。井用潜水电泵的井管内径和井管直线度应符合潜水电泵的安装规定。

（三）水轮泵的拆卸与装配

中、小型水轮泵一般是立式同轴结构，水泵在上部，水轮机在下部。拆卸水轮泵时，通常是将水轮泵吊离基座放置于地坪上操作，拆卸顺序是先拆卸水泵，再拆卸水轮机。水泵部分的拆卸与单级单吸离心泵的拆卸相似，水轮机部分的拆卸主要是转轮、轴及轴承的拆卸；装配组装及水泵整体安装顺序与此相反。水轮泵安装时应注意进水及尾水流道的通畅，还应做好泄水及泵房（机组）的防洪安全防范工作。

（四）管道泵的拆卸与装配

管道泵的构造比较简单，拆卸、装配和使用比较方便。YG 系列管道泵的一般维护保养只需拆卸爪形联轴器以下的转动部件即可，无须拆卸电机、连接体、泵体。若要全部拆解水泵，拆卸顺序是：依次拆卸电动机、电机支架（连接体）、泵盖、轴承、轴封、叶轮、泵体（泵座）。装配顺序与拆卸顺序相反。管道泵在安装使用时，泵座必须放置在水泵基座上，进、出水管应有各自的支架或支座，水泵不得直接承受管道的重量。

水泵是一种精密机械设备，在拆卸与装配时，必须遵守国家标准规范的统一规定。同时，随着科学技术和国民经济的不断发展，新的泵类产品又层出不穷，服务于生产、生活的各个领域，在拆卸、装配乃至使用水泵的各个环节，也应遵守行业、企业标准或某一产品的技术规定。只有这样，才能保证更好地发挥水泵的有效作用。

思考题

1. 什么是泵？什么是水泵？
2. 农用水泵是如何分类的？常见农用水泵分为哪些类型？各类水泵各有何特点？
3. 离心泵是如何工作的？
4. 离心泵由哪些主要零件组成？各主要零件的作用是什么？
5. 轴流泵是如何工作的？
6. 轴流泵由哪些主要零件组成？各主要零件的作用是什么？
7. 蜗壳式混流泵由哪些主要零件组成？各主要零件的作用是什么？
8. 离心泵、轴流泵和混流泵的叶轮有何异同？
9. 农业水利工程中常用的其他类型水泵有哪些？各有哪些特点？
10. 拆卸与装配水泵应当遵守哪些一般规定？
11. 如何拆解与装配单级单吸离心泵、单级双吸离心泵？

项目三

叶片泵的性能

本项目主要讲述叶片泵的基本性能，通过对叶片泵的性能参数、性能曲线、相似律和比转速的学习，要求学生掌握叶片泵的性能参数和性能曲线，熟练掌握相似律和比转速的计算和应用。

任务一　叶片泵的性能参数

叶片泵的性能参数是表征泵性能的一组物理量，这组物理量可从不同角度反映出叶片泵的工作性能特征，主要包括流量、扬程、功率、效率、转速和必需汽蚀余量（或允许吸上真空高度）。这些参数之间相互关联，当一个性能参数发生变化时，其他参数都会随之按一定规律发生变化。

一、流量 *Q*

流量是指水泵在单位时间内抽送水体的体积。常用 Q 表示，单位为 m^3/s、L/s 或 m^3/h，各单位的换算关系是：$1m^3/s=1000L/s=3600m^3/h$。

水泵实际运行时的流量称为水泵的实际工作流量，即实际流量。水泵铭牌上所标出的流量是这台泵的设计流量，又称额定流量，泵在该流量下运行效率最高。如果实际流量大于或小于设计流量，其效率都会降低。为节约能源，降低提水成本，水泵应力争在设计流量情况下运行。

二、扬程 *H*

扬程是指被抽送的单位重量的水从泵进口到出口所增加的能量，用 H 表示，单位是 mH_2O，简略为 m。

对于图 3-1 所示的卧式离心泵抽水装置，若以水泵轴线为基准面，泵运行时，单位重量的水在泵进口断面处的总能量为

$$E_1=z_1+\frac{p_1}{\rho g}+\frac{v_1^2}{2g} \tag{3-1}$$

单位重量的水在泵出口断面处的总能量为

$$E_2=z_2+\frac{p_2}{\rho g}+\frac{v_2^2}{2g} \tag{3-2}$$

根据扬程定义得

$$H=E_2-E_1=(z_2-z_1)+\frac{p_2-p_1}{\rho g}+\frac{v_2^2-v_1^2}{2g} \tag{3-3}$$

式中　z_1、$\frac{p_1}{\rho g}$、$\frac{v_1^2}{2g}$——水泵进口断面 1－1 处的位置水头、绝对压力水头、流速水头，m；

z_2、$\frac{p_2}{\rho g}$、$\frac{v_2^2}{2g}$——水泵出口断面 2－2 处的位置水头、绝对压力水头、流速水头，m。

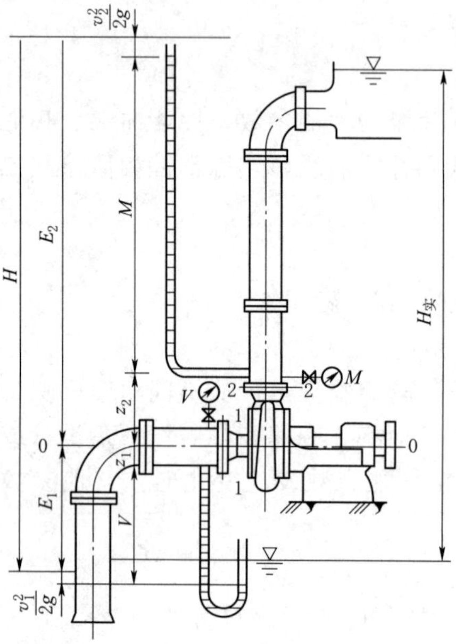

图 3－1　离心泵扬程示意图

一般卧式泵以泵轴线所在的高程为基准面，在泵进、出口断面处分别安装真空表、压力表测水泵进、出口的压强，如图 3－1 所示。真空表、压力表的读数为相对压力，设真空表的读数为 V（低于一个大气压的数值，即 $V=\frac{p_a}{\rho g}-\frac{p_1}{\rho g}$），压力表的读数为 M（高于一个大气压的数值，即 $M=\frac{p_2}{\rho g}-\frac{p_a}{\rho g}$）则式（3－3）可写成

$$H=(z_2-z_1)+V+M+\frac{v_2^2-v_1^2}{2g} \tag{3-4}$$

真空表、压力表的读数单位为 MPa 时，将以 MPa 表示的读数 V'、M'换算为 mH_2O，则

$$H=(z_2-z_1)+100V'+100M'+\frac{v_2^2-v_1^2}{2g} \tag{3-5}$$

由式（3－5）计算的扬程为水泵工作状况时的扬程。水泵铭牌上所标出的扬程是这台泵的设计扬程，即相应于通过设计流量时的扬程，又称额定扬程。从图 3－1 可清楚地看出扬程 H 与实际扬程 $H_{实}$ 是两个不同的概念，前者为单位重量的液体从泵进口到出口能量增加的数值，后者为进、出水池水位差。显然，泵扬程总是大于实际扬程。

三、功率

功率是指水泵在单位时间内所做的功，在水泵工作中，其大小主要取决于水泵的流量和扬程，它是衡量水泵工作能力大小的一个主要参数，单位为 kW。

1. *有效功率 P_u*

有效功率是指水流通过水泵实际所获得的功率，又称水泵的输出功率，用 P_u 表示，可用下式计算

$$P_u=\frac{\rho gQH}{1000}=\frac{\gamma QH}{1000} \tag{3-6}$$

式中　ρ——水的密度，kg/m^3，$\rho=1000kg/m^3$；

γ——水的容重，N/m^3，$\gamma=\rho g=9800N/m^3$；

Q——水的流量，m^3/s；

H——水的扬程，m。

2. 轴功率 P

轴功率是水泵工作时所需要的外加功率，是动力机传递给泵转轴的功率，又称输入功率，用 P 表示。水泵铭牌上的轴功率是指对应于通过设计流量时的轴功率，又称额定功率。轴功率不可能全部对水流做功，一部分功率在泵内被消耗，轴功率减去消耗功率为有效功率。

3. 配套功率 $P_{配}$

配套功率是指为水泵配套的动力机功率，用 $P_{配}$ 表示。一般在水泵铭牌或样本上都标有配套功率的数值。

四、效率 η

水泵的效率是指水泵的有效功率与轴功率之比。它标志着水泵对能量的有效利用程度，是水泵的一项重要技术经济指标，用 η 表示。水泵铭牌上的效率是对应于通过设计流量时的效率，该效率为泵的最高效率。泵的效率越高，表示水泵工作时的能量损失越小，其表达式为

$$\eta=\frac{P_u}{P}\times 100\% \tag{3-7}$$

$$\eta=\frac{\rho gQH}{1000P} \tag{3-8}$$

水泵轴功率不可能全部传递给被输出的液体，其中必有一部分能量损失。水泵内的能量损失可分为三部分，即机械损失、容积损失和水力损失。水泵的有效功率加上三项损失功率等于水泵的轴功率，水泵的功率平衡如图 3-2 所示。

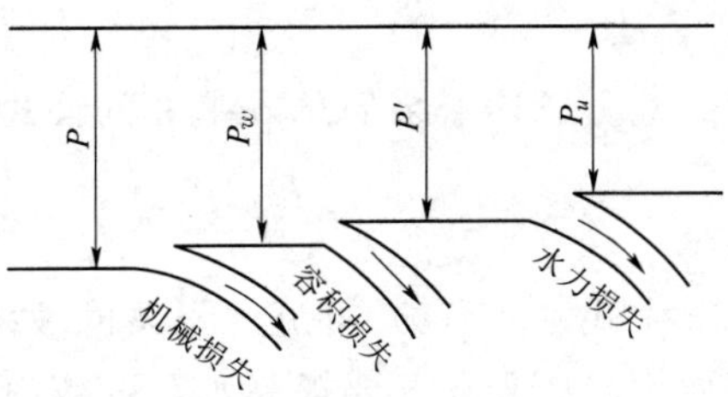

图 3-2 水泵的功率平衡

1. 机械损失和机械效率

机械损失是指由于机械摩擦所产生的功率消耗，包括轴承摩擦损失、填料摩擦损失和叶轮前后轮盘与水之间的摩擦损失（轮盘损失）。在机械损失中，轮盘损失所占比例较大，尤其是中低比转速的离心泵，轮盘损失约占轴功率的 10%以上。其值除与叶轮直径和转速有关外，还与叶轮盖板外表面及泵壳内壁的粗糙度有关。

机械损失功率用 P_m 表示。从泵的输入功率中扣除机械损失后，叶轮传给液流的功率称水功率，用 P_w 表示

$$P_w=P-P_m=\frac{\rho g(Q+q)H_T}{1000} \tag{3-9}$$

水功率与轴功率之比称为机械效率 η_m，即

$$\eta_m=\frac{P_w}{P}\times 100\% \tag{3-10}$$

2. 容积损失和容积效率

水泵由于结构上的需要，在转动部件与固定部件之间要有空隙存在。当空隙两侧的

压力不相等时，液体就会通过这些空隙由高压侧流向低压侧，产生所谓的漏损流量。就离心泵而言，蜗壳内是高压区，叶轮进口处是低压区，因此流经叶轮的流量虽然大部分经压出室流出水泵，但有一小部分流量经过泵体内间隙（如减漏环）和轴向力平衡装置（如平衡孔、平衡盘）泄漏到叶轮的进口，另有一小部分从轴封处泄漏到泵外，这部分漏损流量虽然在流经叶轮时获得了能量，但未被利用，而是在泵内循环流动中被消耗，故称其为容积损失。

对给定的泵，要降低漏损量 q，关键在于控制密封环与叶轮间的运转间隙量。漏损量越大，泵的出水量 Q 越小。通过泵出口的流量 Q 与通过泵进口的流量 $Q+q$ 之比称为容积效率 η_V，即

$$\eta_V=\frac{Q}{Q+q}\times 100\% \tag{3-11}$$

3. 水力损失和水力效率

水流流经水泵的吸入室、叶轮、压出室时产生摩擦损失、局部损失和冲击损失。摩擦损失是水流与过流部件边壁间的摩擦阻力引起的损失。局部损失是水流在泵内由于水流运动速度大小与方向发生变化时引起的损失。冲击损失是泵在非设计工况下运行时水流在叶片入口处、出口处及压出室内引起的损失。水力损失的大小决定于过流部件的形状尺寸、壁面粗糙度和水泵的工作情况。水力损失越大，泵扬程越小。若未考虑泵内损失时的扬程为理论扬程 H_T，则泵扬程 H 与理论扬程 H_T 之比为水力效率 η_h，即

$$\eta_h=\frac{H}{H_T}\times 100\% \tag{3-12}$$

综上所述，泵的总效率 η 的公式，可变换成下列形式

$$\eta=\frac{P_u}{P}\times 100\%=\frac{P_u}{P_w}\eta_m=\frac{\rho g Q H}{\rho g (Q+q) H_T}\eta_m=\eta_V\eta_h\eta_m \tag{3-13}$$

由式（3－13）可见，水泵的效率即总效率是三个效率（容积效率、水力效率与机械效率）的乘积。要提高水泵的效率，就要减少泵内各种损失，特别是水力损失。提高水泵的效率，除了从水力模型优化、材质选用、基础部件加工工艺改良（轴封件和密封件）等方面加以改善和提高外，使用单位还要注意正确选择泵型，保证安装质量、合理调节运行工况和加强维护管理，这样才能使水泵经常在高效率状态下工作，达到保证灌排、节约能源、降低成本和提高经济效益的目的。

五、允许吸上真空高度或必需汽蚀余量

允许吸上真空高度或必需汽蚀余量是表征叶片泵吸水性能的参数，用来确定泵的安装高程。常用 H_{sa} 或 $(NPSH)_r$ 表示，单位是 m。将在项目四详细介绍。

六、转速 *n*

转速是指泵轴每分钟旋转的次数，用 n 表示，单位是 r/min。铭牌上的转速是这台泵的设计转速，又称额定转速。常用的转速有 2900r/min、1450r/min、970r/min、730r/min、485r/min 等，一般口径小的泵转速高，口径大的泵转速低。

转速是影响水泵性能的一个重要参数，当转速变化时，水泵的其他五个性能参数都相应地发生变化。

为了方便用户使用，水泵厂家在每台水泵的泵壳上都装有一块铭牌，铭牌上简明列出了该水泵在设计转速下运行，即效率达到最高时的流量、扬程、轴功率、效率、转速及允许吸上真空高度或必需汽蚀余量等性能参数值，称为额定参数。

任务二 叶片泵的性能曲线

叶片泵的性能曲线就是反映各参数之间的相互关系和变化的一组曲线，它是合理选择水泵和正确使用水泵必不可少的基本资料。针对不同的用途，性能曲线在内容和形式上有所不同，由此可将性能曲线分为基本性能曲线、相对性能曲线、通用性能曲线、综合性能曲线和全面性能曲线五种，下面只对基本性能曲线加以介绍。

基本性能曲线是水泵在设计转速下，扬程 H、轴功率 P、效率 η、允许吸上真空高度 H_{sa} 或必需汽蚀余量 $(NPSH)_r$ 随流量 Q 而变化绘制成的 $Q-H$、$Q-P$、$Q-\eta$、$Q-H_{sa}$ 或 $Q-(NPSH)_r$ 关系曲线。由于泵内液流运动的复杂性，难以从理论上准确计算，所以叶片泵常用的基本性能曲线是通过试验的方法测绘出来的，也称试验性能曲线。了解泵的性能，熟悉性能曲线的特点，掌握其变化规律，对合理选型配套、正确确定泵的安装高度、调节泵的运行工况、加强科学运行管理等极为重要。

一、叶片泵试验性能曲线

图 3-3～图 3-5 所示分别为 IS80-65-125 型离心泵、1000ZLQ-10 型轴流泵及 8HB-35 型混流泵三种叶片泵的试验性能曲线，并将水泵的型号和转速标注其上。其特点各不相同，分述于下。

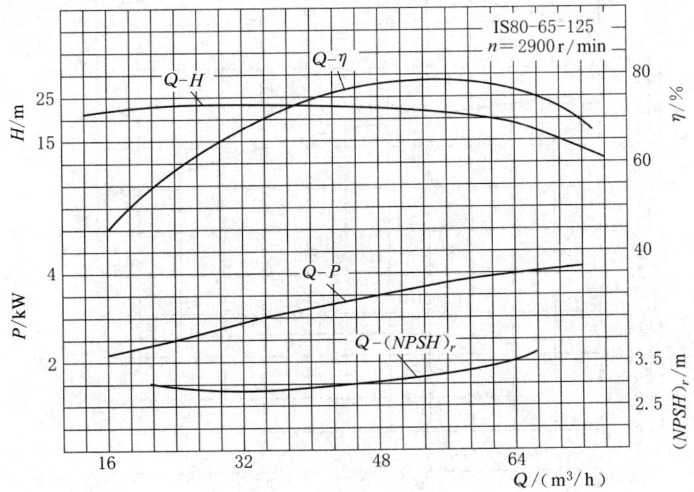

图 3-3 IS80-65-125 型离心泵试验性能曲线

1. 流量和扬程曲线 $Q-H$

从图 3-3～图 3-5 中可以看出三种泵的 $Q-H$ 曲线都是下降曲线，即扬程随着流量的增加而逐渐减小。离心泵的 $Q-H$ 曲线下降较平缓。轴流泵的 $Q-H$ 曲线下降较陡，当 Q 为零时，扬程最高，为设计扬程的 2 倍左右。当轴流泵的流量为设计流量的

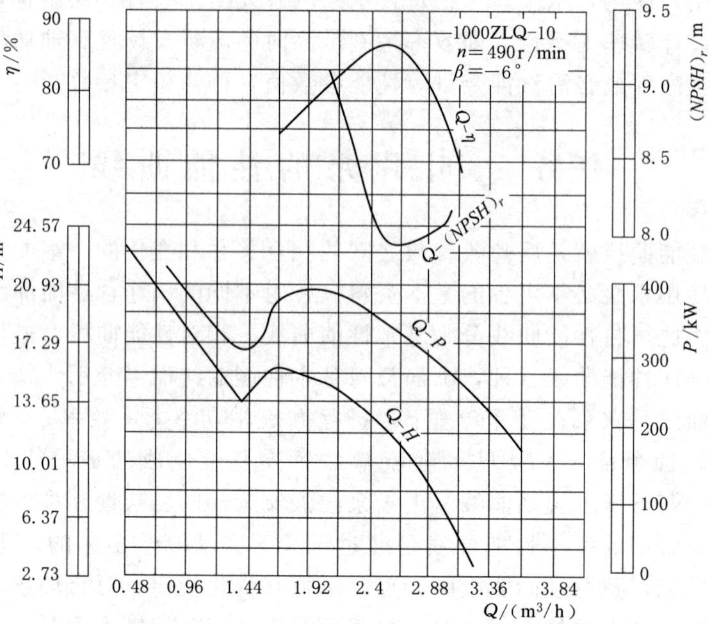

图 3-4　1000ZLQ-10 型轴流泵试验性能曲线

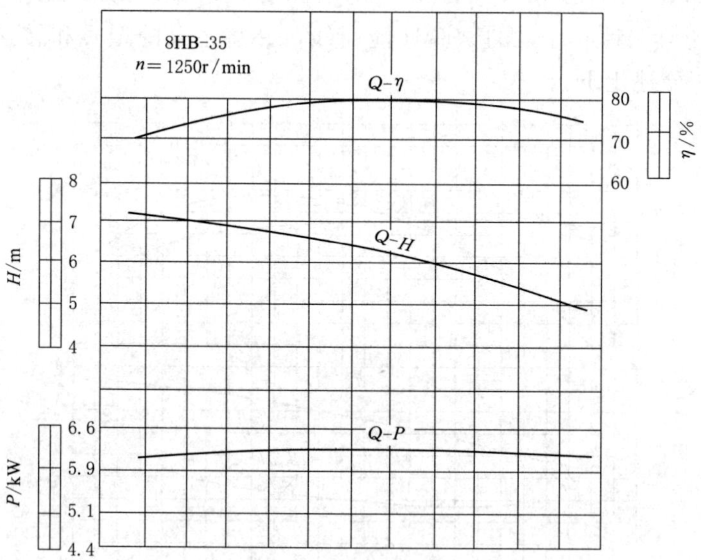

图 3-5　8HB-35 型混流泵试验性能曲线

40%～60%时，曲线上出现拐点，并呈马鞍形。这是一段不稳定区，使用时应避免在这个区域内运行，因为同一扬程可能出现两个或两个以上的流量值，故在运行中会出现噪声和振动。混流泵的 $Q-H$ 曲线介于离心泵与轴流泵之间。

2. 流量和轴功率曲线 $Q-P$

离心泵的 $Q-P$ 曲线是上升曲线，即功率随流量的增加而增加。当流量为零时，其轴功率最小为额定功率的30%左右。轴流泵的 $Q-P$ 曲线是陡降曲线，即功率随流量的增加而减小。当流量为零时轴功率达到最大值，为额定功率的2倍左右。在小流量区，轴功率曲线也呈马鞍形。混流泵的 $Q-P$ 曲线比较平坦，流量变化对功率影响很小。

3. 流量和效率曲线 $Q-\eta$

三种泵效率曲线的变化趋势都是先增大后减小（从最高效率点向两侧下降）。但离心泵的效率曲线变化比较平缓，高效区范围较宽，使用范围较大。轴流泵的效率曲线变化较陡，高效率区范围较窄，使用范围较小。混流泵的效率曲线介于离心泵和轴流泵之间。泵运行时，应使运行工况落在高效率区或高效区附近，从而达到较好的经济效果。

4. 流量和允许吸上真空高度或必需汽蚀余量曲线 $Q-H_{sa}$ 或 $Q-(NPSH)_r$

$Q-H_{sa}$ 曲线和 $Q-(NPSH)_r$ 曲线是表征水泵吸水性能的两条曲线，但两者的变化规律不同。离心泵的 $Q-H_{sa}$ 曲线是一条下降曲线，即 H_{sa} 随流量的增加而减小。轴流泵的 $Q-(NPSH)_r$ 曲线是一条具有最小值的曲线，即在最高效率点附近 $(NPSH)_r$ 值最小，偏离最高效率点两侧，相应的 $(NPSH)_r$ 值都增加，偏离越远，$(NPSH)_r$ 值越大。在离心泵中当流量大于设计流量时，在轴流泵中当流量大于或小于设计流量时，都要注意发生汽蚀或吸不上水的情况。

二、叶片泵的性能表

在水泵样本或产品目录中水泵性能曲线上的高效率工作参数范围还会以表格的形式给出，就是水泵的性能表，如表3-1～表3-3分别为IS80-65-125型离心泵、1000ZLQ-10型轴流轴及8HB-35型混流泵的性能表。表中从上向下第一行和第三行数据，分别为高效区的左边边界和右边边界各性能参数值，表中第二行数据是效率最高点的各性能参数值，也就是水泵铭牌上标出的参数值。

表3-1　　IS80-65-125型离心泵性能

水泵型号	流量 Q		扬程 H /m	转速 n /(r/min)	功率/kW		效率 η /%	必需汽蚀余量 $(NPSH)_r$/m
	m^3/h	L/s			轴功率 P	配套功率		
IS80-65-125	30	8.33	22.5	2900	2.87	5.5	64	3.0
	50	13.9	20		3.63		78	3.0
	70	16.7	18		3.98		74	3.5

表3-2　　1000ZLQ-10型轴流泵性能

水泵型号	叶片安装角度	流量 Q		扬程 H /m	转速 n /(r/min)	功率/kW		效率 η /%	必需汽蚀余量 $(NPSH)_r$ /m	叶轮直径 D/mm
		m^3/h	L/s			轴功率 P	配套功率			
1000ZLQ-10	−6°	7920	2200	14.1	585	367	400	83	9.2	870
		9000	2500	12		342		86	8.0	
		10080	2820	9		300		82	8.1	

表 3-3　　85HB-35 型混流泵性能

水泵型号	流量 Q		扬程 H /m	转速 n /(r/min)	功率/kW		效率 η /%	允许吸上真空高度 H_{sa}/m	叶轮直径 D/mm	质量 G /kg
	m^3/h	L/s			轴功率 P	配套功率				
85HB-35	230	64.0	7.10	1250	6.18	7	72	3.5	248	122
	290	80.6	6.45		6.21		78			
	335	93.1	4.92		6.15		73			

任务三　叶片泵的相似律和比转速

由于泵内液流运动的复杂性，单靠理论分析难以准确计算水泵的性能参数，也难以准确地设计出合理、良好的过流部件。因此必须借助实验，用理论计算和实验相结合的方法来解决问题。但是，如果用原型泵来进行试验，就要花费大量的人力、物力和资金，所以往往是制作模型泵进行试验，然后按照一定的换算关系——相似律，将试验成果换算到所研究的原型泵上。

相似理论是模型试验的理论基础，它不仅可以解决水泵设计制造方面的问题，而且可以解决某些水泵运行方面的问题，在生产上有着极其重要的作用。

（1）通过模型试验进行新产品的设计与制造。

（2）根据已知泵的性能参数确定与该泵几何相似泵的性能参数。

（3）根据同一台泵在某一状态下的性能参数换算出在其他状态下的性能参数（如改变转速、改变液体种类等）。

一、相似条件

由流体力学可知，两台水泵的液流要达到力学相似，必须满足以下三个相似条件。

1. 几何相似

如图 3-6 所示，几何相似就是两台泵过流部件任何对应尺寸的比值相等，对应点的安放角相等，糙率相似，即

$$\frac{D_1}{D_{1M}}=\frac{D_2}{D_{2M}}=\frac{b_2}{b_{2M}}=\cdots=\lambda \tag{3-14}$$

$$\alpha_2=\alpha_{2M},\beta_2=\beta_{2M} \tag{3-15}$$

$$\frac{\Delta}{\Delta_M}=\frac{D_1}{D_{1M}}=常数 \tag{3-16}$$

或

$$\frac{\Delta}{D_1}=\frac{\Delta_M}{D_{1M}}=常数$$

式中　M——下角标，表示模型，无下角标为原型；

λ——模型比；

Δ——绝对糙率。

在工艺上要做到相对糙率（Δ/D）相等尚有一定困难，但在几何相似中糙率占次要地位，为了简化起见，可忽略其影响。

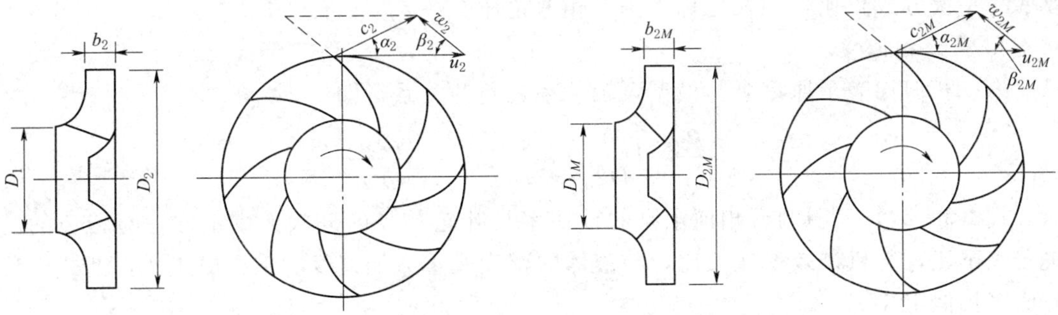

(a) 原型泵　　　　(b) 模型泵

图 3-6　两台水泵的几何相似与运动相似

2. 运动相似

运动相似就是两台泵叶轮相应点上液体的同名速度方向一致，大小成同一比例。亦即对应点上的速度三角形相似。

由图 3-6 可以得出

$$\frac{c}{c_M}=\frac{w}{w_M}=\frac{u}{u_M}=\frac{nD}{n_M D_M}=\lambda\frac{n}{n_M} \tag{3-17}$$

3. 动力相似

动力相似就是两台泵对应点所受力的性质和方向相同，大小成同一比例。

用向量 $\vec{P}$ 表示液流运动中的作用力，则有

$$\frac{\vec{P}}{\vec{P}_M}=\text{常数} \tag{3-18}$$

作用在液体中的力有惯性力、压力、重力、黏性力等。这些力同时满足动力相似是有困难的，必须根据具体情况，按试验要求，抓住起主导作用的某种力或某些力满足相似条件，而忽略一些次要的因素。

二、相似律

满足上述相似条件的两台泵，其主要性能参数之间的关系称为水泵的相似律，它是相似原理的具体体现。相似律主要包括第一相似律、第二相似律和第三相似律。

1. 第一相似律

第一相似律表示原型泵与模型泵流量之间的关系，即

$$\frac{Q}{Q_M}=\left(\frac{D_2}{D_{2M}}\right)^3\frac{n}{n_M}\frac{\eta_V}{\eta_{VM}} \tag{3-19}$$

式（3-19）表明两台相似水泵的流量与转速及容积效率的一次方成正比，与轮外径的三次方成正比，此式也称为流量相似定律。

2. 第二相似律

第二相似律表示原型泵与模型泵扬程之间的关系，即

$$\frac{H}{H_M}=\left(\frac{D_2 n}{D_{2M} n_M}\right)^2\frac{\eta_h}{\eta_{hM}} \tag{3-20}$$

式（3-20）表明两台相似水泵的扬程与叶轮外径及转速的二次方成正比，与水力

效率的一次方成正比，此式也称为扬程相似定律。

3. 第三相似律

第三相似律表示原型泵与模型泵轴功率之间的关系，即

$$\frac{P}{P_M}=\left(\frac{D_2}{D_{2M}}\right)^5\left(\frac{n}{n_M}\right)^3\frac{\eta_{mM}}{\eta_m}\frac{\rho g}{\rho_M g_M} \tag{3-21}$$

式（3-21）表明两台相似水泵的轴功率与叶轮外径的五次方成正比，与转速的三次方成正比，与机械效率成反比，与液体的密度及重力加速度的乘积成正比，此式也称为功率相似定律。

如果原型泵与模型泵的尺寸相差不大，且转速相差也不大，则各种效率可近似看成相等。若 $\rho g=\rho_M g_M$，则三组相似律公式可简化为

$$\frac{Q}{Q_M}=\left(\frac{D_2}{D_{2M}}\right)^3\frac{n}{n_M} \tag{3-22}$$

$$\frac{H}{H_M}=\left(\frac{D_2}{D_{2M}}\right)^2\left(\frac{n}{n_M}\right)^2 \tag{3-23}$$

$$\frac{P}{P_M}=\left(\frac{D_2}{D_{2M}}\right)^5\left(\frac{n}{n_M}\right)^3 \tag{3-24}$$

三、比例律

将相似律应用于不同转速的同一台泵，可得泵的流量、扬程、轴功率与转速的关系，称为比例律。

$$\frac{Q}{Q_M}=\frac{n}{n_M} \tag{3-25}$$

$$\frac{H}{H_M}=\left(\frac{n}{n_M}\right)^2 \tag{3-26}$$

$$\frac{P}{P_M}=\left(\frac{n}{n_M}\right)^3 \tag{3-27}$$

比例律是相似律的一个特例。说明同一台泵，当转速改变时，流量与泵转速的一次方成正比；扬程与泵转速的二次方成正比；轴功率与泵转速的三次方成正比。比例律在泵站设计和管理运行中很有用处。它可以反映出转速改变时水泵性能变化的规律，可用来进行变速调节计算。由于泵的机械损失随泵转速的提高而增大，故比例律只适用于转速相差不大的场合。

四、叶片泵的比转速

由于叶片泵的叶轮构造、性能及尺寸大小各不相同，为了对叶片泵进行分类，将同类型泵组成一个系列，便于水泵设计和使用，这就需要一个综合指标作为相似准数，对泵进行比较和分类，这个数就是泵的比转速，用符号 n_s 表示。

1. 比转速 n_s 公式

由化简后的第一、第二相似律得

$$\frac{Q}{D_2^3 n}=\frac{Q_M}{D_{2M}^3 n_M}$$

$$\frac{H}{(D_2 n)^2}=\frac{H_M}{(D_{2M} n_M)^2}$$

将以上两式联立消去线性尺寸，再开四次方，可得

$$\frac{n\sqrt{Q}}{H^{3/4}}=\frac{n_M\sqrt{Q_M}}{H_M^{3/4}}=\text{常数} \tag{3-28}$$

式（3－28）表示两台工况相似的泵，它们的流量、扬程和转速一定符合式（3－28）所示关系，即将工况相似泵的性能参数值代入式中计算所得的值是相同的。为此，把叶片泵分为若干相似泵群，每一个相似泵群中，用一台标准模型泵作代表，用它的几个主要性能参数来反映该群相似泵的共同特征和叶轮形状。标准模型泵可看作在最高效率下，扬程 $H_M=1\text{m}$，有效功率 $P_{uM}=0.735\text{kW}$，流量 $Q_M=0.075\text{m}^3/\text{s}$，该模型泵的转速就称为与它相似的实际泵的比转速。

将式（3－28）中模型泵的转速 n_M 用 n_s 表示并整理，得

$$n_s=n\frac{\sqrt{Q}}{H^{3/4}}\frac{H_M^{3/4}}{Q_M} \tag{3-29}$$

将 $H_M=1\text{m}$，$Q_M=0.075\text{m}^3/\text{s}$ 代入上式，得

$$n_s=3.65\frac{n\sqrt{Q}}{H^{3/4}} \tag{3-30}$$

式中 n——叶片泵的额定转速，r/min；

Q——叶片泵的额定流量，m^3/s；

H——叶片泵的额定扬程，m。

在理解比转速的概念时，应注意下列几点：

（1）同一台泵在不同工况下运行，有不同的比转速。为便于进行分析、比较，以泵最高效率点（设计工况下）的比转速作为该泵的比转速，用来作为相似准则。

（2）比转速是根据所抽液体密度 $\rho=1000\text{kg/m}$ 推导出来的，故以抽清水为标准。

（3）式（3－30）中的 Q、H 指单级单吸泵的设计流量和设计扬程。

对于双吸泵，流量应以 $Q/2$ 代入计算，即以单侧流量计算，即

$$n_s=3.65\frac{n\sqrt{Q/2}}{H^{3/4}} \tag{3-31}$$

对于多级泵，扬程应以 H/i（i 为叶轮级数）代入，即以单级叶轮的扬程计算，即

$$n_s=3.65\frac{n\sqrt{Q}}{(H/i)^{3/4}} \tag{3-32}$$

（4）比转速是由相似律推导出来的。作为相似准数，比转速相等是两台泵相似的必要条件。但 n_s 相等的泵，并不一定几何相似。因为在一定的比转速范围内，可能存在两种泵型。因此，它不是水泵相似的充分条件。

2．比转速的应用

比转速的应用有以下几个方面：

（1）对泵进行分类。比转速是相似准数，不同的比转速代表了不同的叶轮构造和水力性能，故可用比转速对泵进行分类。由式（3－30）可知在一定转速下，小流量、高

扬程泵的 n_s 值小，大流量、低扬程泵的 n_s 值大。根据比转速的大小，将叶片泵进行分类，见表 3-4。

表 3-4　　　　**比转速与叶轮形状的关系**

水泵类型	离心泵			混流泵	轴流泵
	低比转速	中比转速	高比转速		
比转速	30～80	80～150	150～300	250～600	500～2000
叶轮简图	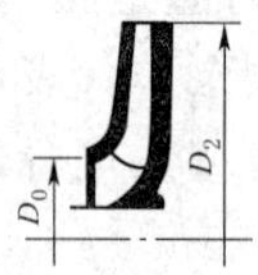	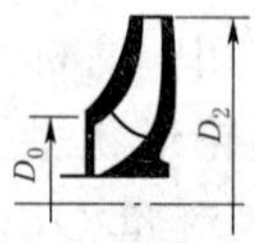		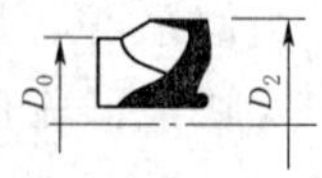	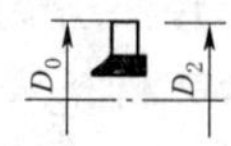
尺寸比 D_2/D_0	3.0～2.5	2.3	1.8～1.4	1.2～1.1	≈1.0
叶片形状	圆柱形叶片	进口处扭曲形 出口处圆柱形	扭曲形叶片	扭曲形叶片	扭曲形叶片

叶片形状随比转速而变。对低比转速泵，为了得到高扬程、小流量，必须增加叶轮外径 D_2，减小内径 D_0 和叶槽出口宽度 b_2，故叶轮扁平，叶槽狭长，叶片形状呈圆柱形，水流径向流出。随着 n_s 的增大，D_2/D_0 由大到小，叶槽出口宽度 b_2 由小到大，叶片形状由圆柱形过渡为扭曲形，叶槽由窄长变为粗短，水流方向由径向变为轴向。

(2) 对泵进行初选。若所需流量 Q、扬程 H 和转速 n 确定后，求出 n_s 值，根据表 3-4 可定出泵型，以便进一步使用水泵性能表来确定泵的具体型号。

(3) 比转速是编制泵系列的基础。通常将同类结构的泵组成一个系列。以比转速为基础编制系列，可大大减少水力模型数目，同时有利于国家组织水泵的设计和生产。

(4) 比转速是泵设计的依据。在相似设计中，可根据给定的设计参数计算出比转速值，然后以比转速来选择优良的水力模型，再根据选定的模型和给定的参数换算出设计泵的尺寸和特性。

思　考　题

1. 叶片泵的基本性能参数有哪些？写出其代表符号与单位。

2. 泵内的能量损失有哪几种？相应的效率是什么？你认为要提高水泵的效率应采取哪些措施？

3. 解释水泵有效功率、轴功率的定义，并用公式表达它们之间的关系。

4. 水泵的基本性能曲线包括哪几条曲线？有何用途？试比较离心泵与轴流泵 $Q-H$、$Q-P$ 曲线的异同点。

5. 两台泵工况相似必须满足哪三个相似条件？相似律有何用途？

6. 写出比转速的公式，并说明比转速的应用。

7. 某水泵装置在运行时测得流量为 102L/s，扬程为 20m，轴功率为 27kW，该泵的效率为多少？若将运行效率提高到 80%，它的轴功率应是多少？

8. 一台单级双吸卧式离心泵，其转速 $n_1=1450\mathrm{r/min}$，设计工况下的参数为 $Q_1=792\mathrm{m^3/h}$，$H_1=90\mathrm{m}$。现需选用一台与该泵相似，但 $Q_2=2016\mathrm{m^3/h}$，$H_2=98.4\mathrm{m}$ 的泵，试问该泵的比转速是多少？其转速是多少？

9. 有一台双吸（Sh 型）离心泵，已知其流量 $Q=792\mathrm{m^3/h}$，扬程 $H=58.0\mathrm{m}$，比转速 $n_s=90$，试求该泵的转速 n。

项目四

叶片泵的运行

本项目主要讲述叶片泵的运行工况。通过学习叶片泵抽水装置及抽水过程、运行工况的确定及调节、吸水性能和安装高程的确定，要求学生掌握叶片泵工作点的确定、调节方法和叶片泵安装高程的确定方法。

任务一 叶片泵的抽水装置

在叶片泵的实际应用中，泵必须与其他设备配套为一个组合体才能进行工作。由水泵、动力机及传动设备构成的组合体称为机组（或称水泵机组）。由水泵机组、进出口管路及管道附件组成的组合体称为抽水装置（或称水泵装置）。如果再把进水池和出水池考虑在内，则称为抽水系统。在实际工程中，只有构成抽水装置后，水泵才能发挥其抽水的效益。在水泵站的设计、运行及管理中，进行抽水装置设计和抽水总扬程的确定是要解决的基本问题。现将离心泵及轴流泵抽水装置及抽水总扬程介绍如下。

一、离心泵的抽水装置

图 4-1 所示为卧式离心泵抽水装置示意图。水泵安装在进水池水面之上，与动力机传动设备构成水泵机组。水泵进口端接进水管路，出口端接出水管路。在进、出水管路上装有各种管件、阀件和测量仪表，统称为管路附件。管件是将管子连接起来的连接件，在图中装有 90°弯头、偏心渐缩接管、正心渐扩接管、任意弯头。阀件包括底阀、闸阀、逆止阀、拍门。逆止阀和拍门根据实际需要，可只安装其中一个。测量仪表有真空表、压力表。管路附件的作用如下：

（1）底阀与滤网。底阀就是人工充水时防止水漏失的单向阀门。由于运行时水流流经底阀的水头损失很大，故仅在小型抽水装置中采用。为了防止水中杂物吸入泵内，小型抽水装置的进水管管口装有滤网。

（2）闸阀。闸阀装在出水口附近的出水管路上，其主要作用是：关闸启动时可以降低启动功率；关闸停机时可以防止水倒流；抽真空时关闸可以隔绝外界空气；检修时关闸可以截断水流，对小型抽水装置关闸也可调节水泵流量或功率。

（3）逆止阀或拍门。逆止阀是装在水泵出水口附近的出水管路上的单向突闭阀，其作用是当事故停机时，阻止出水池和出水管路中的水倒流，防止机组高速反转。但是，安装逆止阀后，既增加了水头损失，又由于它的突然关闭，管道水倒流会产生很大的水

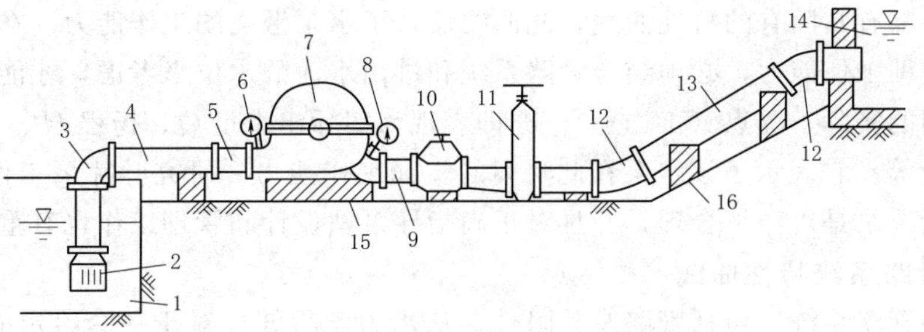

图 4-1 卧式离心泵抽水装置示意图

1—进水池；2—底阀与滤网；3—90°弯头；4—进水管；5—偏心渐缩接管；6—真空表；7—水泵；8—压力表；9—正心渐扩接管；10—缓闭逆止阀；11—闸阀；12—弯头；13—出水管；14—出水池；15—水泵基础；16—支墩

锤压力，可能导致机组损坏，甚至发生水管爆裂事故。因此，在一些扬程不高、出水管路较短的泵站均不设逆止阀，而以拍门代替。高扬程泵站目前多采用缓闭逆止阀代替突闭逆止阀。拍门也是一种单向阀，它装在出水管出口，淹没于出水池水面以下，停机时能自动关闭，以防止水倒流。

（4）渐变接管。也称大小头，用来连接两个管径不同的管道。

（5）弯管。用来改变水流方向。

（6）真空表和压力表。分别安装在水泵进口和出口法兰处，用来测定水泵进口处的真空度和水泵出口处的压力。

水泵运行时，电动机带动水泵叶轮旋转，使水产生离心力，以高速从叶轮中甩入出水道，压入出水管。与此同时，在叶轮进口处形成真空，在进水池水面大气压力的作用下，进水池及进水管中的水体就源源不断地流向水泵，水泵就可连续地完成吸水与压水过程。

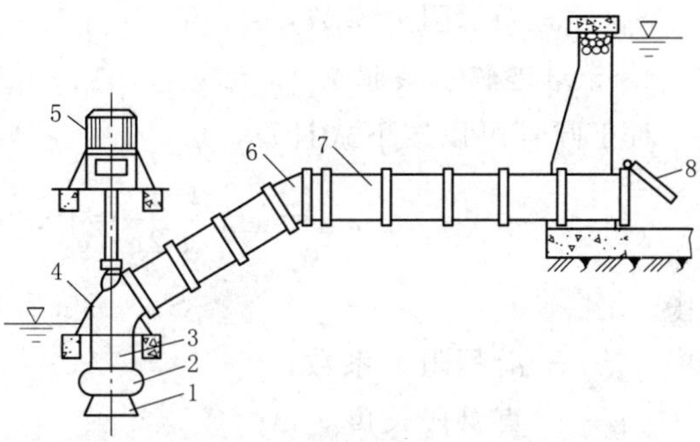

图 4-2 立式轴流泵抽水装置示意图

1—喇叭管；2—叶轮；3—导叶体；4—出水弯管；5—电动机；6—45°弯头；7—出水管；8—拍门

二、轴流泵的抽水装置

图 4-2 所示为立式轴流泵抽水装置示意图。立式轴流泵叶轮安装在进水池最低水面以下，因此无须充水排气设备。电动机装在水泵的上方，用联轴器与水泵直接连接。水泵出水弯管与出水管路连接。泵运行时，电动机带动叶轮在水中旋转，进水池的水从喇叭管进入叶轮后，经导叶体、出水弯管和出水管路流入出水池。轴流泵不允许关闸启动，因此轴流泵抽水装置中不设闸阀，停泵时断流设备采用拍门。

任务二 叶片泵工作点的确定

通过对叶片泵基本性能曲线的理论分析和实际测定，可以看出，每一台水泵在一定的转速下，都有其固有的特性曲线，此曲线反映了水泵潜在的工作能力。在泵站中要发挥水泵的这种工作能力，必须结合管路系统和进出水池的水位来考虑，才能确定抽水装置在某瞬间的实际工况点（工作点），亦即表现为实际出水量 Q、扬程 H、轴功率 P 以及效率 η 值等。它表示了该水泵在此瞬间的实际工作能力。研究叶片泵工作点的确定，便于检验所选泵是否经济合理，并且对正确指导泵站设计和管理工作也有重要意义。

一、管路系统特性曲线

水泵的管路系统，包括管路及其附件。从水力学得知，对于一套给定的管路系统，管路中的水头损失是由沿程水头损失与局部水头损失两部分组成的。

（一）管路中的水头损失

1. 管路局部水头损失

根据管路的具体布置，对于圆管可以按下式计算

$$h_{局}=\sum\zeta\frac{v^2}{2g}=0.083\frac{\sum\zeta}{d^4}Q^2=S_{局}Q^2 \tag{4-1}$$

其中
$$S_{局}=0.083\sum\zeta/d^4$$

式中 ζ——局部阻力系数，与局部阻力类型有关；

v——管路中水流的平均流速，m/s；

d——管路附件内径，m；

$S_{局}$——局部阻力参数，s^2/m^5。

2. 管路沿程水头损失

对于圆管可以按下式计算

$$h_{沿}=\sum\lambda\frac{L}{d}\frac{v^2}{2g}=10.29n^2\frac{L}{d^{5.33}}Q^2=S_{沿}Q^2 \tag{4-2}$$

其中
$$S_{沿}=10.29n^2L/d^{5.33}$$

式中 λ——沿程阻力系数；

L——直管段长度，m；

d——直管段内径，m；

n——管道粗糙系数；

$S_{沿}$——沿程阻力参数，s^2/m^5。

3. 管路系统的损失

$$h_{损}=h_{局}+h_{沿}=S_{局}Q^2+S_{沿}Q^2=(S_{局}+S_{沿})Q^2=SQ^2 \tag{4-3}$$

式中 S——局部阻力参数与沿程阻力参数之和，即 $S_{局}+S_{沿}=S$，s^2/m^5，当管材、管径及管路布置已定时，S 是常数。

（二）管路特性曲线绘制

由式（4-3）可以看出，管路的水头损失与流量的平方成正比。如取不同的 Q 值，则可得出相应的 $h_{损}$。这样就可以画出一条通过坐标原点的 $Q-h_{损}$ 二次抛物线，即管路损失特性曲线，如图 4-3 所示。曲线的曲率取决于管道的直径、长度、管壁粗糙度以及局部阻力附件的布置。

二、叶片泵抽水系统的需要扬程

仿照水泵扬程的定义，叶片泵抽水系统的需要扬程是指把单位重量水体从下水面通过管路系统输送到上水面所需要的能量，是指在进行泵站工程设计时，根据工程实际条件计算所得的水泵扬程。由能量方程可导出抽水装置的需要扬程如下

$$H_{需}=H_{实}+\frac{v_{出}^{2}-v_{进}^{2}}{2g}+h_{损} \tag{4-4}$$

式中 $H_{实}$——进、出水池水位差，m；

$\frac{v_{出}^{2}-v_{进}^{2}}{2g}$——进、出水池的流速水头差，m；

$h_{损}$——管路水头损失，m。

由于进、出水池的流速水头差较小，通常可忽略不计，同时联立式（4-3），则有

$$H_{需}=H_{实}+SQ^{2} \tag{4-5}$$

式（4-5）表明，抽水系统的需要扬程由两部分组成，一部分是把水体提升 $H_{实}$ 高度所需要的能量，另一部分是输送水体时克服管路水力损失所需要的能量。如按式（4-5）绘制抽水系统的需要扬程 $H_{需}$ 随流量变化的关系曲线，可将管路特性曲线 $Q-h_{损}$ 加在 $H_{实}$ 横线之上，就得到该抽水系统的需要扬程曲线，即 $Q-H_{需}$ 曲线（图 4-4）。该曲线反映了水位和管路本身的特性，而与水泵无关。

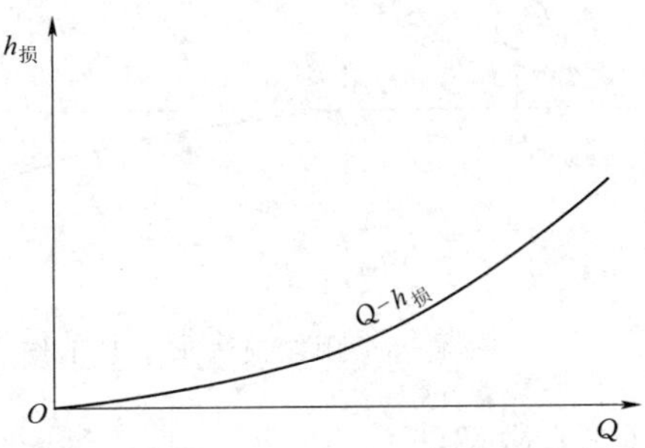

图 4-3 管路损失特性曲线

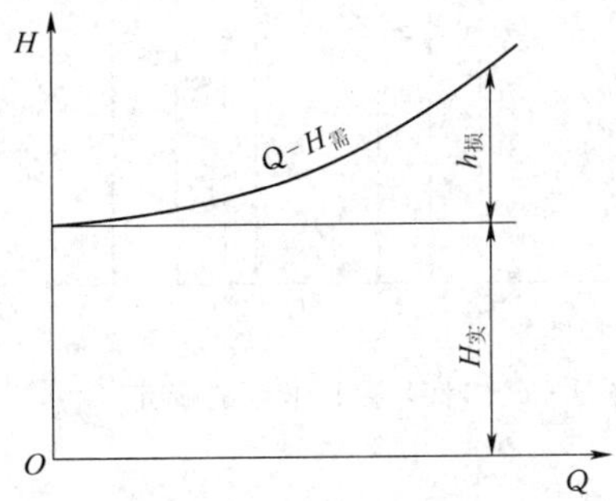

图 4-4 需要扬程曲线

三、叶片泵工作点的确定方法

叶片泵工作点的确定方法一般有两种：一种是图解法，它简明、直观，在工程中应用较广；另一种是数解法，计算相对准确，是电算确定水泵工作点的基础。

（一）图解法

将水泵的性能曲线 $Q-H$ 和管路系统特性曲线 $Q-H_{需}$ 按同一比例绘在同一个 Q、H 坐标内，两条曲线相交于 A 点，则 A 点即为水泵运行的工作点，如图 4-5 所示。A 点表明，当流量为 Q_{A} 时，水泵所提供的能量恰好等于管路系统所需要的能量，故 A 点为供需平衡点。若工作点不在 A 点而在 B 点，从图 4-5 中可以看出，此时流量为 Q_{B}，水泵供给的能量 H_{B} 大于管路系统所需的能量 $H_{B需}$，供需失去平衡，多余的能量（$H_{B}-H_{B需}$）会使管中水流加速，流量加大，直到工作点移至 A 点达到能量供需平衡为止。反之，若工况点在 C 点，则水泵供给的能量 H_{C} 小于管路系统所需要的能量

$H_{C需}$，则能量供不应求，管中水流减速，流量减小，直减至 Q_A 为止。因此，只要水泵性能、管路损失和进、出水池水位等因素不变，水泵将稳定在 A 点工作。工作点确定后，其对应的轴功率、效率等参数可从相应的曲线上查得。水泵运行时，水泵装置的工作点应落在水泵高效区内，这样水泵工作最经济。

在实际扬程多变的情况下，运用上述方法确定工作点需绘制一系列 $Q-H_需$ 曲线比较烦琐，应用扣损法则方便得多。其原理是把水泵装置中的进、出水管路看作泵本身的一个部分，如图 4-6 所示，即把水泵进口 n 移至 N，把水泵出口 m 移至 M，形成一个虚拟泵 I'，直接与进、出水池相连接。在运行时，虚拟水泵 I' 与水泵 I 相比，流量相等，扬程相差 $h_损$。因此，在水泵性能曲线 $Q-H$ 上减去相应流量的水头损失，得到虚拟水泵性能曲线 $Q-H'$。而虚拟水泵直接与进、出水池相连，所以其装置特性曲线是 $H_需=H_实$，它们的交点为 A'，即虚拟水泵的工作点。再由 A' 点向上引垂线与 $Q-H$ 曲线相交于 A 点，此点即为水泵工作点。

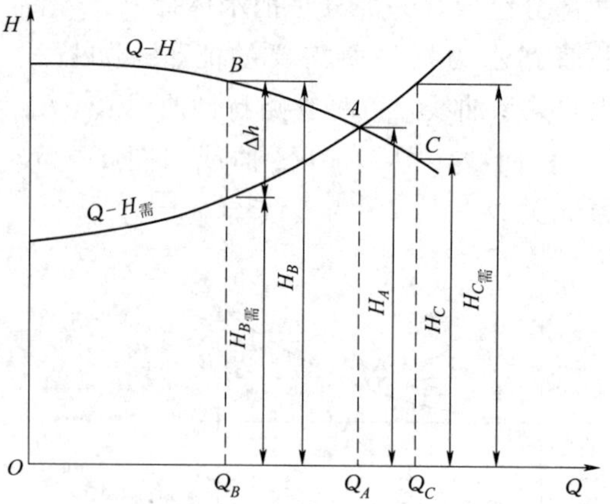

图 4-5 叶片泵工作点的确定

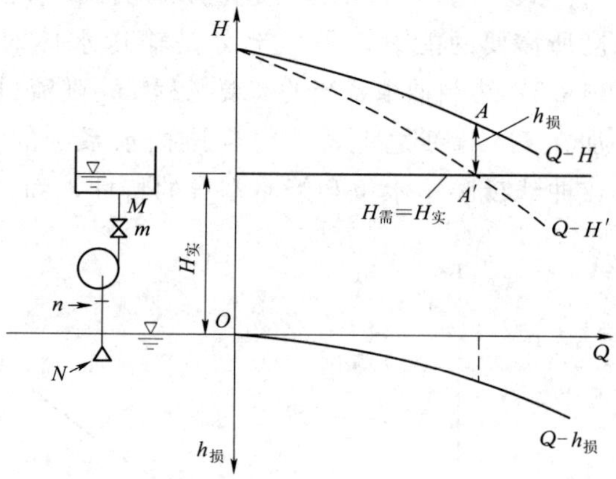

图 4-6 用扣损法求水泵工作点

（二）数解法

离心泵 $Q-H$ 曲线在高效率区范围内的一段曲线，可用下列经验方程来表示

$$H=H_x+S_xQ^2 \tag{4-6}$$

式中 H_x、S_x——水泵的扬程常数和阻力常数。

在 $Q-H$ 曲线高效率区范围内选两个点的 Q、H 值，分别代入式（4-6），解联立方程式即可算出 H_x、S_x 值。图 4-7 中的虚线为式（4-6）的图形。在高效率区范围内它和试验性能曲线很接近。但在 $Q=0$ 时虚线 H_x 通常不等于试验性能曲线中 $Q=0$ 时达到的扬程。

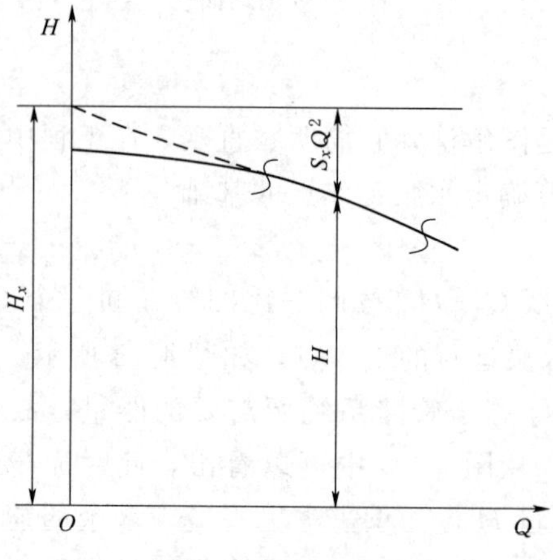

图 4-7 离心泵的试验性能曲线与经验方程曲线

在工况点处 $H_需=H$，因此解联立方程式（4-5）和式（4-6），即可求得工况点的流量

$$Q=\sqrt{\frac{H_0-H_{实}}{S_0+S}} \tag{4-7}$$

四、叶片泵并联运行时工作点的确定

当泵站的机组台数较多、出水管路较长时，为了节省管材，缩小占地面积，降低工程造价，常采用两台或多台泵共用出水管的并联运行。两台或多台水泵的并联工作，应在所选各泵扬程范围比较接近的基础上进行，否则难以形成并联工作的情况。

（一）两台同型号水泵并联运行

1. 水泵并联运行性能曲线的绘制

当两台同型号的水泵并联时，水泵的并联曲线是把对应于同一扬程的单台泵的流量相加，即得到并联 $Q-H$ 曲线，如图 4-8 所示。此种并联也称特性曲线的完全并联。

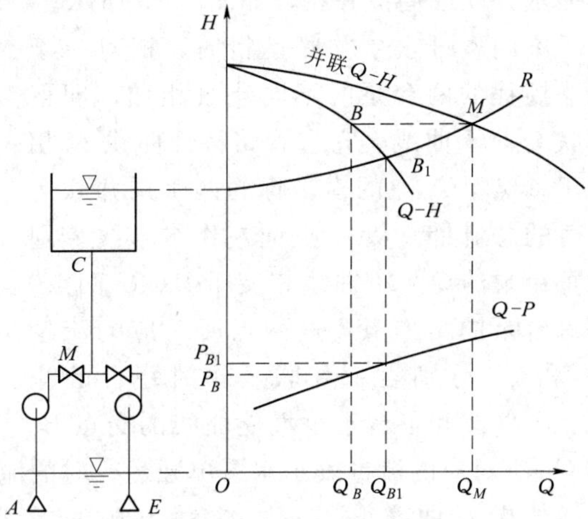

图 4-8 两台同型号水泵并联运行时工作点的确定

2. 管路系统特性曲线的绘制

为了将水由进水池输送到出水池，AC 或 EC 管道中单位重量的水所需消耗的能量为

$$H_{需}=H_{实}+h_{AM}+h_{MC}=H_{实}+S_{AM}Q_A^2+S_{MC}Q_M^2 \tag{4-8}$$

式中 S_{AM}、S_{MC}——管路 AM（或 EM）和管路 MC 的阻力参数，s^2/m^5；

Q_A、Q_M——管路 AM（或 EM）和管路 MC 的流量，m^3/s。

因为两台泵型号相同，管路对称布置，管路 AM 和 EM 的流量 Q_A、Q_E 相等，管路 MC 的流量为两台泵的流量之和，即 $Q_A=Q_E=Q_M/2$，代入式（4-8），得

$$H_{需}=H_{实}+\left(\frac{1}{4}S_{AM}+S_{MC}\right)Q_M^2 \tag{4-9}$$

由式（4-9）可绘出 AMC（或 EMC）管路系统特性曲线 $Q-H_{需}$。

3. 求并联工作点

管路系统特性曲线 $Q-H_{需}$（简称 R）与并联 $Q-H$ 曲线相交于 M 点，M 点称为并联运行时的工作点，M 点的横坐标为两台水泵并联运行时的总流量，M 点的纵坐标为每台泵的扬程。

4. 求每台泵的工作点

通过 M 点向左作水平线与单泵 $Q-H$ 曲线相交 B 点，B 点就是并联运行时每台泵的工作点，其流量为 Q_B（等于 $Q_M/2$）。R 曲线和单泵 $Q-H$ 曲线的交点 B_1 可近似看作单泵运行时的工作点，其对应的流量为 Q_{B1}，Q_B 小于 Q_{B1}，即两台泵并联运行时每台泵的流量小于泵单独运行时的流量。

(二) 两台不同型号水泵并联运行

当两台不同型号的水泵并联，其起始扬程不同，但相差不大时，这两台泵只能在 P 点以右才能开始并联，这种并联称为不完全并联或局部并联，如图 4-9 所示。

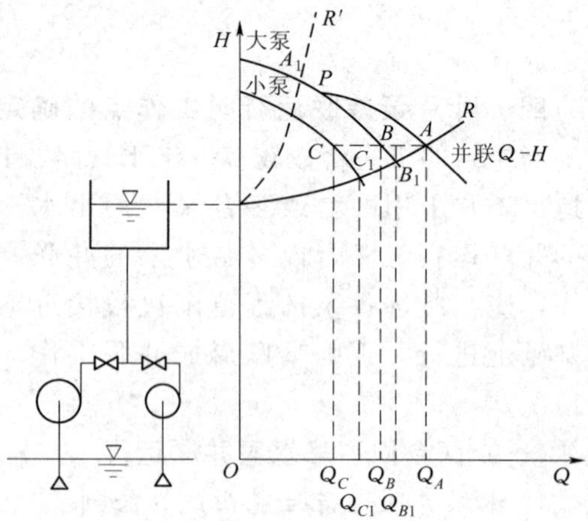

图 4-9 两台不同型号水泵并联运行时工作点的确定

不同型号水泵并联运行时，把对应于同一扬程的两台泵的不同流量相加，即得并联 $Q-H$ 曲线。它与管路特性曲线 R 相交于 A 点，A 点的横坐标为两水泵并联运行时的总流量。从 A 点向左作水平线分别与每台泵的 $Q-H$ 曲线相交于 B、C 两点，即每台泵的工作点，这两点所对应的流量 Q_B 和 Q_C 分别表示并联工作时每台的流量。R 曲线和各台水泵性能曲线的交点 B_1 和 C_1 所对应的流量表示水泵单独运行时的流量。

如果 R 曲线很陡（如图 4-9 中的虚线），则并联工作点移至 A_1 点，而 A_1 点的扬程超过了小泵所具有的最大扬程，大泵一旦开始运行小泵就送不出水，呈空载运行状态，只有大泵单独运行。因此，P 点为并联工作的极限状态，也就是说，只有在 P 点以右并联才有意义。所以，不同型号水泵并联运行，各台水泵的扬程应基本相等，否则，扬程低的水泵不能发挥作用。为并联泵的正常工作，不同型号水泵并联投入运行时，应先启动高扬程的泵，当某流量下其扬程等于或小于低扬程泵时，再启动低扬程泵。小泵出口需设逆止阀，避免水通过小泵倒流回池，引起反转。

五、叶片泵串联运行时工作点的确定

叶片泵的串联运行，就是将第一台水泵的压水管作为第二台水泵的吸水管，水由第一台水泵压入第二台水泵，并以同一流量依次流过各台水泵。在水泵串联运行中，水流获得的能量为各水泵所供能量之和。

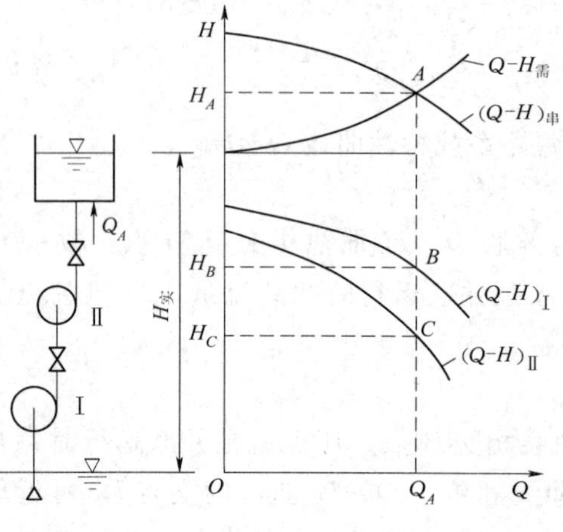

图 4-10 两台不同型号水泵串联运行时工作点的确定

两台不同型号水泵串联运行时，只要把串联水泵的 $Q-H$ 曲线横坐标相等的各点纵坐标相加，即可得到两台泵串联后的 $Q-H$ 曲线，即 $(Q-H)_{串}$，如图 4-10 所示。它与管路系统特性曲线 $Q-H_{需}$ 相交于 A 点，其流量为 Q_A，扬程为 H_A，即为串联装置的工作点。自 A 点引竖线分别与两台水泵的 $(Q-H)_{\text{I}}$、$(Q-H)_{\text{II}}$ 曲线相交于 B、C 点，则 B、C 两点为两台泵在串联工作时的工作点，其相应的流

量为 Q_A，对应的扬程分别为 H_B、H_C。

水泵串联运行时要注意以下两点：

(1) 串联泵的流量应基本相等，否则，当小泵放在后面一级时它会超载，当小泵放在前面一级时它会变成阻力，大泵发挥不出应有的作用，且串联后泵不能保证在高效区运行。

(2) 不同型号的泵串联时，应把流量较大的泵放在第一级向小泵供水。

在泵站中，将单级泵进行串联的形式已不多见。对于高扬程泵站大多采用多级式离心泵。

六、叶片泵同时向高、低出水池供水时工作点的确定

在灌溉站或排灌结合的泵站中，特别是在高原山区的果树灌溉、人畜饮水以及喷灌中需用一台水泵同时向地形高低不同的地区灌水时，水泵运行工作点的确定方法如图 4-11 所示。

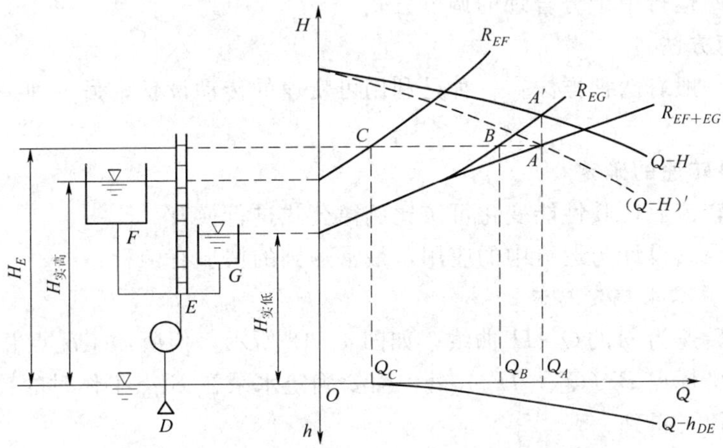

图 4-11　水泵向高低出水池供水时工作点的确定

从水泵的 $Q-H$ 曲线中扣除分流点以前管段 DE 的水头损失，即从 $Q-H$ 曲线的纵坐标中减去管段 DE 的损失值 h_{DE}，得出新的 $(Q-H)'$ 曲线。若以进水池水面为基准面，则当水泵流量为 Q_A 时，分流点 E 处测压管水头为 H_E。若速度水头差忽略不计，则 H_E 与实际扬程 $H_{实高}$ 的差值，就是水流在管路 EF 中的水损失 h_{EF}，即

$$H_E = H_{实高} + h_{EF} \tag{4-10}$$

H_E 与实际扬程 $H_{实低}$ 的差值，就是水流在管路 EG 中的水头损失 h_{EG}，即

$$H_E = H_{实低} + h_{EG} \tag{4-11}$$

由式 (4-10)、式 (4-11) 可分别绘出管路 EF、EG 的管路系统特性曲线 R_{EF}、R_{EG}，将 R_{EF}、R_{EG} 在同一扬程下流量相加可得到这两条管路的总管路系统特性曲线 R_{EF+EG}。R_{EF+EG} 与 $(Q-H)'$ 曲线交于 A 点，由 A 点向上引垂线与 $Q-H$ 曲线交于 A' 点，则 A' 点即为水泵同时向高、低出水池供水的工作点。从 A 点向左作水平线，与 R_{EG}、R_{EF} 曲线分别相交于 B、C 点，所得 Q_B 和 Q_C 分别为水泵向低出水池和向高出水池供水的流量，且 $Q_A = Q_B + Q_C$。

任务三　叶片泵运动工况调节

在选择和使用水泵时，如果运行工况不在高效区或水泵的扬程、流量不符合实际需要，这时可采用改变水泵性能或者改变管路特性的方法来移动工况点，使之符合要求，这种方法称为水泵工况的调节。调节的方法有变速调节、变径调节、变角调节、变阀调节等。

一、变速调节

通过改变水泵的转速，从而使水泵性能改变，达到调节水泵工况的目的，这种方法称为变速调节。在实际生产实践中，水泵生产、运行经常遇到各种因素影响，使水泵装置运行中不再满足对流量、扬程的要求，或效率偏低、不经济，为使抽水装置安全、高效运行，需要对水泵进行调速，通过变速调节扩大水泵的有效工作范围，提高水泵的运行效率，是泵站运行中十分合理的调节方式。

（一）变速方法

变速调节一般有两种方法：一种是利用可变速的传动设备；另一种是利用可变速的动力机。

（二）水泵转速的确定

水泵改变转速后，其性能变化可按比例律公式进行换算。

比例律在泵站设计与运行中的应用，最常遇到的情形有两种：

1. 根据用户需求确定转速

已知水泵转速为 n 的 $Q-H$ 曲线，如图 4－12 所示，但所需工况点并不在水泵性能曲线上，而在坐标点 B（Q_B，H_B）处。需要确定水泵在 B 点工作时的转速 n_1。

应用比例律可得到

$$\frac{H_1}{H_2}=\left(\frac{Q_1}{Q_2}\right)^2 \tag{4-12}$$

或

$$\frac{H_1}{Q_1^2}=\frac{H_2}{Q_2^2}=K \tag{4-13}$$

即

$$H=KQ^2 \tag{4-14}$$

式中　K——比例常数。

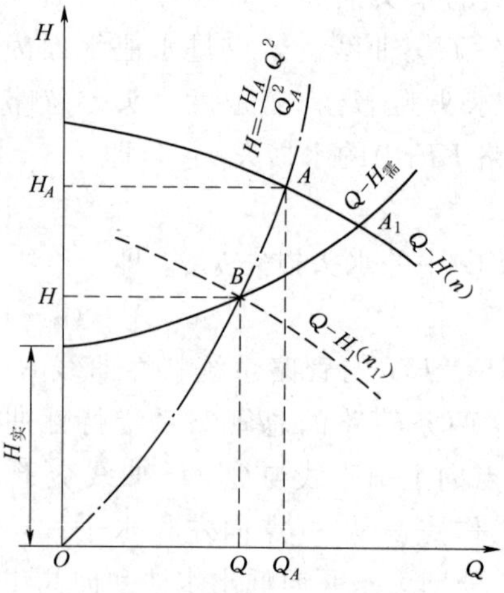

图 4－12　水泵转速的确定

式（4－14）是一条通过坐标原点的抛物线，如图 4－12 所示。它是由比例律推求来的，应用比例律的前提是工况相似，所以在抛物线上的各点具有相似的工况，又称相似工况抛物线。

将 B 点的 Q_B、H_B 代入式（4－14）求出 K 值，点绘相似工况抛物线与 $Q-H$ 曲线交于 A 点，如图 4－12 所示。此 A 点即为满足比例律要求的 B 点对应点，将 A 点 Q_A（或 H_A）和 B 点 Q_B（或 H_B）代入比例律，就可求出所需要的转

速 n_1。转速 n_1 求出后再利用比例律可绘出变速后的性能曲线 $Q-H_1$。

2. 根据实际扬程和水泵最高效率点确定转速

如图 4-12 所示，若泵站的实际扬程为 $H_实$，已知泵运行时工点 A_1 不在高效段，为保证水泵在高效段运行，可通过改变水泵转速来满足要求。

通过水泵高效点 $A(Q_A, H_A)$ 的相似工况抛物线方程为

$$H=\frac{H_A}{Q_A^2}Q^2 \tag{4-15}$$

式 (4-15) 与 $H=H_实+SQ^2$ 联解，得到变速后的水泵高效区 B 点的 Q、H 值为

$$Q=Q_A\sqrt{\frac{H_实}{H_A-SQ_A^2}} \tag{4-16}$$

$$H=H_A\frac{H_实}{H_A-SQ_A^2} \tag{4-17}$$

将式 (4-16) 代入比例律公式得到调节后的水泵转速 n_1 为

$$n_1=n\sqrt{\frac{H_实}{H_A-SQ_A^2}} \tag{4-18}$$

变速调节具有良好的节能效果，在叶片式水泵中广泛应用。但是改变转速是有限度的，降低转速一般不低于水泵额定转速的 20%，否则水泵效率会明显下降；增加转速要征得水泵生产厂家的同意，一般不宜超过水泵额定转速的 5%，否则不但会引起动力机超载和可能发生汽蚀，而且会增加水泵零件的应力。

(三) 水泵通用性能曲线

水泵转速改变后其性能曲线也就改变了，图 4-13 (a) 绘有转速为 n_1、n_2、n_3 时的 $Q-H$ 曲线，图 4-13 (b) 绘有转速为 n_1、n_2、n_3 时的 $Q-\eta$ 曲线。为了使用方便，把这些曲线合并在一起，用同一个比例尺绘在同一个坐标内就可得到水泵通用性能曲线，如图 4-13 (a) 所示。有了通用性能曲线，即可知道水泵在不同转速时的工作情况，或者可以确定出任何一组 Q、H 值下的 n、η 值。

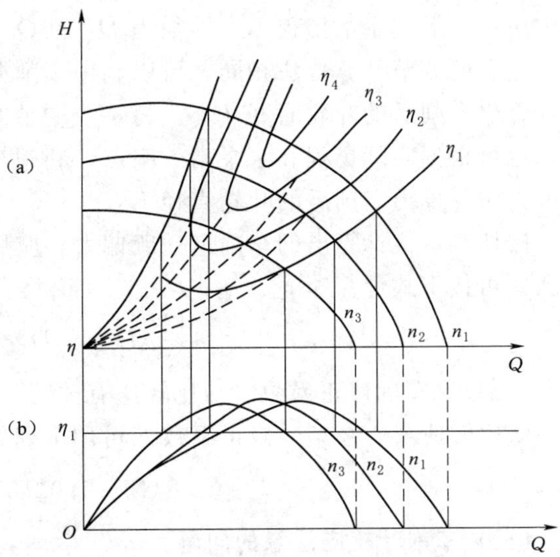

图 4-13 水泵通用性能曲线示意图

(a) 通用性能曲线；(b) 不同转速下的 $Q-\eta$ 曲线

二、变径调节

通过车削叶轮外径，可以改变水泵性能，达到调节水泵工况的目的，这种调节方法称为变径调节，又称车削调节。

(一) 叶轮切割定律

叶轮车削后，水泵的流量、扬程、功率都相应降低。在一定的车削限度内，可近似地认为车削前后叶轮出口

的过水断面面积相等，且出口速度三角形车削前后近似相似。假定车削前后容积效率不变，则车削前后的性能变化关系可以用下列公式表示

$$\frac{Q_a}{Q}=\frac{D_{2a}}{D_2} \tag{4-19}$$

$$\frac{H_a}{H}=\left(\frac{D_{2a}}{D_2}\right)^2 \tag{4-20}$$

$$\frac{P_a}{P}=\left(\frac{D_{2a}}{D_2}\right)^3 \tag{4-21}$$

式中 Q、H、P、D_2——叶轮车削前的流量、扬程、轴功率和叶轮外径；

Q_a、H_a、P_a、D_{2a}——叶轮车削后的流量、扬程、轴功率和叶轮外径。

式（4-19）～式（4-21）称为水泵叶轮的切割定律。消去式（4-19）、式（4-20）中的 D_{2a}/D_2，得

$$\frac{H}{Q^2}=\frac{H_a}{Q_a^2}=K \tag{4-22}$$

即

$$H=KQ^2 \tag{4-23}$$

式（4-23）称为车削抛物线方程。它的形式与相似工况抛物线公式完全相同，但切割定律与比例律是有本质区别的。比例律是根据相似理论推导出来的，切割定律是在本来并不相似的叶轮之间作了一些假定之后得到的。因此，按切割定律计算的结果与通过试验而得到的结果具有一定的误差。

（二）切割定律的应用

切割定律的应用与比例律的应用基本相同，一般有以下两类问题。一类是在实际工作中用户实需流量、扬程不在外径为 D_2 的 $Q-H$ 曲线上，若采用叶轮外径进行调节，与变速后的调节计算方法相同。可以利用车削抛物线方程和切割定律通过图解或数解方法计算出车削后的叶轮直径 D_{2a}。另一类是在实际工作中水泵运行工况点不在高效率点，也可根据实际扬程和水泵高效率点，利用车削抛物线方程和切割定律，通过图解或数解方法计算出车削后的叶轮直径 D_{2a}。

按切割定律计算出的车削量一般偏大，应用时会使水泵的效率降低过多，实际车削量 ΔD 可按下式计算

$$\Delta D=k(D_2-D_{2a}) \tag{4-24}$$

式中 k——车削修正系数（与比转速有关）。

低比转速离心泵车削修正系数 k 可用下列经验公式计算

$$k=(0.8415\sim1.0213)-0.001545n_s \tag{4-25}$$

（三）车削叶轮应注意的问题

叶轮车削量应有一定限度，根据试验得出的最大车削量及效率下降情况与比转速的关系见表 4-1。对于不同的叶轮应采用不同的车削方式，如图 4-14 所示。

表 4-1　　叶片泵叶轮的最大允许车削量

比　转　速	60	120	200	300	350	350 以上
最大允许车削量 $(D_2-D_{2a})/D_2/\%$	20	15	11	9	1	0
效率下降值	每车削 10% 效率下降 1%		每车削 4% 效率下降 1%			

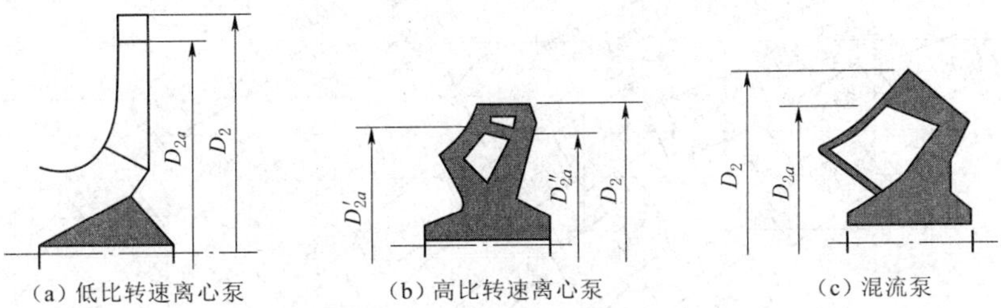

图 4-14　叶轮的车削方式

(1) 低比转速离心泵叶轮在前、后盖板和叶片上进行等量车削，车削后应在叶片背面出口部分锉尖，可以使水泵性能得到改善，如图 4-15 所示。

(2) 高比转速离心叶轮两边车削成两个不同直径，内缘直径 D'_{2a} 大于外缘直径 D''_{2a}，而 $D_{2a}=(D'_{2a}+D''_{2a})/2$。

(3) 混流泵叶轮只在它的外缘将叶轮的直径车削到 D_{2a}。

(四) 水泵系列型谱图

车削叶轮可以扩大水泵的工作区域。水泵的工作范围是由制造厂所规定的泵允许使用的流量区间，通常在泵最高效率下降范围不超过 5%～8% 的曲线段，如图 4-16 中的 AB 段。将水泵的叶轮按最大车削量车削，求出车削后的 $Q'-H'$ 曲线。经过 A、B 两点作两条车削抛物线，交 $Q'-H'$ 曲线于 A'、B' 两点。因为车削量较小时效率不变，所以抛物线也是等效率线。$A'B'$ 段即车削后的工作范围。A、B、B'、A' 围成的方块即为该泵的工作区域。选用水泵时，若实需工况点落在该区域内，则选用的水泵是经济合理的。实际上在离心泵的制造中除了标准叶轮直径外，大多数还有同型号带“A”（叶轮第一次车削）或“B”（叶轮第二次车削）的叶轮可供选用。如 250S-39 型泵叶轮直径是 367mm，250S-39A 型泵叶轮直径是 328mm，即叶轮直径车削了 10.6%。

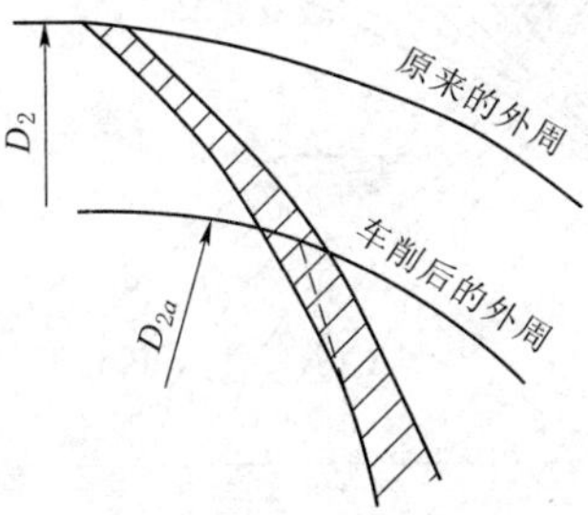

图 4-15　车削前后的叶片

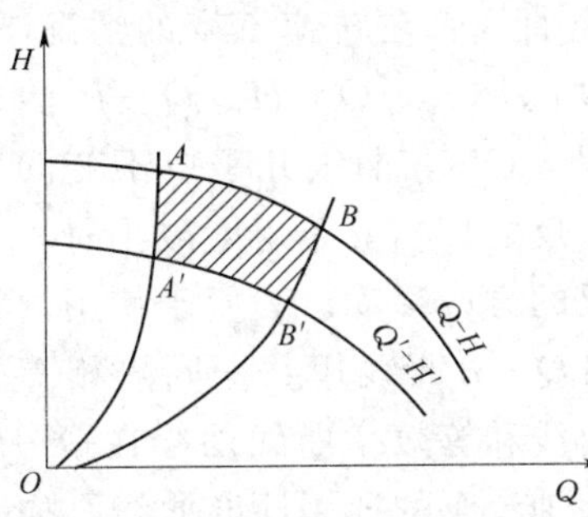

图 4-16　泵的工作范围

将同一类型不同规格泵的工作区域即同一系列泵的工作区域画在一张图上，就得到水泵系列型谱图，如图 4-17 所示。该图可作为选择水泵的依据，并可供研究和开发水泵新规格产品时参考。

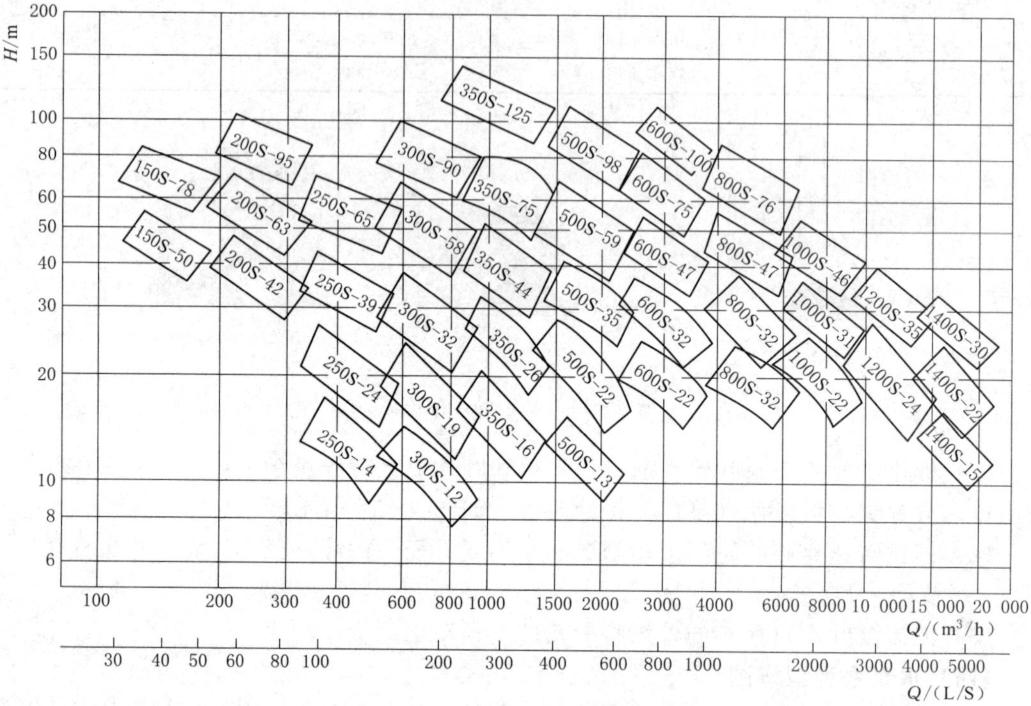

图 4-17 S 型水泵的系列型谱图

三、变角调节

通过改变叶片安装角可以改变水泵性能，达到调节水泵工况的目的，这种调节方法称为变角调节。它适用于叶片可调节的轴流泵与混流泵。

（一）轴流泵叶片变角后的性能曲线

图 4-18 所示为轴流泵叶片在不同安装角度时的性能曲线。在转速不变的情况下，随着安装角度的加大，$Q-H$、$Q-P$ 曲线向右上方移动，$Q-\eta$ 曲线几乎以不变的数值向右移动。反之，当安装角度减小时，各曲线则向相反的方向移动。为便于使用，将 $Q-P$ 曲线和 $Q-\eta$ 曲线用数据间隔相等的几条等功率曲线和等效率曲线加绘在 $Q-H$ 曲线上，称为轴流泵的通用性能曲线，如图 4-19 所示。

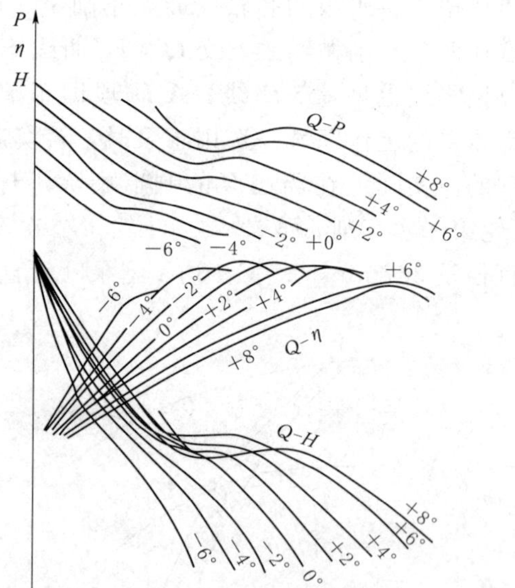

图 4-18 轴流泵叶片变角后的性能曲线

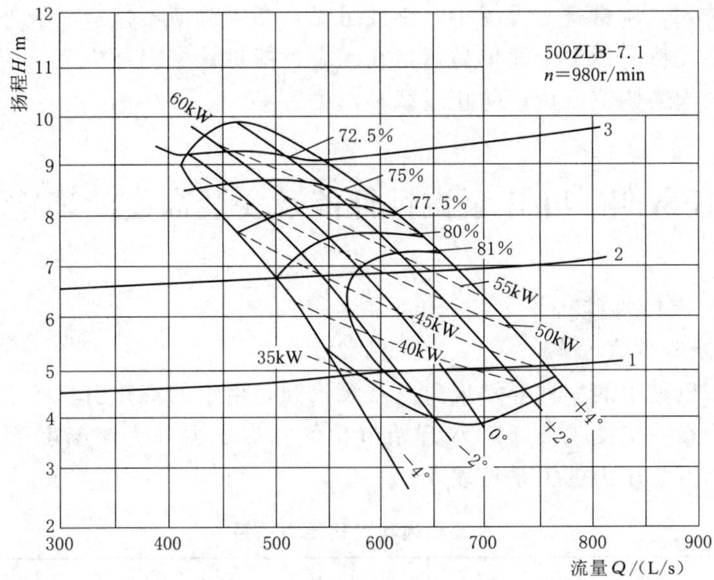

图 4-19 轴流泵通用性能曲线

1—最小实际扬程时 $Q-H_{需}$ 曲线；2—设计实际扬程时 $Q-H_{需}$ 曲线；3—最大实际扬程时 $Q-H_{需}$ 曲线

（二）轴流泵的变角调节

采用叶片可调节的轴流泵，可以随着实际扬程的变化调节叶片安装角度。如图 4-19 所示，当实际扬程较小时，将安装角调大，在保持较高效率的情况下增大出水量，使电动机满载运行。当实际扬程较大时，将安装角调小，适当地减少出水量，使电动机不致过载运行。所以，采用变角调节不仅使水泵以较高的效率抽较多的水，而且使电动机长期保持或接近满载运行，以提高电动机的效率。

此外，对全调节轴流泵，在启动时将叶片安装角调至最小，可以降低泵的启动力矩。在停车之前，将叶片安装角度调小，可以平稳地完成机组停车。

必须指出的是，中小型轴流泵多为半调节式，一般须在停机、拆卸叶轮之后才能进行调节。而泵站的实际扬程具有随机特性，频繁停机调节则有诸多不便。为了使泵站全年或多年运行效率最高，耗能最少，同时满足灌排流量的要求，可将叶片安装角调整到最优组合状态，这样可获得较高的经济效益。

四、变阀调节

改变出水管路中闸阀的开启度，可以使管路系统性能改变，达到调节工况的目的，这种调节方法称为变阀调节，又称节流调节。

闸阀关小，管路中的局部水头损失增加，管路系统特性曲线向左上方移动，工况点就朝着小流量方向移动，如图 4-20 所示。闸阀关得越小，

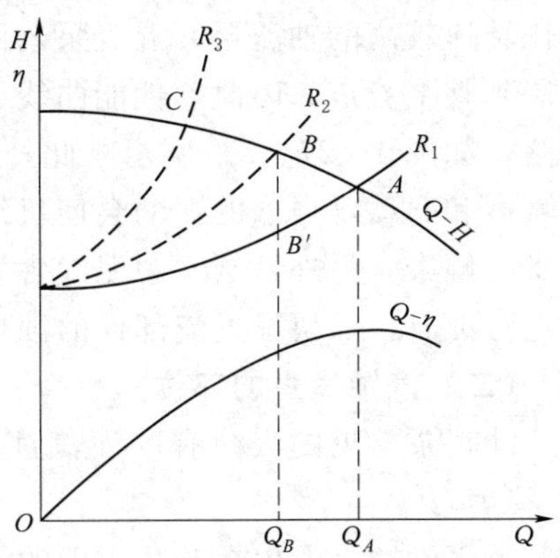

图 4-20 变阀调节

局部水头损失越大，流量就变得越小。由此可见，变阀调节不仅造成额外损失，还减少了出水量，很不经济。但由于简单易行，在水泵性能试验中仍被广泛采用。实践中，离心泵机组常用闸阀来调节流量，防止过载和汽蚀。

任务四　叶片泵汽蚀性能及安装高度的确定

一、水泵的汽蚀性能

（一）汽蚀及其危害

汽蚀是水力机械中的一种异常现象。水泵汽蚀是由水的汽化引起的。水的汽化与温度和压力有关。在一定的温度下，水开始汽化的临界压力称为该温度下的饱和汽化压力。水温和饱和汽化压力的关系见表 4-2。

表 4-2　水温和饱和汽化压力关系

水温/℃	0	10	20	30	40	50	60	70	80	90	100
饱和汽化压力 $p_{汽}/(\rho g)/mH_2O$	0.06	0.12	0.24	0.43	0.75	1.26	2.03	3.17	4.83	7.15	10.33

水泵的汽蚀是指水泵运行时，由于某些原因而使泵内局部位置水的压力降低到工作温度下水的饱和汽化压力时，水就会汽化，并产生大量气泡。从水中离析出来的大量气泡随着水流向前运动，流入叶轮中压力较高部位时，气泡受到周围液体的挤压而迅速溃灭，又重新凝结成水。泵内水流中气泡的生成、溃灭过程涉及物理、化学现象，并产生噪声、振动和对过流部件的侵蚀，这种现象称为水泵的汽蚀现象。

汽蚀的发生，会引起水泵性能的变化。这种变化对不同类型的水泵是不同的。对比转速较低的水泵，如 $n_s<100$ 的离心泵，因水泵叶片流槽狭长，宽度较小，汽蚀刚开始时，气泡占据一定的槽道面积，水泵的扬程、功率和效率开始下降，但对水泵的正常工作没有明显的影响。当外界条件使汽蚀更加严重时，气泡大量产生，阻塞流道，使液流的连续性遭到破坏，水流间断，$Q-H$、$Q-\eta$ 曲线迅速下降，如图 4-21（a）所示。对比转速较高的轴流泵、混流泵，由于叶片间流道相当宽阔，故汽蚀开始后汽蚀区不易扩展到整个流道。因此，性能曲线下降缓慢，不会出现“断裂”工况，汽蚀严重才开始锐落，如图 4-21（b）所示。此外，在水泵发生汽蚀的过程中由于气泡突然破灭，产生噪声和振动，强烈的振动会使机组零件和泵房结构遭到破坏，噪声也会危害管理人员的身心健康。另外，当水中泥沙含量较高时，泥沙的磨蚀破坏了水泵过流部件的表层，发生汽蚀时，加快了过流部件的蚀坏进程。

（二）汽蚀发生的部位

叶片泵常见的汽蚀有叶面汽蚀、间隙汽蚀和涡带汽蚀三种形式，如图 4-22～图 4-24 所示。

叶面汽蚀是发生在叶片表面的汽蚀，随着泵的流量不同，汽蚀发生在叶片的正面、背面或前盖板内表面等部位。

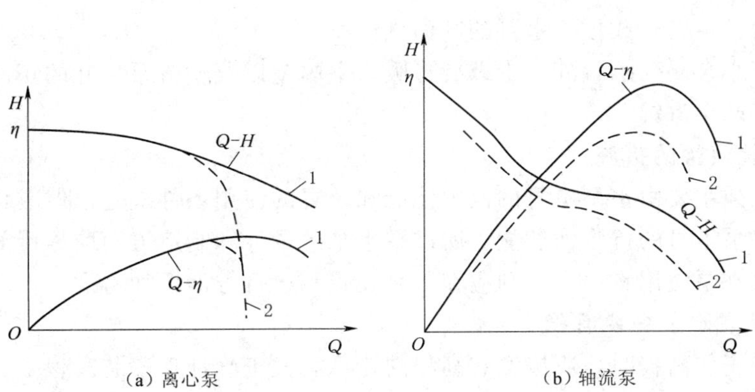

图 4-21 水泵发生汽蚀时的性能曲线

1—正常运行时的性能曲线；2—发生汽蚀时的性能曲线

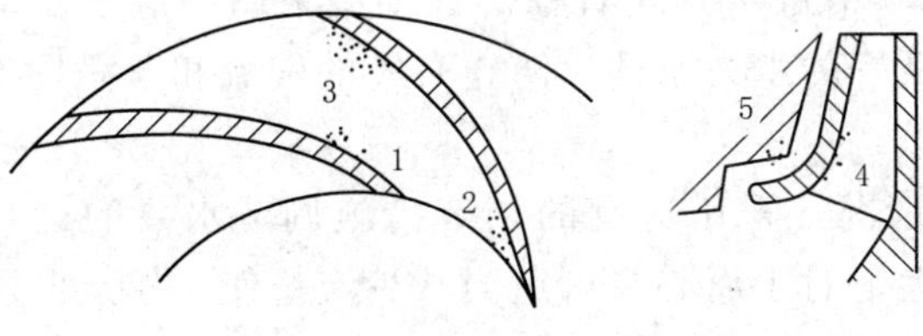

图 4-22 离心泵汽蚀发生部位

1—叶片正面汽蚀；2、3—叶片背面汽蚀；4—盖板汽蚀；5—间隙汽蚀

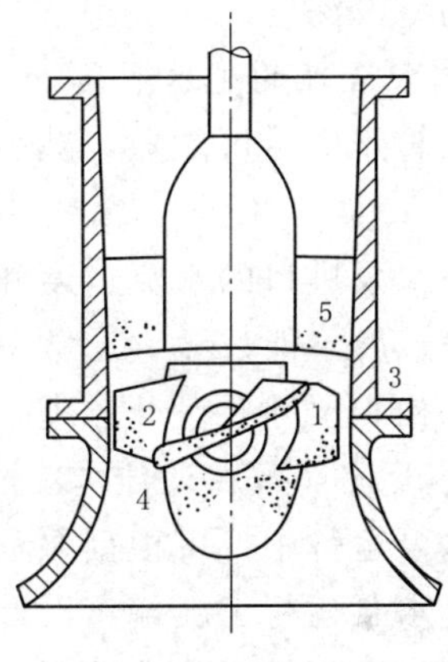

图 4-23 轴流泵汽蚀发生部位

1—叶片正面汽蚀；2—叶片背面汽蚀；3—间隙汽蚀；4—轮毂体表面汽蚀；5—导叶叶面汽蚀

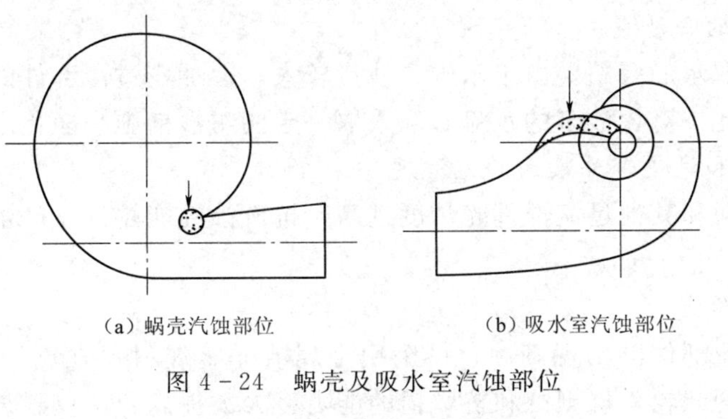

图 4-24 蜗壳及吸水室汽蚀部位

间隙汽蚀是由于间隙回流发生在叶片外缘与叶轮室壁面之间，或密封环与叶轮进口外缘之间的汽蚀。

涡带汽蚀是由于进水池、进水流道设计不良或其他边界条件的变化产生涡带，当涡带进入水泵后，会助长或加重水泵的叶面汽蚀。

此外，离心泵涡壳隔舌处，半螺旋形吸水室内壁以及轴流泵导叶的正面、背面和轮毂处也有可能产生汽蚀。

（三）减轻汽蚀的措施

水泵的汽蚀主要由水泵本身的汽蚀性能和装置的使用条件决定。但减轻汽蚀的根本措施是提高水泵本身的抗汽蚀性能，所以在水泵的设计和制造方面应尽可能提高水泵的吸水性能。对水泵使用者而言，则应在水泵装置和运行方面多加考虑。

1. 合理确定水泵安装高程

确定水泵安装高程时，应按安装高程的计算公式正确计算安装高程。

2. 设计良好的进水池

进水池内的水流要平稳均匀，不产生漩涡和偏流，否则会使水泵的汽蚀性能恶化。此外，要及时清除进水池的污物和淤泥，使水流畅通，流态均匀，还要保证进水喇叭口有足够的淹没深度。

3. 选配合理的进水管路

进水管路应尽可能短，减少不必要的管路附件，适当加大管径，以减少进水管路的水头损失。

为使水泵进口的水流速度和压力分布均匀，对于卧式离心泵，水泵进口前进水管路水平直段长度不能过短，通常不小于 4～5 倍进水管路直径。大中型泵站的进水流道的形式、结构和尺寸要设计合理，保证有良好的水力条件，防止有害的偏流和漩涡发生。

4. 尽量使水泵在设计工况附近运行

在水泵运行中，可根据泵站的具体情况，采用适宜的调节措施调节水泵的运行工况，防止水泵运行工况偏离设计工况较远。对于离心泵可适当减少流量使工作点向左移动；对于轴流泵使工作点移到 $(NPSH)_r$ 值较小的区域。

5. 提高水泵进口的压力

给水泵进水管路增压，例如把离心泵出水管的水引入进水管，并用喷嘴增压，减轻汽蚀危害。

6. 控制水源的含沙量

从多沙河流取水的泵站，由于水中含沙量较大，会加剧过流部件的磨损并使水泵汽蚀性能恶化。因此，对含沙多的水流必须采取一定的防沙措施来净化水源。

7. 提高叶轮和过流部件表面的光洁度

水泵叶轮表面和其他过流部件光洁度越高，抗汽蚀性能越好，产生汽蚀的可能性就越小。

8. 及时涂敷修复

如果水泵过流部件已出现剥蚀，可采用金属或非金属材料在剥蚀部位及时涂敷修复。涂敷修复后的叶轮，抗剥蚀和抗磨损的能力将大大提高，不仅延长了叶轮的使用寿命，而且提高了水泵的效率。

9. 降低水泵转速

汽蚀性能参数与转速的平方成正比，降低水泵转速，可以减轻汽蚀的危害。

10. 在汽蚀区补气

在泵进水侧补进适量空气，可以缓和气泡破灭时的冲击力，并减小汽蚀区的真空度，从而减轻汽蚀的危害。但进气量要适量，否则会使水泵吸水性能变差。采用此法一定要慎重。

二、汽蚀基本方程

泵在运行时是否产生汽蚀由泵本身抗汽蚀性能与泵吸入侧装置系统两个方面决定。离心泵的吸水装置如图 4-25 所示。水泵运行时，由于叶轮高速旋转，在其入口处形成了真空，进水池中的水流在大气压的作用下经过吸水管流至水泵进口，再从泵进口流入叶轮流道，绝对压力沿水流减小，进入叶轮后，在叶片背面（即背水面）水流以相对速度 w_1 绕流叶片进口边，由于急转弯，流速加大，在叶片背面靠进口的 k 点处压力降到最低值，k 点是水泵内最容易产生汽蚀的点，如图 4-26 所示。水泵是否会产生汽蚀，取决于 k 点处的压力值，当 k 点的压力 p_k 下降到等于该工作温度下的饱和汽化压力 $p_{汽}$ 时，则泵内发生汽蚀。因此汽蚀基本方程正是表征水泵汽蚀条件与影响汽蚀诸因素之间的关系式，其表达式如下

$$\frac{p_s}{\rho g}+\frac{v_s^2}{2g}-\frac{p_{汽}}{\rho g}=\lambda_1\frac{v_0^2}{2g}+\lambda_2\frac{w_1^2}{2g} \tag{4-26}$$

式中 p_s、$p_{汽}$——水泵进口和对应水温下达到汽化时的绝对压力，kPa；

v_s、v_0——泵进口和叶片进口水流的平均流速，m/s；

w_1——叶片进口水流的相对流速，m/s；

λ_1、λ_2——与泵吸入室结构及叶轮入口几何形状等有关的压降系数。

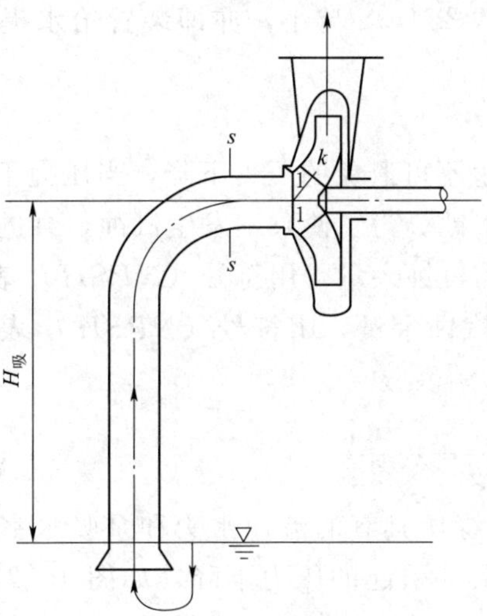

图 4-25 离心泵吸水装置简图

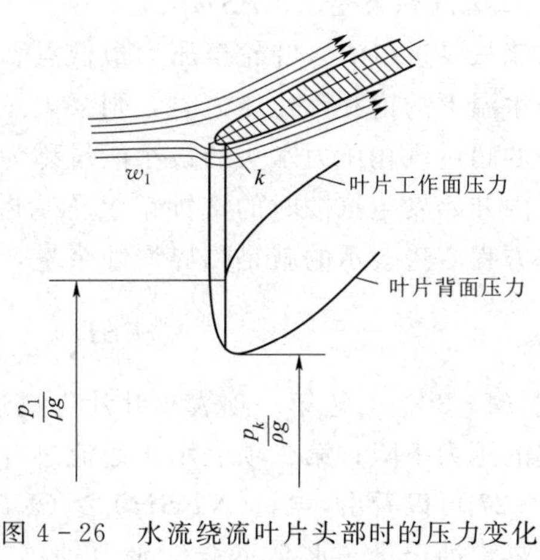

图 4-26 水流绕流叶片头部时的压力变化

三、水泵的汽蚀性能参数

（一）汽蚀余量

汽蚀余量有两种概念：一种是装置汽蚀余量；另一种是必需汽蚀余量。

1. 装置汽蚀余量 $(NPSH)_a$

装置汽蚀余量是指水泵吸水侧管路装置给予水泵进口处超过汽化压力水头的能量，也就是水流在进入水泵前超过汽化压力水头的可供使用的能量，故又称使用汽蚀余量。汽蚀基本方程左边表示的就是装置汽蚀余量，用符号 $(NPSH)_a$ 表示，即

$$(NPSH)_a=\frac{p_s}{\rho g}+\frac{v_s^2}{2g}-\frac{p_{汽}}{\rho g} \tag{4-27}$$

由图 4-25 可知，若以通过轴线的水平面为基准面，列出进水池水面与水泵进口 $s-s$ 断面的能量方程式（进水池水面流速水头忽略不计）

$$\frac{p_s}{\rho g}+\frac{v_s^2}{2g}=\frac{p_a}{\rho g}-H_{吸}-h_{吸} \tag{4-28}$$

式中 $\frac{p_a}{\rho g}$——进水池水面的大气压力水头，m；

$H_{吸}$——水泵的吸水高度，若水泵安装于进水池水面以下，称注水高度或淹没深度，以负值表示，m；

$h_{吸}$——吸水管的水头损失，m。

将式（4-28）代入式（4-27），得

$$(NPSH)_a=\frac{p_a}{\rho g}-\frac{p_{汽}}{\rho g}-H_{吸}-h_{吸} \tag{4-29}$$

由式（4-29）可知，装置汽蚀余量就是进水池水面的大气压力水头 $p_a/(\rho g)$ 把水提到 $H_{吸}$ 的高度并克服吸水管的水头损失 $h_{吸}$ 后，超过饱和汽化压力水头的能量。因此，$(NPSH)_a$ 由泵吸入侧管路的装置条件及通过的流量所决定，与泵本身结构无关。在 p_a 一定的情况下，水泵吸水高度 $H_{吸}$ 越高，$(NPSH)_a$ 越小，亦即装置给水提供的汽蚀余量越小，水泵出现汽蚀的可能性就越大。

2. 必需汽蚀余量 $(NPSH)_r$

水流从泵进口流入叶轮至压力最低点 k 产生不可避免的压力下降，当压力下降到 k 点工作水温下的饱和汽化压力时，则泵内发生汽蚀。为了使泵不发生汽蚀，泵进口处必须具有的超过汽化压力水头的最小能量称为必需汽蚀余量，用符号 $(NPSH)_r$ 表示。

泵内开始发生汽蚀时的汽蚀余量称为临界汽蚀余量，用符号 $(NPSH)_c$ 表示。汽蚀基本方程右边表示的就是临界汽蚀余量，即

$$(NPSH)_c=\lambda_1\frac{v_0^2}{2g}+\lambda_2\frac{w_1^2}{2g} \tag{4-30}$$

式（4-30）右边第一项表示叶片进口边前缘所具有的流速水头和泵吸水室水头损失引起的压力下降；第二项表示水流流过叶片头部引起的压力下降，如图 4-27 所示。从图 4-27 可以看出，当 $(NPSH)_a>(NPSH)_c$ 时，装置给水泵提供的汽蚀余量大于该泵临界汽蚀余量，水泵不会发生汽蚀；当 $(NPSH)_a=(NPSH)_c$ 时，处于临界状态，泵开始发生汽蚀；当 $(NPSH)_a<(NPSH)_c$ 时，泵内发生汽蚀，泵运行不安全。

根据式（4-30），由于非设计工况下 λ_1、λ_2 值变动较大，$(NPSH)_c$ 难以精确计算，因此通常采用试验方法确定。泵的汽蚀试验是在保持一定的转速和流量下，改变水

泵装置情况，当泵内开始发生汽蚀时的装置汽蚀余量 $(NPSH)_a$ 即为临界汽蚀余量 $(NPSH)_c$。为了保证水泵安全工作，加 0.3m 安全量作为不产生汽蚀需要的最小汽蚀余量，即必需汽蚀余量 $(NPSH)_r$，可从水泵样本上查得。必需汽蚀余量 $(NPSH)_r$ 是表征水泵汽蚀性能的参数，是计算水泵安装高程的依据。在相同的流量和转速条件下，$(NPSH)_r$ 值越小，泵的抗汽蚀性能越好。为了使泵不发生汽蚀，必须使 $(NPSH)_a > (NPSH)_r$。

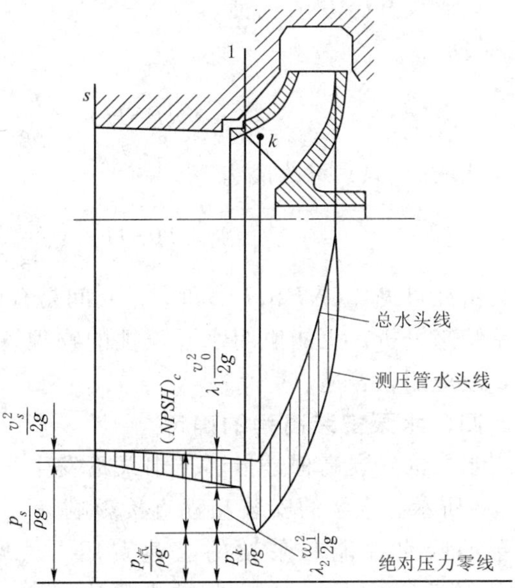

图 4-27　临界汽蚀余量示意图

（二）吸上真空高度

吸上真空高度是指水泵进口处水流的绝对压力水头小于大气压力水头的数值，也就是安装在水泵进口处真空表的读数，用符号 H_s 表示，即 $H_s=\frac{p_a}{\rho g}-\frac{p_s}{\rho g}$，单位为 m。

由式（4-28）知

$$\frac{p_a}{\rho g}-\frac{p_s}{\rho g}=H_{吸}+\frac{v_s^2}{2g}+h_{吸} \tag{4-31}$$

则

$$H_s=H_{吸}+\frac{v_s^2}{2g}+h_{吸} \tag{4-32}$$

式（4-32）表明，泵的吸上真空高度 H_s 比泵的吸水高度 $H_{吸}$ 多一个吸水管水头损失 $h_{吸}$ 和水泵进口处的流速水头 $v_s^2/(2g)$。如果水泵在某个流量下运行，则 $v_s^2/(2g)$ 项是定值，$h_{吸}$ 也近于定值，那么 H_s 值随水泵的吸水高度的增大而增大。当 $H_{吸}$ 增大至某一数值后，水泵开始发生汽蚀，这时的吸上真空高度称为最大吸上真空高度，又称临界吸上真空高度，用符号 H_{sc} 表示。该值可通过试验方法确定。

为了保证水泵运行时不发生汽蚀，同时又有尽可能大的吸上真空高度，规定临界吸上真空高度减去 0.3m 的安全量作为允许吸上真空高度，用符号 H_{sa} 表示。该值可从水泵样本 $Q-H_{sa}$ 曲线或性能表上查得。水的允许吸上真空高度 H_{sa} 是表征水泵汽蚀性能的又一参数，与必需汽蚀余量 $(NPSH)_r$ 一样也是计算水泵安装高程的依据。在相同的流量和转速条件下，泵的允许吸上真空高度 H_{sa} 越大，泵的抗汽蚀性能越好。水泵运行时水泵吸上真空高度 H_s 不应超过样本上规定的 H_{sa} 值，即 $H_s<H_{sa}$。

允许吸上真空高度和必需汽蚀余量之间的关系如下：

将式（4-32）代入式（4-29）中，得

$$(NPSH)_a=\frac{p_a}{\rho g}-\frac{p_{汽}}{\rho g}-H_s+\frac{v_s^2}{2g} \tag{4-33}$$

当水泵开始发生汽蚀，$(NPSH)_a=(NPSH)_c$ 时，H_s 应为最大吸上真空高度 H_{sc}，即

$$(NPSH)_a=\frac{p_a}{\rho g}-\frac{p_{汽}}{\rho g}-H_{sc}+\frac{v_s^2}{2g} \tag{4-34}$$

式（4-34）可改成为

$$(NPSH)_a=\frac{p_a}{\rho g}-\frac{p_{汽}}{\rho g}-H_{sa}+\frac{v_s^2}{2g} \tag{4-35}$$

由此可见，$(NPSH)_r$ 和 H_{sa} 之间是有内在联系的。但是，$(NPSH)_r$ 结合整个水泵系统来分析，更能说明水泵汽蚀的物理现象，同时用它来计算泵的安装高程比较方便，故应用较普遍。

四、水泵安装高程的确定

水泵的安装高程是指满足水泵不发生汽蚀的水泵基准面高程，水泵的基准面如图4-28所示。水泵的安装高程直接影响水泵的吸水性能和泵站的土建费用。水泵安装得过低，泵房土建投资大，施工难度大；过高则水泵易发生汽蚀。因此，合理确定水泵的安装高程，既能保证水泵的正常运行，防止汽蚀的发生，又能降低造价，在泵站的规划设计中具有重要意义。

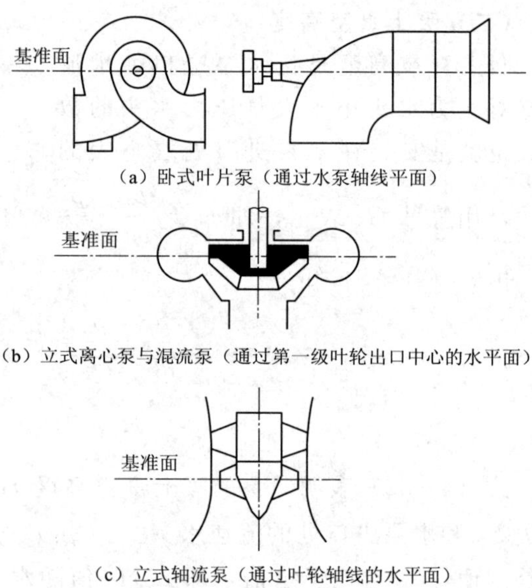

(a) 卧式叶片泵（通过水泵轴线平面）

(b) 立式离心泵与混流泵（通过第一级叶轮出口中心的水平面）

(c) 立式轴流泵（通过叶轮轴线的水平面）

图4-28 水泵的基准面

（一）用必需汽蚀余量 $(NPSH)_r$ 计算 $H_{允吸}$

由式（4-29）得

$$H_{吸}=\frac{p_a}{\rho g}-\frac{p_{汽}}{\rho g}-(NPSH)_a-h_{吸} \tag{4-36}$$

用 $(NPSH)_r$ 代替式（4-36）中的 $(NPSH)_a$ 得到水泵允许吸水高度，即

$$H_{允吸}=\frac{p_a}{\rho g}-\frac{p_{汽}}{\rho g}-(NPSH)_r-h_{吸} \tag{4-37}$$

在标准状况（即一个标准大气压力，水温为20℃）下，$\frac{p_a}{\rho g}-\frac{p_{汽}}{\rho g}=10.09$，则

$$H_{允吸}=10.09-(NPSH)_r-h_{吸} \tag{4-38}$$

对于中、小型立式轴流泵，由于进水管路较短，$h_{吸}$ 可以忽略不计。

必须指出的是，水泵厂提供的 $(NPSH)_r$ 是额定转速时的值，若水泵工作转速 n' 与额定转速 n 不同，则按下式修正

$$(NPSH)_r'=(NPSH)_r\left(\frac{n'}{n}\right)^2 \tag{4-39}$$

式中　$(NPSH)_r$、$(NPSH)'_r$——修正前、后工况点的必需汽蚀余量。

(二) 用允许吸上真空高度 H_{sa} 计算 $H_{允吸}$

由式 (4-32) 得

$$H_{吸}=H_s-\frac{v_s^2}{2g}-h_{吸} \tag{4-40}$$

用 H_{sa} 代替式 (4-40) 的 H_s 得到水泵允许吸水高度，即

$$H_{允吸}=H_{sa}-\frac{v_s^2}{2g}-h_{吸} \tag{4-41}$$

值得注意的是，水泵厂提供的 H_{sa} 值是在标准状况下，以清水在额定转速下试验测得的。当水泵的使用条件为非标准状况时，应进行下列修正：

(1) 转速修正。

$$H'_{sa}=10.09-(10.09-H_{sa})\left(\frac{n'}{n}\right)^2 \tag{4-42}$$

式中　H_{sa}、H'_{sa}——修正前、后工况点的允许吸上真空高度，m；

n、n'——修正前后的转速，r/min。

(2) 气压和温度的修正。

$$H''_{sa}=H_{sa}-\left(10.33-\frac{p_a}{\rho g}\right)-\left(\frac{p_{汽}}{\rho g}-0.24\right) \tag{4-43}$$

式中　$\frac{p_a}{\rho g}$——水泵安装地点的大气压头，mH_2O，见表 4-3；

$\frac{p_{汽}}{\rho g}$——工作水温下的饱和汽化压力水头，mH_2O，见表 4-2。

表 4-3　　不同海拔高度下的大气压头值

海拔/m	0	100	200	300	400	500	600	700	800	900	1000	2000	3000	4000	5000
$p_a/(\rho g)$ /mH_2O	10.33	10.22	10.11	9.97	9.98	9.77	9.66	9.55	9.44	9.33	9.22	8.11	7.47	6.52	5.57

(三) 水泵安装高程的确定

水泵的安装高程为

$$\nabla_a=\nabla_{min}+H_{允吸} \tag{4-44}$$

式中　∇_a、∇_{min}——水泵基准面高程和进水池最低运行水位高程，m。

必须指出的是，$(NPSH)_r$、H_{sa} 随流量的变化而变化。$(NPSH)_r$、H_{sa} 应按水泵运行时可能出现的最大、最小净扬程所对应的 $(NPSH)_r$ 或 H_{sa} 值进行计算，将算出的 $H_{允吸}$ 加上相应进水池的水位，得到最大、最小净扬程时的安装高程，然后进行比较，选最低的 ∇_a 作为泵的安装高程。如果按式 (4-41) 算出的结果为正值，表示该泵可以安装在进水池水面以上，但立式轴流泵为便于启动和使管口不产生有害漩涡，仍将叶轮的中心线淹没于水面以下 0.5～1.0m。若 $H_{允吸}$ 为负值，表示该泵必须安装在水面以下，其淹没深度不小于上述求得的数值，且不小于 0.5～1.0m。

思　考　题

1. 离心泵抽水装置中管路附件指的是哪些？各起什么作用？

2. 什么是叶片泵工作点？其影响因素是什么？工作点确定有哪些方法？

3. 什么是水泵的并联？并联中应注意哪些问题？

4. 什么是水泵的串联？串联中应注意哪些问题？

5. 什么是水泵工作点的调节？叶片泵工况调节的方法有哪几种？各有何优、缺点？

6. 什么是叶片泵汽蚀？泵内汽蚀的主要原因是什么？有哪些危害？

7. 什么是叶片泵的汽蚀基本方程式？它的物理意义是什么？

8. 什么是装置汽蚀余量？如何确定？离心泵与轴流泵的汽蚀性能曲线为什么是下降型的？

9. 必需汽蚀余量与允许吸上真空高度有何区别？有什么关系？

10. 允许吸上真空高度受水温与海拔影响时如何修正？

项目五

机组的选型与配套

水泵、动力机、传动设备、管路及管路附件的选配是否合理，直接影响泵站能否满足排灌要求，同时也影响工程投资、泵站效率、能源单耗、排灌成本及安全运行等。因此必须认真做好水泵的选型与配套工作。

任务一　叶片泵的选型

水泵是水泵站的核心。它既是水泵站的主要设备，又是水泵站其他设备及配套建筑物设计的依据，直接影响水泵站的运行和投资。合理地选择水泵的型号，是泵站设计中的重要一环。

一、叶片泵的选型原则

(1) 满足泵站设计流量和设计扬程的要求。

(2) 水泵在整个运行期内，平均效率最高且运行费用较低。

(3) 按照选定的机组建站，设备和土建投资最省。

(4) 水泵的水力性能、抗汽蚀性能好，便于运行管理。

(5) 优先选用国家推荐的系列产品和经过鉴定性能优良的新产品。

二、叶片泵选型的方法和步骤

设计流量和设计扬程是水泵选型的依据，在选型前应首先确定这两个参数。

(一) 确定设计流量和设计扬程

设计流量的确定详见项目六。

设计扬程由设计净扬程和损失扬程两部分组成。设计净扬程按泵站进、出水池设计水位差计算（详见项目六），损失扬程根据抽水装置管路具体布置情况计算求得，但初步选型时，管路布置没有确定，损失扬程依据表 5-1 和表 5-2 估算。方法为根据泵站的设计流量和一般的台数范围，初拟水泵的单泵流量，由单泵流量查表 5-2 确定水泵的进口直径，再由水泵进口直径依照大一个等级的原则拟定管路直径，然后由管径和设计净扬程查表 5-1 定出损失扬程占净扬程的百分数 k，则 $H_{设}=H_{净}+kH_{净}=(1+k)H_{净}$。

表 5-1　管路损失扬程估算

净扬程/m	管路直径/mm		
	<200	250～350	>350
	损失扬程占净扬程的百分数 k/%		
10 以下	30～50	20～40	10～25
10～30	20～40	15～30	5～15
30 以上	10～30	10～20	3～10

表 5-2　水泵进口直径与流量对照

水泵进口直径/mm	流量		水泵进口直径/mm	流量	
	L/s	m^3/h		L/s	m^3/h
75	7～20	25～70	400	400～480	1450～1700
100	18～35	65～125	500	400～700	1450～2500
150	30～55	110～200	600	650～1000	2300～3600
200	55～95	200～340	800	1300～1800	4600～6500
250	90～170	320～600	900	1500～2000	5400～7200
300	140～280	500～1000	1000	2000～3000	7200～10800
350	220～450	800～1600	1200	2500～3500	9000～12500

（二）初选泵型

1. 水泵类型的选择

根据设计扬程的数据，考虑各种水泵的特点及适用范围，粗略确定水泵的类型，为水泵选型界定选型区域，初定水泵类型的一般思路如下：

（1）离心泵、轴流泵和混流泵各有其适用的扬程范围。一般扬程在 20m 以上用离心泵（大于 100m 用多级离心或其他类的水泵），离心泵中因单级双吸泵（Sh 或 S）结构对称、运行性能好，常优先选用；扬程在 5～20m 宜用混流泵；扬程在 10m 以下宜用轴流泵，而轴流泵和混流泵的流量在很大范围内是重叠的，因混流泵的高效区较宽广，流量变化时，轴功率变化小，动力机满载或接近满载运行，比较经济，适应流量范围广，在同样的参数下混流泵的转速比轴流泵高，泵的体积小，水泵站的投资小，故在选型时，应优先选用混流泵。

（2）水泵的结构类型有卧式、立式、斜式三种。卧式水泵安装精度要求比立式水泵低，便于检修，造价低，但一般启动前要求充水排气，占地面积大，要求泵房有较大的平面尺寸，适用于水位变幅较小的场合。立式水泵叶轮淹没于水下，启动方便，电机居于上方有利于防洪和通风，要求泵房的平面尺寸较小，但维修较麻烦，安装精度要求高，适用于水位变幅较大的场合。斜式水泵安装方便，可安装在岸边斜坡上，叶轮浸没于水下，启动方便，常用于中、小型泵站。

（3）为便于维修管理，同一泵站的水泵型号应尽可能选用同一类型。

2. 初步选型

根据设计扬程，在初定的水泵类型的“水泵综合型谱图”或“泵类产品样本”中的

“水泵性能表”中查出符合设计扬程而流量不等的各种不同型号的水泵。方法为：在水泵综合型谱图（图 4－17）的纵坐标上找出设计扬程点，过该点作横轴的平行线，凡是与该线相交的泵型均为符合扬程需要的泵型（凡是性能表中扬程范围包含了设计扬程的泵型都可以），再根据每种泵型的流量和设计流量初定水泵台数（设计流量除以单泵流量），选择其中台数适中的泵型作为初选泵型，原则上凡是符合上述要求的都可作为备选对象，实际工作中为简化计算工作量，常列出 3～5 个性能好、台数适中的泵型作为精确选型的对象。

（三）工作点的校核

1. 台数及单泵流量的确定

根据性能表或性能曲线（流量和扬程关系曲线），依据设计扬程内插求设计扬程对应的流量（单泵流量），水泵台数为泵站设计流量除以水泵单泵流量，根据泵站排灌设计保证率的要求，可以考虑选配 1～2 台备用机组，则实际运行时水泵的单泵流量为泵站设计总流量除以工作水泵台数，这个单泵流量为管路设计采用的流量，也是组成水泵装置的每台水泵的流量。

2. 管路设计

对于每一个初选的泵型，根据设计扬程和上一步确定的单泵流量进行管路设计，确定管路的管材、管径、管长、管路附件（依据本项目任务四和项目六相关内容），计算各种水泵的进、出水管路水头损失系数，验算实际管路损失是否超过初估的管路损失，确定其管路系统特性曲线。

3. 工作点确定

根据初选的泵型，从水泵手册上查出水泵的性能曲线，在统一坐标系下绘制水泵性能曲线和管路系统特性曲线，求出水泵在设计、最高、最低扬程时的工作点，把不同水泵工作点的 Q、H、P、η、$(NPSH)_r$ 参数值列于同一表中，校核所选水泵在设计扬程下水泵流量是否满足要求，平均扬程下是否在高效率区运行，如不满足要求，可采取调节措施或另选泵型，使其尽可能在合理的范围内运行。

（四）确定泵型

根据选型原则，对几种方案进行全面的经济技术比较，一般在满足流量、扬程需要下选取效率高、轴功率较小、抗汽蚀性能好、台数适中的泵型为最优泵型。

三、选型中水泵台数的确定

水泵台数影响泵站的以下几个方面：

（1）建站投资。无论是机电设备还是土建工程，在设备容量一定的条件下，机组的台数越少，则其投资越小。

（2）运行管理。机组台数越少，运行管理方便，机构人员少，则运行管理费用越低。

（3）泵站的适应性。机组台数越多，适应性越强，个别机组出现故障对整个泵站的排灌影响越小。

（4）泵的性质。一般排水泵站设计流量的变化幅度较大，台数宜多；灌水泵站设计流量变化幅度较小（比较稳定），台数宜少；灌排结合泵站，既要满足灌溉要求，又要满足排水要求，台数宜多。泵房离出水池较远的泵站，采用并联出水管路时，台数宜考虑并联要求。对于高扬程多级泵站，各级泵站联合运行时，水泵的流量应协调一致，任一级泵站均不应有弃水或供水不足现象，故一级站的机组台数应多，末级泵站机组台数宜少。另外，为适应流量变化需要，可根据需要选配1～3台小型调节机组。

一般主水泵台数宜为3～9台，为保证泵站稳定运行还应考虑备用机组，备用机组数根据供水的重要性及年利用小时数和满足机组正常检修的要求确定。对于灌溉泵站装机3～9台时，其中应有1台备用机组，多于9台时应有2台备用机组；年利用小时数很少的泵站，可不设备用机组；处于含沙量大或含腐蚀性介质等工作环境中的泵站，备用机组经过论证后可增加数量。

任务二 动力机的配套

水泵型号确定后，还要合理地选配与之配套的动力机型号。目前，农田排灌抽水装置中常用驱动水泵的动力机为电动机和柴油机。电动机操作简便，管理方便，运行稳定，成本较低，环境污染小，易于实现自动化，但其输变电线路及其他附属设备投资大，应用时受电源的限制。柴油机使用不受电源限制，且可变速运行，应用范围广，但是其操作、管理不便，运行不太稳定，成本较高，易发生故障，选配时应根据建站条件综合考虑确定。

一、电动机与水泵的配套

（一）电动机类型

驱动水泵的电动机均是三相交流电动机，一般中小型水泵站采用异步电动机，大型水泵站多采用同步电动机。

（1）若单机容量小于100kW，常采用Y系列和封闭式鼠笼型异步电动机，Y系列鼠笼型异步电动机较J、JD系列具有效率高、启动转矩大、噪声小、防护性能好等优点。额定电压为220/380V。

（2）若单机容量在100～300kW，采用JS、JC或JR系列异步电动机，“S”表示双鼠笼型，“C”表示深槽鼠笼型，“R”表示绕线型。JS和JC都具有较好的性能，适用于启动负载较大和电压容量较小的场合，额定电压为220/380V、3000V或6000V。

（3）若单机容量大于300kW，采用JSQ、JRQ系列异步电动机，或TZ型同步电动机，“Q”表示加强绝缘，“T”表示同步，“Z”表示座式轴承。同步电动机成本较高，但具有较高的功率因数和效率，适用于大型泵，额定电压为3000V或6000V。

（二）电动机的配套

1. 配套功率的确定

配套功率是指与水泵配套的动力机所应有的输出功率，用$P_{配}$表示。与水泵配套的电动机，一般由水泵厂成套供应或按下式计算

$$P_{配}=k\ \frac{\rho g Q H}{1000\eta\eta_c} \tag{5-1}$$

或
$$P_{配}=k\frac{P_{max}}{\eta_c} \tag{5-2}$$

式中 $P_{配}$——配套功率，kW；

k——动力机的储备系数，电动机和柴油机的储备系数按实际情况参考表5-3选用；

ρ——水的密度，kg/m^3；

Q、H、η——水泵运行范围内，可能出现的最大轴功率时的流量（m^3/s）、扬程（m）和效率（%）；

P_{max}——水泵运行范围内可能出现的最大轴功率，kW；

η_c——传动效率，%。

动力机的储备系数 k 为水泵可能出现的最大轴功率和动力机额定功率的比值。应考虑一些非恒定因素对功率的影响：①水泵和电动机性能测试中，允许有5%的误差；②机组及管路陈旧后，磨损和漏损增加，泵的性能下降，而管路特性曲线变陡，工作点左移，对于轴流泵其功率可能增大；③电动机与水泵额定转速的微小差值；④机组在运行中可能出现的外界干扰，如抽取多沙水、电压降低等会增加负荷。这些非恒定因素的大小不宜精确确定，但其影响是随着机组功率的减小而增大的。

储备系数 k 不宜定得太大，否则电动机负荷不足，造成能量浪费；也不宜定得太小，不然会造成动力机超载，可参照表5-3查取。

表5-3　　动力机的储备系数

水泵轴功率/kW	<5	5～10	10～50	50～100	>100
电动机	2～1.3	1.3～1.15	1.15～1.10	1.10～1.05	1.05
柴油机	1.7～1.3	1.15～1.10		1.08～1.05	1.05

2. 电动机转速的选用

电动机与主水泵之间传递动力，采用直接传动时，则要求电动机的转速与水泵的转速大小匹配，转向相同。

电动机的型号、规格应经过技术经济比较选定。目前，水泵厂家生产出的水泵一般都提供了与之配套的电动机型号，可以直接采用。

【例5-1】 某泵站设计选用36ZLB-100型轴流泵，水泵的额定转速 $n=580r/min$，叶片安装角为$-6°$时，水泵运行中最大轴功率 $P_{max}=167.3kW$，采用直接传动，试选配电动机。

解： 1. 计算配套功率

已知水泵轴功率为167.3kW，查表5-3得储备系数 $k=1.05$，直接传动效率 $\eta_c=100\%$，则

$$P_{配}=k\frac{P_{max}}{\eta_c}=1.05\times\frac{167.3}{1}=175.7(kW)$$

2. 选配电动机

水泵站电源电压为380V，水泵为立式，采用联轴器传动，水泵转速 $n=580r/min$，

P=167.3kW，无其他要求。根据上述条件，由电动机样本选用 JSL－138－10 型立式双鼠笼型异步电动机，其主要技术数据见表 5－4。

表 5－4　　JSL－138－10 型立式双鼠笼型异步电动机主要技术数据

型　号	额定功率/kW	额定电压/V	转速/(r/min)	效率/%	功率因数 cosφ	启动电流/额定电流	启动转矩/额定转矩	最大转矩/额定转矩	质量/kg
JSL－138－10	180	380	588	92.5	0.86	5.5	0.9	1.6	1980

二、柴油机与水泵的配套

（一）柴油机的型号

柴油机的型号由首部、中部和尾部三部分组成。

（1）首部：为缸数符号，用数字表示气缸数。

（2）中部：为冲程符号和缸径符号，冲程符号用字母表示，用 E 表二冲程，无“E”表示四冲程。缸径符号用气缸直径的毫米整数表示。

（3）尾部：为机器特征符号和变型符号。特征符号用字母表示，如 Q—汽车用；T—拖拉机用；C—船用；J—铁路牵引用；Z—增压；F—风冷，无“F”表示水冷。变型符号用数字表示，与前面符号用短横线隔开。

例如：3110，表示三缸，四冲程，缸径为 110mm，水冷通用型柴油机。

（二）柴油机的有效功率、标定功率和标定转速

柴油机的有效功率为正在运行的柴油机单位时间内输出的有用功，单位为 kW。标定功率为柴油机铭牌上标明的功率。国家标准规定的标定功率为以下四种：15min 功率，柴油机允许持续运行 15min 的最大功率；1h 功率，柴油机允许持续运行 1h 的最大功率；12h 功率，柴油机允许持续运行 12h 的最大功率；持续功率，油机可长期持续运行的最大功率。

对于柴油机，在规定柴油机功率的同时，还相应地规定了标定转速——柴油机曲轴每分钟相应旋转的圈数。同种柴油机转速越高，功率就越大，转速达不到标定转速值，则其输出功率就达不到标定功率。

（三）柴油机的选型

1. 配套功率的确定

根据式（5－1）或式（5－2）及表 5－3，计算柴油机所需的配套功率，并参考水泵每天运行时间，选用合适的标定功率。

2. 转速的选用

与水泵配套的柴油机，除了功率满足配套要求外，转速亦合适，柴油机的转速应选用与所采用的标定功率对应的标定转速。柴油机的转速可以通过合适的传动设备来控制满足要求。

【例 5－2】 某机灌站安装一台 12HB－40 型混流泵，其转速 n=980r/min，轴功率 P=18.3kW，若用平皮带传动，试选配柴油机。

解： 1. 配套功率计算

根据水泵轴功率，由表 5－3 查储备系数 k=1.13，平皮带开口传动，传动效率

$\eta_c = 0.98$，则

$$P_{配} = k\frac{P}{\eta_c} = 1.13 \times \frac{18.3}{0.98} = 21.1(\text{kW})$$

2. 柴油机选型

按水泵每天工作情况，柴油机采用 12h 功率配套，查柴油机样本，可配套的机型及其性能见表 5-5。

表 5-5 可配套机型及性能表

型　号	12h 功率/kW	转速/(r/min)	燃油消耗率/[g/(kW·h)]
3110	22	1200	272
390	22	2000	258

从上表分析，两种型号都能配套，3110 型柴油机的标定转速与水泵的转速接近，传动配套比 390 型柴油机有利，但 390 型柴油机的燃油消耗率较低，比较经济。

任务三　传　动　方　式

动力机与水泵之间的能量传递主要是通过传动设备来完成的。传动设备在水泵各机组之间亦起着主要作用，不仅影响传动效率，还影响整个泵站的效率，应合理地选用传动设备。传动方式基本上分为直接传动与间接传动两种。

一、直接传动

直接传动又称联轴器传动，是通过联轴器把水泵和动力机的轴连起来，来传递能量，如图 5-1 所示。此传动方式结构紧凑，简单方便，安全可靠，传动平稳，且传动效率接近 100%。目前机电排灌中，电动水泵机组大多数采用直接传动方式。采用此种传动方式，动力机与水泵需满足下列条件：①动力机的轴与水泵的轴在同一直线上；②动力机的额定转速与水泵的额定转速大小相等或接近相等$\left(\frac{|\Delta n|}{n} < 2\%\right)$；③动力机与水泵转向相同。

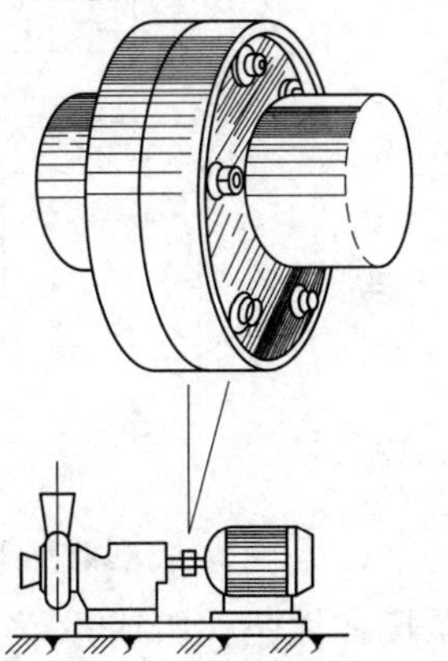

图 5-1　动力机和水泵直接传动

联轴器分为刚性联轴器和弹性联轴器两种。

（一）刚性联轴器

如图 5-2 所示，刚性联轴器是两个分装在动力机轴和水泵轴端带凸缘的半联轴器与螺栓组成的。轴与半联轴器之间用键连接或键连接并拧紧螺母，两个半联轴器用螺栓连接。此种结构简单，传递扭矩大，可传递轴向力，但不能承受机组轴向窜动和偏移，安装要求严格。

（二）弹性联轴器

弹性联轴器是在刚性联轴器基础上发展起来的，又分为弹性圆柱销型和爪型两种。

（1）弹性圆柱销型联轴器。弹性联轴器是在联轴器中增加了具有缓冲和减震能力的

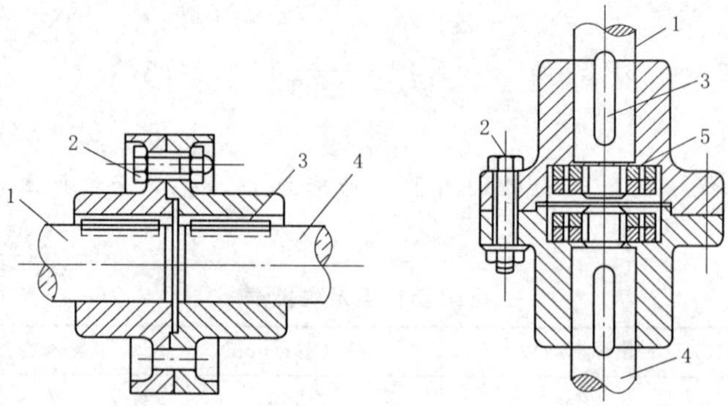

图 5-2 刚性联轴器

1—动力机轴；2—连接螺栓；3—键；4—水泵轴；5—拼接螺母

弹性圈而得来的。弹性圆柱销型联轴器由半联轴器、柱销、弹性圈、挡圈等组成，如图 5-3 所示。此种联轴器能缓冲抗震，安装时两轴不要求严格对中，但不能传递轴向力，弹性圈、柱销易坏，需勤更换。

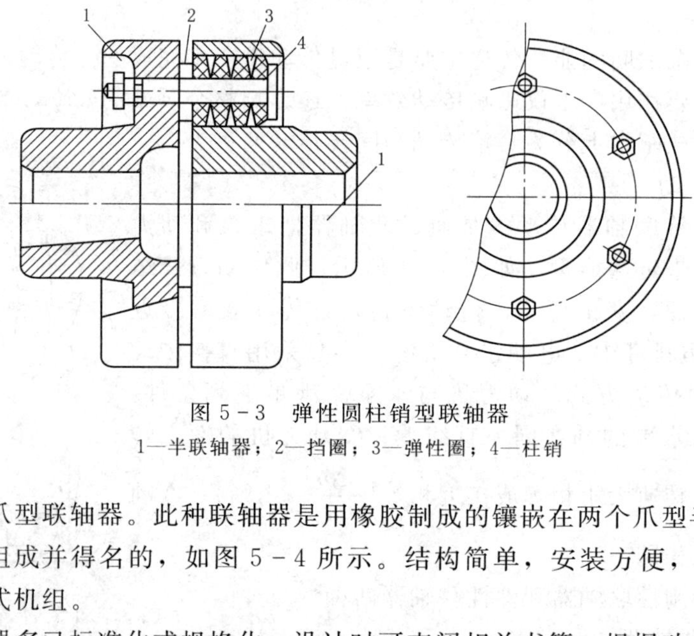

图 5-3 弹性圆柱销型联轴器

1—半联轴器；2—挡圈；3—弹性圈；4—柱销

(2) 弹性爪型联轴器。此种联轴器是用橡胶制成的镶嵌在两个爪型半联轴器之间的星形弹性垫块组成并得名的，如图 5-4 所示。结构简单，安装方便，但传递扭矩小，多用于小型卧式机组。

常用联轴器多已标准化或规格化，设计时可查阅相关书籍，根据动力机的功率、转速以及轴径等要求进行选择。

二、间接传动

当动力机与水泵的转速不满足直接传动的条件时，需采用间接传动。间接传动又分为齿轮传动和皮带传动。

(一) 齿轮传动

当水泵和动力机的转速不等或两者轴线不在同一直线上时，可通过一对分装在动力机轴与泵轴上的主、从动齿轮之间的相互啮合来传递动力。此种方式传动效率高，结构

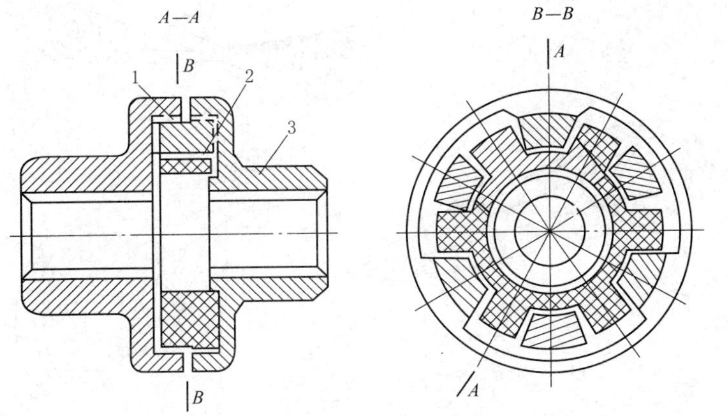

图 5-4　弹性爪型联轴器

1—水泵半联轴器；2—弹性块；3—动力机半联轴器

紧凑，可靠耐久，传递功率大，传动比准确，但要求制造工艺和安装精度高，价格高。根据水泵和动力机位置或转速不同，可以采用不同的齿轮，两轴线平行时，采用圆柱形齿轮，如图 5-5（a）所示；当两轴线相交时，采用伞形齿轮，如图 5-5（b）所示。

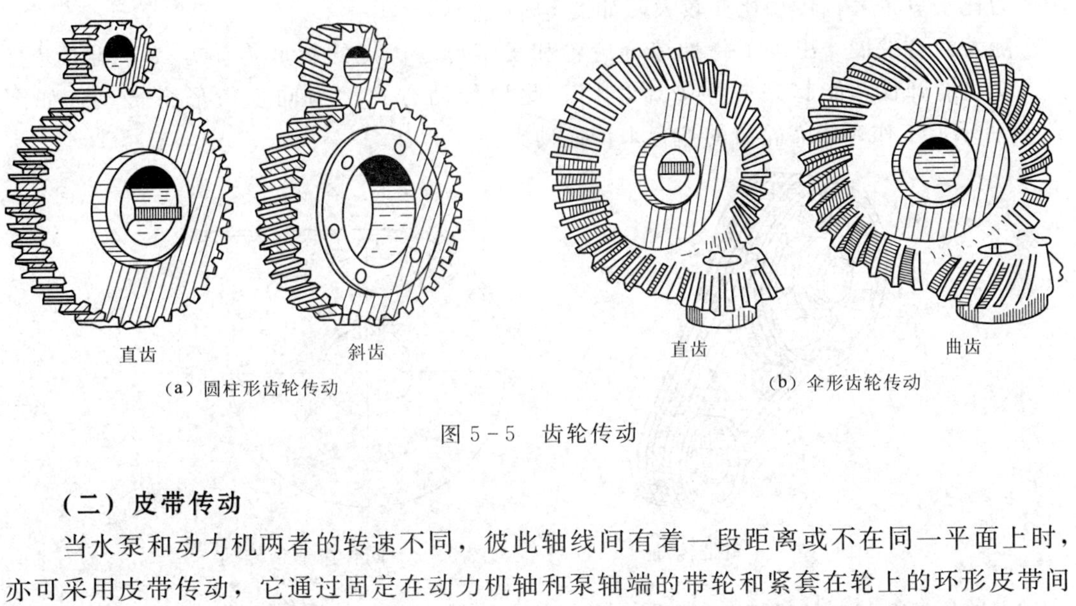

（a）圆柱形齿轮传动　（b）伞形齿轮传动

图 5-5　齿轮传动

（二）皮带传动

当水泵和动力机两者的转速不同，彼此轴线间有着一段距离或不在同一平面上时，亦可采用皮带传动，它通过固定在动力机轴和泵轴端的带轮和紧套在轮上的环形皮带间的摩擦力来传递动力。此传动方式带有弹性，可缓和冲击与振动，但因皮带易打滑，安全性差，占地面积大，寿命短，传动效率较低。皮带根据其形状不同分为平皮带和三角带。

1. 平皮带传动

平皮带传动应用范围广，传动方式可以多种变换，传动比大。此传动方式又可分为开口式、交叉式和半交叉式三种方式，如图 5-6 所示。

开口式皮带传动适用于泵轴和动力机轴互相平行且转向相同的场合；半交叉式皮带

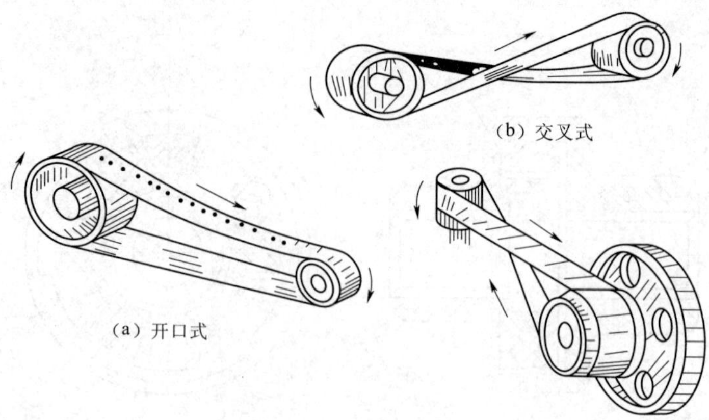
(b) 交叉式

(a) 开口式

(c) 半交叉式

图 5-6 平皮带传动

传动适用于泵轴和动力机轴互相垂直的场合；交叉式带传动适用于泵轴和动力机轴互相平行、转向相反的场合。

2. 三角带传动

三角带具有梯形断面，紧嵌在皮带轮上的梯形槽内，由于其两侧与轮槽紧密接触，摩擦力比平皮带大，传动比亦较大，如图 5-7 所示。

随着社会发展，出现了一种综合齿轮和皮带传动优点的新型传动方式，既不易打滑，又具有弹性，能起到缓冲吸振作用。此种传动方式称为同步齿形带传动，如图 5-8 所示，工作时依靠轮齿的啮合来传递动力。

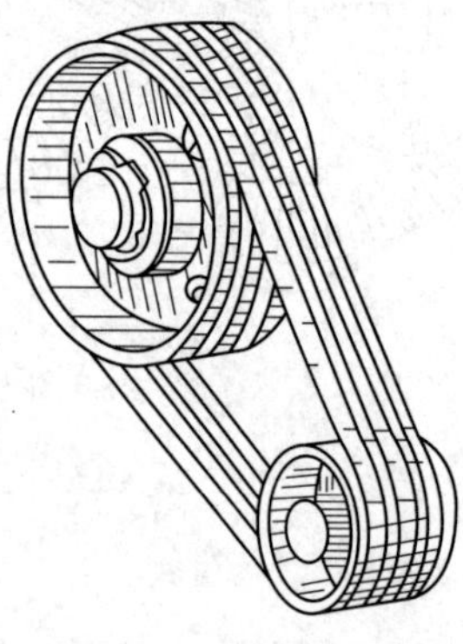
图 5-7 三角带传动

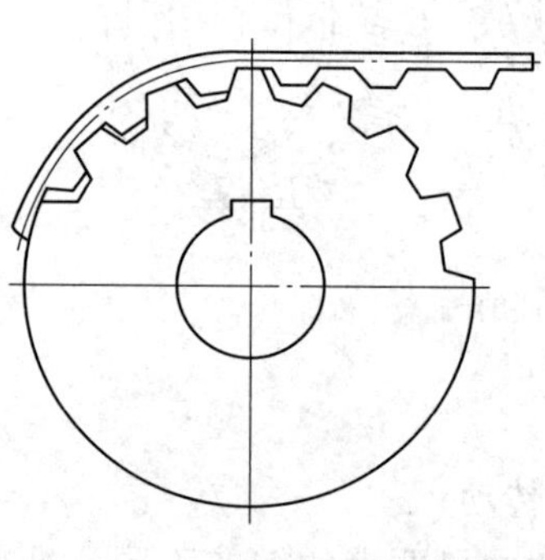
图 5-8 同步齿形带传动

直接传动和间接传动两种传动方式的比较见表 5-6。

表 5-6 **传动方式比较**

传动方式	传动效率	传递功率	传动比	占地面积	平稳性	综合利用
平皮带	0.90～0.98	22～29kW	1∶5 以内，最好 1∶3	较大	有振动	方便
三角带	0.90～0.96	29～74kW	1∶7 以内，可达 1∶10	较小	振动小	较方便
齿轮传动	0.90～0.99	无限制	1∶8 以内	小	平稳安全	较方便
联轴器	0.99～0.995	无限制	1∶1 且机泵转向一致	小	平稳安全	不方便

任务四 管路及其附件的配套

管路及其附件是抽水装置中的主要组成部分，正确设计、合理布置和安装与泵站安全运行、节省投资、改善水流条件、减少电耗有着密切关系。应根据泵型号及进水池、泵房结构、建站地点的地形地质条件合理配套设计。

一、管路配套

进水管路把水源或进水池的水向水泵输送。进水管路应具有高密封性及足够的强度和刚度，并要求水头损失小，故配套设计时应合理。

1. 管材

进水管路从管材来看，常用胶管、钢管、铸铁管。胶管寿命短、价格高，仅用于临时性抽水装置；钢管分无缝钢管、水煤气管和对焊钢管，一般进水管路采用水煤气管和对焊钢管，无缝钢管很少采用。水煤气管用于口径在150m以下的场合，对焊钢管用于口径200mm以上的场合。

2. 管径确定

为提高水泵的安装高程，减少水头损失，进水管路直径不宜太小，但从节省投资的角度考虑，进水管直径不宜定得太大，一般采用比水泵吸入口径大一级。进水管路直径按经济流速来控制，即

$$D_{进}=\sqrt{\frac{4Q}{\pi v}} \tag{5-3}$$

式中 Q——单泵流量，m^3/s；

v——管中经济流速，从 $v=1.5\sim2.0m/s$ 中选取。

注意：厂家生产水管直径已系列化，500mm以下，50mm一个等级；500mm以上，100mm一个等级。实际进水管尺寸确定时应选用系列化的标准管径。

出水管路的管材与管径确定详见项目七。

二、管路附件配套

管路系统中除有管路外还有管路附件，管路附件与泵型、管长、管路铺设方式有关，应根据安全、可靠、经济的原则选配。

1. 管件

管件是从进水管口到出水管口将管子连接起来的连接件，有喇叭管、弯管、异径管等。

(1) 喇叭管。减小进水管路的水头损失，其经济流速控制在1.0～1.5m/s，垂直吸入进口为圆形或椭圆形喇叭管；倾斜吸入进口为平削管或特制喇叭管，如图5-9所示。

(2) 弯管。常称弯头，常用的有90°、60°、45°、30°、15°等几种。可预制亦可现场制作，预制弯头可从有关手册中选择，现场制作多用若干个带斜截面的直管段焊接而成，如图5-10所示。进水管路上布置弯管时，为使叶轮进口有好的进水流态，应保证弯管与水泵进口之间有不小于4倍管径的水平距离。

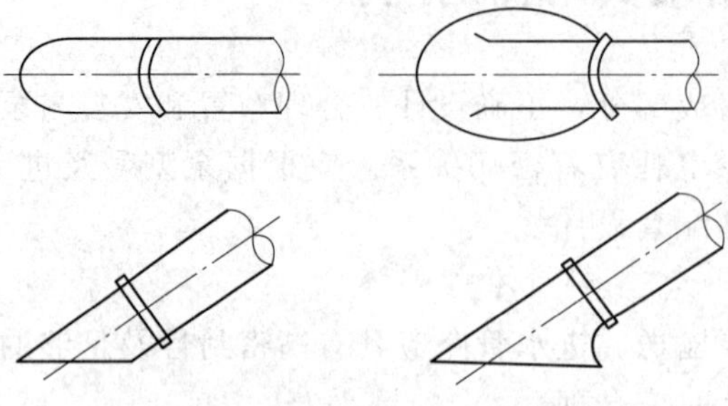

图 5-9　平削管与特制喇叭管

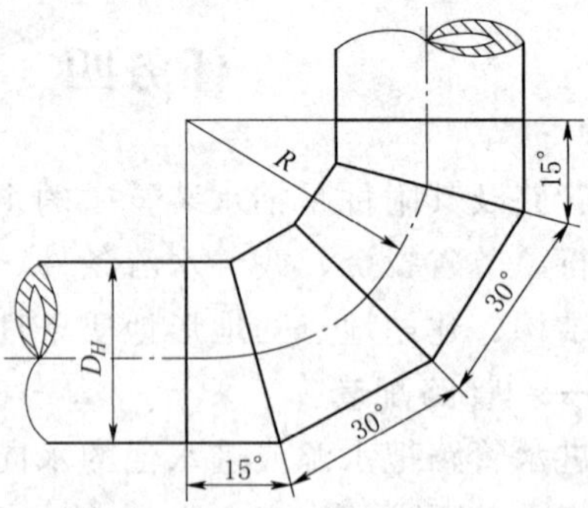

图 5-10　焊接弯管

(3) 异径管。水泵的进出口直径经常小于进出水管径，则需设渐变接管。进水管道上为避免管中有气囊，水泵进口与管道用上面水平的偏心渐缩管，如图 5-11 所示，水泵出口用同心渐放管，其长度 $L=(5\sim7)(D-d)$（D 为异径管大头内径，d 为异径管小头内径），可预制亦可现场制作。

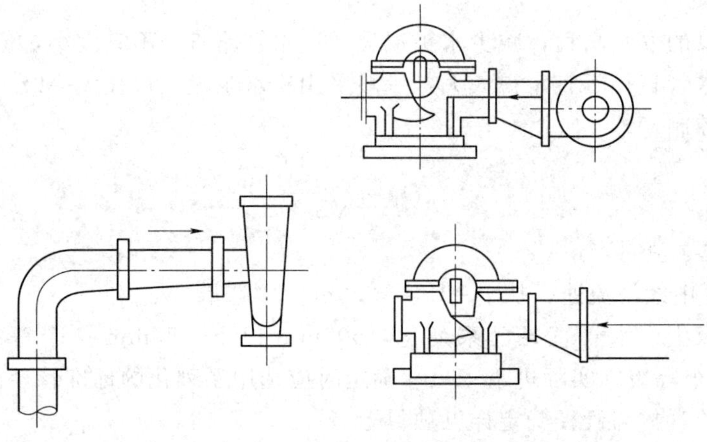

图 5-11　偏心渐缩管的布置

2. 阀件

通过改变管道过水横断面来控制管道内水体流动的装置为阀件。

(1) 底阀。为单向阀，人工充水时为防止漏水而用，机械充水时不设底阀。

(2) 闸阀。装在出水管道上，用于关阀启动，关阀停机，调节流量的附件。闸阀的选择应根据水管直径，阀件产品的类型、性能、规格、工作参数、安装使用条件等正确选择。

(3) 逆止阀。装在出水管道上，为防止事故停机时出水池和出水管中水倒流的一个单向突闭阀。由于逆止阀突然关闭，会产生很大的水锤压力，导致机组损坏，因此，中、小型泵站一般不设逆止阀，而设置拍门；高扬程、长管道的泵站，常用缓闭阀。逆止阀应根据出水管直径和阀件的性能适用条件选定。

(4) 拍门。装在出水管道出口，为防止出水池中水向出水管倒流的一个单向活门，一般由水泵厂成套供应。

三、进水管路的布置

进水管路通常处在负压状态下工作，故对进水管路的基本要求是不漏气、不积气、不进气，否则，会使水泵的工作出现故障，为此可采取以下措施：

（1）为保证进水管路不漏气，管材要求严格密封，常采用钢管，接口采用焊接或法兰连接。

（2）为了防止进水管路某处出现积气，形成气囊，影响管道的过水能力，以及严重时会破坏真空吸水，进水管应有沿水流方向连续上升的坡度，且坡度大于等于 0.005。进水管的安装与敷设应避免在管道内形成气囊。

四、真空泵充水装置

当水泵安装高于进水池水位时，机组启动前必须对泵体和出水管上闸阀以前的管道内充水排气，常用的方法有人工充水和机械充水两种。人工充水用于小型的水泵站，机械充水是大、中型泵站常用的充水方式。真空泵抽气装置是常用的一种机械充水设备，由真空泵和其他设备组装而成。真空泵常用水环式真空泵，水环式真空泵抽水装置及抽气原理如图 5-12 所示。

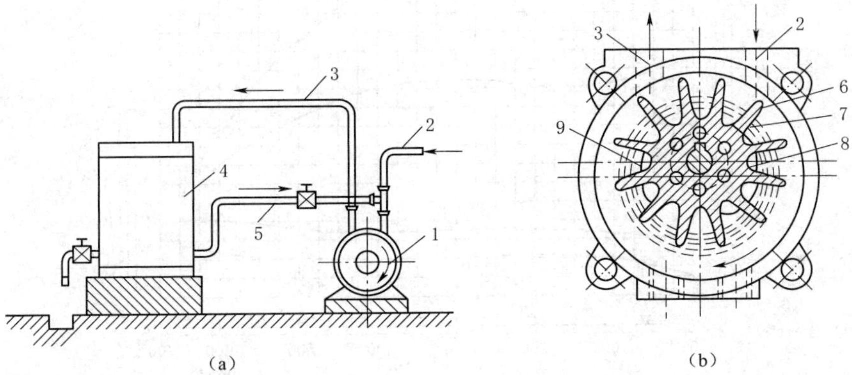

图 5-12 水环式真空泵抽水装置及抽气原理示意图

1—真空泵；2—抽气管；3—排气管；4—水气分离箱；5—循环水管；6—叶轮；7—水环；8—进气孔；9—排气孔

1. 水环式真空泵工作原理

水环式真空泵的结构特点是泵轴上安装了对于圆柱形泵壳偏心的星形叶轮，启动前泵内注入水，叶轮旋转时，由于离心力的作用，水被甩至泵体四壁，形成一个和转轴同心的水环。由于叶轮偏心，则把圆柱形泵壳内空间分成上下不等，右半圈从上向下递增，左半圈从下向上递减，在右半圈由于下边空间大，则压力小，主水泵中空气通过抽气管及真空泵泵壳端盖上进气口被吸入真空泵，到达左半圈，由下向上空间减小，压力变大，则水气混合体经过泵壳上的排气口被排出，叶轮不断旋转，水环式真空泵能把主水泵中空气全部抽走。

2. 水环式真空泵选型

真空泵是根据泵体及出水管上闸阀之前的管路和进水管中的所需抽气量选择的。抽

气量可按下式计算

$$Q_{气}=K\frac{VH_a}{T(H_a-H_s)} \tag{5-4}$$

式中 $Q_{气}$——真空泵抽气量，m^3/min；

K——安全系数，考虑水泵密封和管路漏损，一般采用1.05～1.10；

T——一台泵的抽气时间，min，离心泵小于5min，轴流泵和混流泵抽除流道内的最大空气容积的时间宜为10～20min；

H_a——当地大气压力水柱高，m；

H_s——进水池最低工作水位至泵壳顶部的高度，m；

V——出水管闸阀至进水池之间管路和泵壳内的空气总体积，m^3。

为保证工作可靠，大中型泵站中，要考虑备用机组，一般真空泵选两台，互为备用。水环式真空泵有SZB型和SZ型。图5-13所示为SZB型真空泵性能曲线。

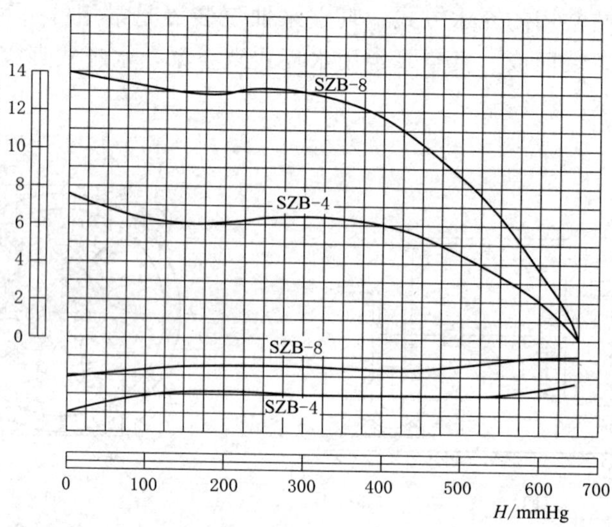

图5-13 SZB型真空泵性能曲线

【例5-3】 某提水灌区建一灌泵站，灌溉要求的设计流量为2400L/s，进水池设计水位高程为202m，出水池设计水位高程为234m，试选泵型。

解： 1. 根据设计流量拟定单泵流量

按3～9台的台数考虑，水泵的单泵流量为2400/3～2400/9=800～267(L/s)。

2. 确定泵站的设计扬程

$$H_{净}=234-202=32(m)$$

单泵流量在267～800L/s时，查表5-2水泵进口直径在300～600mm，管路直径取350～700mm。查表5-1管路水头损失占$H_{净}$的3%～10%，采用10%，则

$$H_{设}=H_{净}+h_{损}=32+10\%\times32=35.2(m)$$

3. 泵型初选

由于设计扬程较高，故选用离心泵，因为单级双吸泵的性能较好而选之。查Sh泵

的性能表，选合适的泵型，见表 5－7。

表 5－7　　合适泵型性能表

泵　　型	14Sh－13A	20Sh－13	24Sh－19
单泵流量/(L/s)	300	480	600
台数	8	5	4

4. 工作点校核

(1) 初选管路直径和管路附件。

1) 进水管路设计。管径确定：为保证水泵具有良好的进水条件，一般进水管采用单泵单管形式，另因进水管路较短，可采用钢管，进水管路直径按经济流速来控制，按下式计算

$$D_{进}=\sqrt{\frac{4Q}{\pi v}} \tag{5-5}$$

实际进水管尺寸确定时应选用系列化的标准管径，从节省投资的角度考虑，进水管直径不宜定得太大，一般采用比水泵吸入口径大一级。

流速校核：根据所选的标准直径反算流速，流速在经济流速范围，则确定直径符合要求，否则需要重新选定经济流速来确定管径，直至管中过流流速满足经济流速要求方可。

管长确定：根据水源条件、建站条件，自己设计泵房和进水池的距离，大致确定进水管长度。

附件确定：根据需要确定进水管附件。根据进水管直径确定底阀的形式、尺寸、规格；根据进水管直径和水泵口径确定异径管；自己设定弯头形式（90°、60°、30°等），可参照进水管路设计有关内容。

2) 出水管路设计。管径确定：由于泵站出水管路一般较长，可采用单泵单管，也可采用多泵并联，根据不同建站条件自行设计，根据项目七任务六确定出水管路的经济管径。若采用多泵并联，式（7－28）～式（7－30）中流量采用并联泵台数×单泵流量。一般出水管很长，可采用钢筋混凝管等。实际出水管管径应选用系列化的标准管径，同进水管一样，也要进行经济流速校核，出水管路的经济流速范围为 2.5～3.0m/s。

管长确定：根据设计泵房和出水池的距离，大致确定出水管长度。

附件确定：根据需要确定出水管附件。根据出水管直径确定闸阀、逆止阀的形式、尺寸、规格；根据出水管直径和水泵口径确定同心渐缩管；根据管路敷设形式、地形条件确定弯头形式（根据地形现场确定弯头角度，可以为任意角），可参照出水管路设计有关内容。

确定的进、出水管直径见表 5－8。

表 5－8　　进出水管直径

泵　　型	14Sh－13A	20Sh－13	24Sh－19
进水管直径/mm	500	600	700
出水管直径/mm	400	500	600

（2）工作点校核。依据设计管路的管长、管材、管径、管路附件确定管路损失系数和管路特性曲线，把水泵性能曲线和管路特性曲线绘在同一坐标系内可求出工作点，把工作点参数列入同一表内（工作点确定图略）。各泵工作点参数见表5-9。

表5-9　　工作点参数

泵　型	台数	总流量/(L/s)	总容量/kW	η/%	H_{sa}/m
14Sh-13A	8	2468	1031.2	82.10	3.5
20Sh-13	5	2726	1127.2	83.84	4.0
24Sh-19	4	2929	1175.2	85.48	2.5

从上表可知20Sh-13型泵效率较高，抗汽蚀性能好，总容量较低，流量满足，台数适中，此泵型较优。

思　考　题

1. 选择水泵时应考虑哪些因素？
2. 水泵选型的步骤与方法是什么？
3. 水泵台数与泵站的运行性能、投资有什么关系？
4. 水泵的进水管路布置有哪些要求？
5. 水泵与动力机的传动方式有哪些？各有什么优缺点？
6. 试述真空泵的工作原理及构造特点。

项目六

泵站工程规划

泵站工程是利用机电提水设备及其配套建筑物，给水流增加能量，使其满足兴利除害要求的综合性工程。泵站工程被广泛应用于国民经济的各个部门。如直接为农业生产服务的灌溉泵站、防洪除涝的排水泵站、灌溉排水结合泵站，市政工程中的给水、排水泵站，为国民经济多部门服务的跨流域调水泵站，等等。

兴建泵站工程必须认真做好规划工作，工程规划不当，不仅使泵站的效率低、成本高，而且会引起今后大量的工程改建、扩建，造成损失和浪费。我国已建成一大批灌溉、排水和灌排结合的泵站工程，在战胜干旱、洪涝灾害的过程中发挥了巨大作用，促进了农业生产的发展，保证了直接受益农作物的稳产高产，取得了巨大的经济效益。

泵站工程规划的主要任务是：确定工程规模及其控制范围，确定灌溉或排水标准，确定工程总体布置方案，选择泵站站址，确定设计扬程和设计流量，选择适宜的泵型或提出研制新泵型的任务，选配动力机和辅助设备，确定总装机容量，拟订工程运行管理方案，进行技术经济论证并评价工程的经济效益，为决策部门和泵站工程设计提供可靠的依据。

泵站工程规划必须以流域或地区水利规划为依据，根据兴建工程的目的和当地的经济、地形、能源、气象等条件，因地制宜地进行泵站站点及泵站枢纽（包括取水口、引渠、进水池、出水池、泵房、出水压力管道等）布置；结合当地的近期目标和远景目标，处理好局部和整体的利益关系；力求投资小、见效快、运行管理费用低，按照全面规划、综合治理、合理布局的原则，在正确处理局部与整体、近期与远景、提水灌排与自流灌排、提水灌排与蓄水，以及充分考虑泵站工程综合利用的基础上进行。

任务一　泵站设计标准

泵站规划中首先要解决的问题是设计标准问题。如排水泵站能够把多大暴雨产生的涝水在多长时间内排除，在选择水泵时按什么标准确定扬程、流量，在设计建筑物时以多高的水位作为防洪水位等，这些都与设计标准有关。

如果设计标准太低，虽然工程投资较少，但工程效益也小；反之，工程效益增加，工程投资也增加。因此，设计标准问题是一个技术经济问题，应根据国家统一编制的规范来确定。

一、泵站工程等别

泵站的规模，根据流域或地区规划所规定的任务，以近期目标为主，并考虑远景发展要求，综合分析确定。灌溉、排水泵站以包括备用机组在内的单站总设计流量和装机容量为分等指标；工业、城镇供水泵站以供水对象、供水规模和重要性为分等指标。具体分等见表6-1。当泵站按分等指标分属两个不同等别时，以其中的高等别为准。对于由多级或多座泵站联合组成的泵站工程，其等别可按其整个系统的分等指标确定。

表6-1　　泵站等别划分

泵站等别	泵站规模	灌溉、排水泵站		工业、城镇供水泵站
		总设计流量/(m^3/s)	装机容量/MW	
Ⅰ	大（1）型	≥200	≥30	特别重要
Ⅱ	大（2）型	200～50	30～10	重要
Ⅲ	中型	50～10	10～1	中等
Ⅳ	小（1）型	10～2	1～0.1	一般
Ⅴ	小（2）型	<2	<0.1	—

二、建筑物级别

泵站各建筑物的级别，根据泵站等别及建筑物在泵站中的作用和重要性，按表6-2确定。

表6-2　　泵站建筑物级别划分

泵站等别	永久性建筑物级别		临时性建筑物级别
	主要建筑物	次要建筑物	
Ⅰ	1	3	4
Ⅱ	2	3	4
Ⅲ	3	4	5
Ⅳ	4	5	5
Ⅴ	5	5	—

注　1. 直接挡洪的堤身式泵站，其级别应不低于防洪堤的级别。
2. 对失事后造成巨大损失或严重影响，或采用实践经验较少的新型结构的2～5级主要建筑物，经论证后，其级别可提高1级；对失事后造成损失不大或影响较小的1～4级主要建筑物，经论证后，其级别可降低1级。

表6-2中，永久性建筑物指泵站运行期间使用的建筑物。其中，主要建筑物是指失事后造成灾害或严重影响泵站使用的建筑物，如泵房，进水闸，引渠，进、出水池，出水管道和变电设施等；次要建筑物是指失事后不致造成灾害或对泵站使用影响不大并易于修复的建筑物，如挡土墙、导水墙和护岸等。临时性建筑物是指泵站施工期间使用的建筑物，如导流建筑物、施工围堰等。

三、防洪标准

泵站建筑物防洪标准应按表6-3确定。对于修建在河流、湖泊或平原水库边的堤身式泵站，其建筑物防洪标准不应低于堤坝现有防洪标准。平原、滨海区的泵站，校核防洪标准可视具体情况和需要研究确定。

表 6-3 泵站建筑物防洪标准

泵站建筑物级别	洪水重现期/a		泵站建筑物级别	洪水重现期/a	
	设计	校核		设计	校核
1	100	300	4	20	50
2	50	200	5	10	20
3	30	100			

受潮汐影响的泵站建筑物，除满足防洪要求外，还应根据工程等级，结合历史最高潮水位，按表 6-4 规定确定挡潮水位的重现期。

表 6-4 受潮汐影响泵站建筑物的防洪标准

建筑物级别	1	2	3	4	5
防潮标准重现期/a	100	50	50～30	30～20	20

任务二 灌溉泵站工程规划

灌溉泵站工程规划应在查勘灌区地形、水源、已有水利工程设施和行政区划情况，搜集水文、气象、交通、能源、灌区农作物种植和社会经济状况等资料的基础上，根据批准的流域规划或地区水利规划，初步确定工程规模和控制范围以后，进行工程的总体布置，即划分灌区、确定站址、布置枢纽，以及确定泵站的设计流量和设计扬程。

一、灌区的划分

根据提水灌区的地形、水源、能源和行政区划等条件，在规划中论证是分区控制还是集中控制，从而达到技术上可行、工程投资少、运行费用低的目的。

(一) 提水灌区划分方式

1. 一站一区式

全灌区由一个泵站集中控制，泵站将水全部抽送到灌区的最高控制点，再由一条（或多条）灌溉干渠将水经各级渠道分配到全部灌区的面积上，如图 6-1 所示。图中，A 为泵站，B 为出水管道，C 为出水池，D 为输水干渠。这种方式适用于面积小、地形高差不大的灌区。其优点是工程规模小、见效快、机电设备少且便于管理等。

2. 多站分区式

灌区内建设几个泵站，每一个泵站控制灌区的一部分面积，如图 6-2 所示。这种方式适用于面积较大、地势平坦的灌区，以及灌区内天然沟河或行政区划分界的情况。其优点是输水渠道短，交叉建筑物少。

3. 一站分区式

当灌区的面积较小，但地面高差较大时，可以在灌区内建一座泵站，安装不同扬程的水泵，向不同高程出水池供水，分别灌溉不同高程的农田，如图 6-3 所示。其优点是避免高水低灌，节约能源。

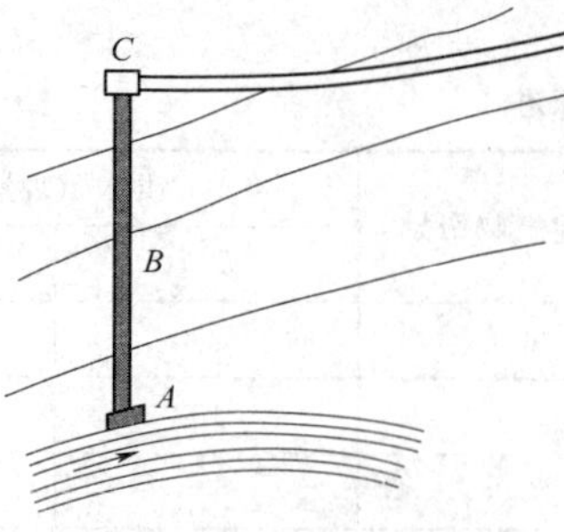

图 6-1 一站一区式

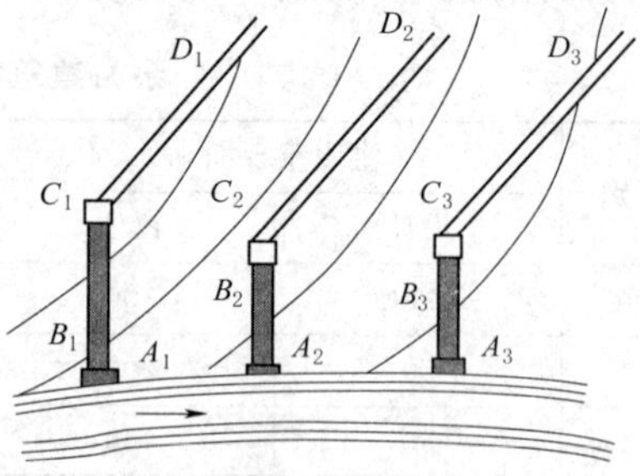

图 6-2 多站分区式

4. 多级分区式

若灌区面积大，地形高差也大，可以在灌区内的不同高程处分别建设泵站，形成梯级提水，每一级控制一部分灌溉面积，并向后一级泵站供水，避免高水低灌的现象，如图 6-4 所示。其优点是节约能源。

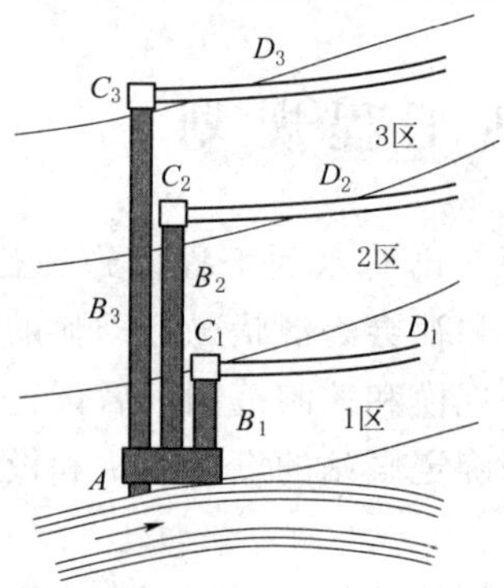

图 6-3 一站分区式

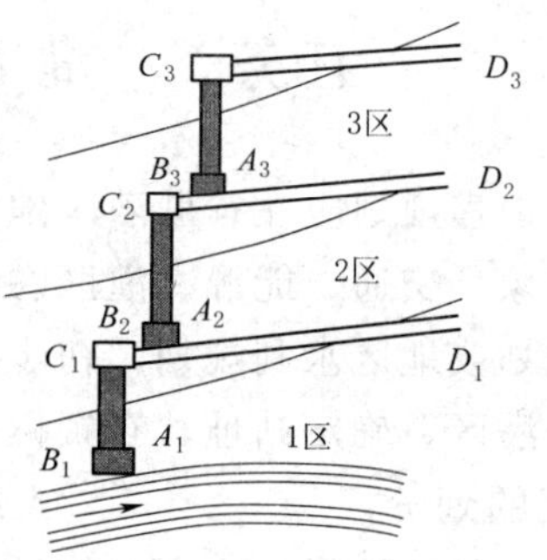

图 6-4 多级分区式

（二）高扬程灌区的分级

高扬程灌区是指面积大且地形高差也大的灌区，灌溉方式为多级分区式，各级泵站都有灌溉任务，提水流量自下而上逐级减小。

高扬程灌区规划的重点是分级。灌区分级越多，泵站越多，单位灌溉面积的工程投资和管理费用也就相应增大。同时，在上下级泵站用水的配合上、水费的计算上也会带来新的问题。但多级提水克服了高水低灌的现象，所以总装机容量要比采用一级提水小，且分级越多，总容量越小，节能效果越好。因此，高扬程灌溉工程应该从技术、经济、灌区面积分布、地形变化等方面进行综合分析，全面衡量，最后确定出最佳方案。

在灌溉级数已定的情况下，可应用最小功率法确定各级泵站的出水池水位，即近似地等于下一级泵站的站址高程。所谓最小功率法，是指按这种方法确定各级泵站的站址高程，所得多级泵站的总装机容量为最小。

最小功率法的原理为：各级泵站的净扬程就等于 $H=f(A)$ 曲线在该站站址处的坡度乘以相邻的前一级泵站的灌溉面积。下面结合实例，阐明利用最小功率法的原理确定各级泵站站址高程的图解方法。

需要说明的是，按照最小功率法确定的泵站工程的站址，只能作为选择站址高程的初步依据。因为，实际的站址还受到地形、技术和经济等诸方面条件的限制，只有进行综合分析和论证，才能最后确定各级泵站的站址。

【例 6-1】 某灌区灌溉面积 13000 亩（1 亩$=1/15\text{hm}^2$），自水源至最高控制点所需提水总扬程为 40m，计划分 4 级提水，试用图解法求总功率为最小时，各级泵站的提水高程、扬程和灌溉面积。

解： 图解时，根据表 6-5 的统计资料（该表是以一级站进水池水位为零统计的），绘制扬程-面积 $[H=f(A)]$ 关系曲线。其做法是以一级站进水池水面上的一点为原点，以面积 A 为横坐标，以扬程 H 为纵坐标绘制，如图 6-5 所示。

表 6-5 **扬程与灌溉面积关系**

扬程 H/m	5	10	15	20	25	30	35	40
灌溉面积 A/亩	500	1200	2100	3500	5000	7100	9700	13000

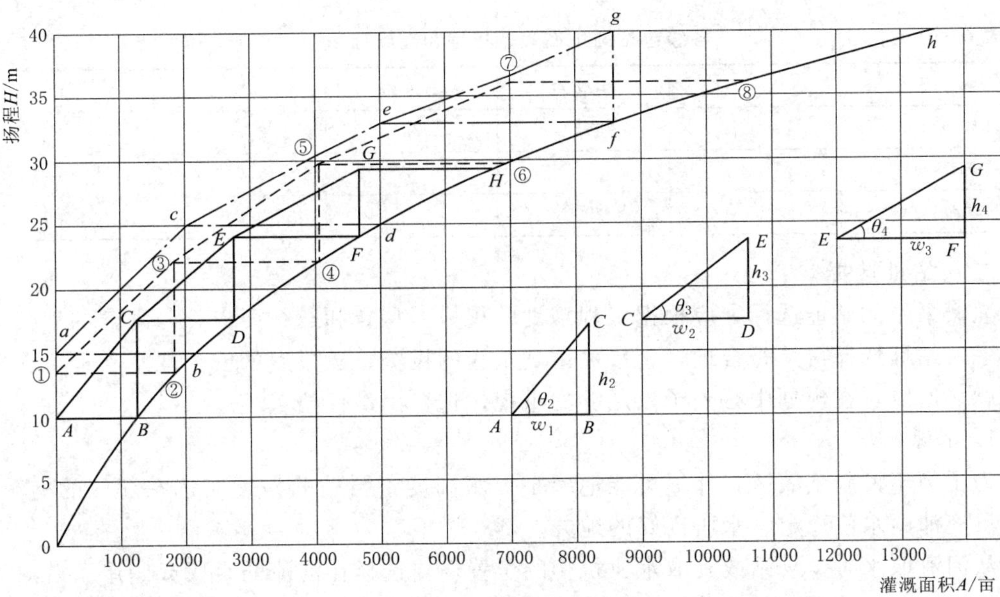

图 6-5 最小功率图解法

1. 第一次图解

先假设一级站扬程为 $H/4$，即 $40/4=10$（m），进行第一次图解，步骤如下：

(1) 从 A 点（扬程为 10m）作 B 点。

(2) 再从 A 点作 AC 线平行于 B 点的切线，并与过 B 点的垂线 BC 交于 C 点，C 点的高程为 17.5m，即为二级站的提水高程。

(3) 过 C 点作水平线交曲线于 D 点，再从 C 点作 CE 线平行于 D 点的切线，并与过 D 点的垂线交于 E 点，E 点的高程为 24m，即为三级站的提水高程。

(4) 重复上述作图法得 F、G、H 各点。G 点的高程为 29.5m，即为四级站的提水高程。但未达到 40m 高程，不符合该站要求，说明原假设的一级站扬程偏低，需调

整到 h(m)，h 值应满足下述条件，即 $h:10=40:29.5$，求得 $h=13.6$m。

2. 第二次图解

再进行第二次图解，步骤如下：

(1) 设一级站扬程为13.6m，如图中点①。

(2) 按上法，依次得②、③、…、⑧点。点⑧的高程为36.5m，该值仍达不到40m高程，说明一级站扬程仍然偏低。应再调整为 h'(m)，$h':13.6=40:36.5$，则 $h'=15$m。

3. 第三次图解

再进行第三次图解，步骤如下：

(1) 设一级站扬程为15m，如图上 a 点。

(2) 同上法，依次求得 b、c、d、e、f、g 各点，g 点高程为40m，满足本题要求。此时图解所得的各点 a、b、c、d、e、f、g 及其相应的数据，即为所求各级泵站的高程、扬程和灌溉面积，详见表6-6。

表6-6 各级泵站站址高程、扬程和灌溉面积

项目	一级站	二级站	三级站	四级站	合计
站址高程/m	0	15	25	33	
扬程/m	15	10	8	7	40
灌溉面积/亩	2100	2900	3500	4500	13000

二、站址选择

灌溉泵站的站址选择，应根据工程规划的规模、特点和运行要求，与灌区的划分一起考虑。站址选择得是否合理，直接关系到工程的投资、建成后的安全取水和运行管理等问题。所以，在规划中必须予以足够的重视，选择出最佳位置。

1. 水源

为了便于控制全灌区，并尽可能地减小提水高度，泵站的站址应选在灌区的上游，且水量充沛、水位稳定、水质良好的地方。

从河流取水时，泵站或其取水建筑物的位置，要选择在河流的直段或凹岸下游河床稳定的河段上，不要选在容易引起泥沙淤积、河床变形、冰凌阻塞和靠近主航道的地方。尽可能地避免在有沙滩、支流汇入或分岔河段上建设泵站及其取水建筑物。此外，还应注意河流上已有建筑物对站址的影响。例如，在建有丁坝、码头或桥梁等建筑物时，其上游水位被壅高，而下游水流发生偏移，容易形成淤积。因此，站址或取水口宜选在桥梁的下游丁坝、码头同岸的上游或对岸的下游。同时，也应防止后建建筑物对站址或取水口的影响。

从水库取水时，因水库水位变幅较大，应首先考虑在坝的下游建站的可能性，且要远离易淤积的区域。其次，站址要靠近灌区，岸坡应稳定，取水要方便。

2. 地形

泵站应选在地形开阔、岸坡适宜的地方。站址地形应满足泵站建筑物布置，土石开挖量较小，便于通风采光，对外交通方便，适宜布置出水管道、出水池和输水渠道，并

便于施工等。同时，要考虑占地、拆迁因素，尽量减少占地，减少拆迁赔偿费用。

3. 地质

泵站的主要建筑物应建在岩土坚实、抗渗性能良好的天然地基上，不能选在断层、滑坡、软弱夹层及有隐患的地方。如遇淤泥、流沙、湿陷性黄土、膨胀土等地基不可避开时，应慎重研究确定基础类型，采取相应的基础加固措施。

4. 交通

选择站址时，应充分考虑交通问题，尽量使交通方便，以便于设备及材料运输和工程的管理。

5. 电源及其他

为了降低输变电工程的投资，泵站应尽可能靠近电源，减少输电线路的长度。同时应尽可能靠近居民点，以及考虑工程建成后的综合利用问题，也应考虑到今后扩建的可能性。

三、枢纽的组成及其布置

枢纽布置是在站址选定后需要进行的一项重要工作。布置是否合理，将直接影响泵站的安全运行和工程造价。

枢纽的组成包括泵房、进水建筑物（进水闸、引渠前池和进水池等）、出水建筑物（出水管道、出水池或压力水箱等）、专用变电、其他枢纽建筑物和工程管理用房、职工住房、内外交通、通信以及其他管理维护设施等。它们的组合和布置形式取决于建站目的、水源特征、站址地形、站址地质和水文地质等条件。

从河流（渠道或湖泊）取水的泵站，一般分为引水式和岸边式两种。当水源与灌区控制高程之间距离较远，站址的地势平坦时，采用引水式布置（图 6-6），利用引渠将水从水源引至泵房前，泵房接近灌区，这样可以缩短出水管道的长度。当水源水位变化不大时，可不设进水闸控制；当水源水位变幅较大时，在引渠渠首设进水闸，这样既可控制进水建筑物的水位和流量，又有利于水泵的工作和泵房的防洪。但泵房常处于挖方中，地势较低，影响泵房的通风和散热。

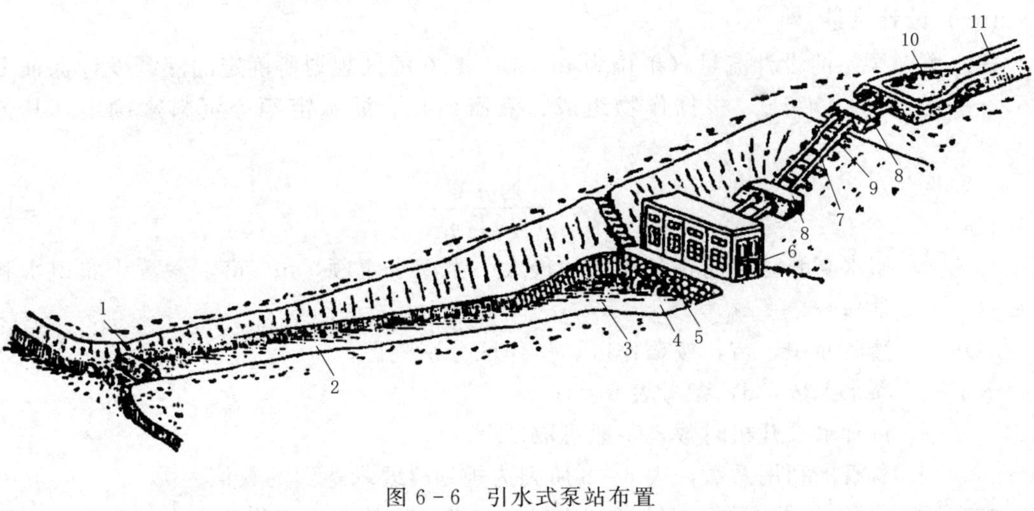

图 6-6　引水式泵站布置

1—进水闸；2—引渠；3—前池；4—进水池；5—进水管；6—泵房；7—出水管道；8—镇墩；9—支墩；10—出水池；11—灌溉干渠

当灌区靠近水源，或站址地面坡度较陡时，常采用岸边式泵站的布置形式（图 6-7），即将泵房建在水源的岸边，直接从水源取水。根据泵房与岸边的相对位置，其进水建筑物的前沿有与岸边齐平的，也有稍向水源凸出的。这种布置形式的不足之处是水源水位直接影响水泵的工作和泵房的防洪，泵房的工程投资较大。

图 6-7 岸边式泵站布置

1—进水池；2—机房；3—出水池；4—翼墙

从多泥沙河流上取水的泵站，当具备自流引水沉沙、冲沙条件时，应在引渠上布置沉沙、冲沙设备；当不具备自流引水沉沙、冲沙条件时，可在岸边设低扬泵站，布置沉沙、冲沙及其他除沙设施，为泵房抽引清水创造条件。

从水库取水的泵站，当水库岸边坡度较缓、水位变幅不大时，可建引水式固定泵房；当水库水位变幅较大时，可建岸边式固定泵房或竖井式（干室型）泵房；当水库水位变幅很大时，可以采用移动式（缆车式、浮船式）泵站或潜没式固定泵房。

四、设计参数（*Q*、*H*）的确定

泵站的设计流量 Q 和设计扬程 H 是水泵选型的基本依据。

（一）设计流量

提水灌区泵站的设计流量（单位为 m^3/s），是在灌区规划所确定的灌溉设计保证率（85%～95%）的条件下，根据作物组成、灌溉面积、灌水定额等资料来确定，其公式为

$$Q_{设}=\frac{\sum mA}{3600Tt\eta_{灌}} \tag{6-1}$$

式中 m——用水高峰时段内各种作物的最大一次灌水定额，m^3/亩，参看《农田水利学》；

A——灌溉面积，亩，按稻作区、旱作区分别统计；

T——灌水天数，d，参考表 6-7；

t——每日水泵开机时数，一般可取 24h；

$\eta_{灌}$——灌溉水利用系数，表 6-8 所列为规划时要求达到的数值。

在有调蓄容积的提水灌区，灌溉站应尽量与塘、库等蓄水工程相结合，充分利用调蓄容积，削减用水峰量，从而减小泵站的装机容量和能源消耗。

表 6-7　　作物不同生长期灌水天数

作物种类	生长期	灌水天数/d	作物种类	生长期	灌水天数/d
水稻	泡田水	7～15	棉花	播前灌	10～30
	生长期补水	3～5		苗期、花铃期	6～10
冬小麦	播前灌	10～20		吐絮期	8～15
	拔节后灌	10～15			

表 6-8　　提水灌区灌溉水利用系数 $\eta_{灌}$ 参考值

灌溉面积/万亩	<1	1～10	10～30	30～50	>50
$\eta_{灌}$	0.85～0.75	0.75～0.70	0.70～0.65	0.60	0.55

在缺乏资料的情况下，根据已建成灌溉工程的统计资料，也可用下列公式估算设计流量（单位为 m^3/s）

$$Q=MA \tag{6-2}$$

式中　A——灌溉面积，万亩；

M——灌水模数，即单位灌溉面积所需灌溉用水流量，$m^3/(s\cdot 万亩)$，参考表 6-9。

表 6-9　　部分地区的灌水模数

地　区	灌水模数/[$m^3/(s\cdot 万亩)$]	地　区	灌水模数/[$m^3/(s\cdot 万亩)$]
南方平原湖区	1.33～1.0	关中地区（小型灌区）	1.0
南方丘陵地区	1.0～0.67	陕南、陕北	1.0
关中地区（大、中型灌区）	0.5～0.4		

【例 6-2】 山西某灌区的灌溉面积为 40 万亩，其他资料缺乏。试确定该灌区设计流量。

解： 根据题意，代入式（6-2），得

$$Q=MA=0.5\times40=20(m^3/s)$$

故该灌区设计流量为 $20m^3/s$。

（二）特征水位与特征扬程

1. 特征水位

（1）进水池水位。

1）防洪水位。对于直接挡洪的泵房，可根据泵房建筑物的级别，采用表 6-3 规定的设计防洪标准，推求泵房的设计防洪水位。防洪水位是确定泵房建筑物防洪墙顶部高程的依据。

2）最高运行水位。用于确定泵站的防洪高程和最小扬程。根据建筑物防洪设计标准所规定的保证率来计算，一般采用灌期某一保证率（例如 10%～20%）的水源日水位来推求。若泵站位于防洪堤内，泵房前设有进水闸，下水位受到节制，应根据具体情况来确定，一般按灌溉期内河最高蓄水位来推求；从渠道取水时，取渠道通过加大流量时的水位。

3）设计水位。用于确定泵站的设计扬程等。以江河、湖泊或水库为水源的泵站，采用历年灌溉期相应于灌溉设计保证率85%～95%的水源日或平均水位；以渠道为水源的泵站，采用渠道的设计水位。

4）最低运行水位。用于确定水泵的安装高程和进水闸的底板高程等。以江河、湖泊和水库为水源的泵站，取历年灌溉期保证率95%～97%的最低日平均水位；从渠道取水时，取渠道通过单泵流量时的水位。

5）平均水位。从河流、湖泊或水库取水时，取灌溉期多年日平均水位；从渠道取水时，取渠道通过平均流量时的水位。

（2）出水池水位。

1）最高运行水位。用以确定出水池的墙顶高程。当出水池与输水河道相接时，取输水河道的校核洪水位；当出水池与输水渠道相接时，取泵站最大流量时出水池中相应的水位。

2）设计水位。当灌区的干渠通过设计流量时，出水池（即灌区干渠的渠首）中相应的水位即设计水位，应按灌区末级渠道的设计水位推算出来。

3）最低运行水位。一般为泵站运行时单泵流量相应的出水池水位，用来确定出水池内出水管道的管口上缘高程。

4）平均水位。取灌溉期多年平均水位。

2. 特征扬程

（1）设计扬程。设计扬程是出水池与进水池设计水位之差，再加相应的管路水力损失。在此扬程下，泵站的提水流量必须满足灌溉设计流量的要求，设计扬程为选择泵型的主要依据。设计扬程可按下列公式确定

$$H_{设}=H_{净}+h_{损} \tag{6-3}$$

式中 $H_{设}$——灌溉泵站设计扬程，m；

$H_{净}$——灌溉泵站设计净扬程，m；

$h_{损}$——泵站进出水管路损失扬程，m，此值可按（5%～15%）$H_{净}$估算，当$H_{净}$值低于10m时，可取较高的百分数，当$H_{净}$值高于30m时，可取较低的百分数。

【例6-3】 某乡镇拟兴建一座灌溉泵站。根据灌区规划，站址处水源水位在灌溉期的平均值为4m，灌渠首设计水位为85m。通过初步布置，泵房离水源约300m，拟用明渠引水。试确定该泵站的设计扬程。

解： 泵房距水源300m，进水池至水源间的引水损失估算为0.15m，则进水池设计水位可定为4－0.15＝3.85（m）。出水池与渠首连接考虑有0.1m合理壅高，则出水池设计水位为85＋0.1＝85.1（m）。进出水管路损失扬程按15%$H_{净}$估算为0.15×(85.1－3.85)＝12.19（m），则该站设计扬程为

$$H_{设}=H_{净}+h_{损}=(85.1-3.85)+12.19=93.44(\text{m})$$

取整数93m。

（2）平均扬程。平均扬程是泵站灌溉期中出现概率最大，运行历时最长的工作扬程（对于低扬程泵站，可取代设计扬程）。水泵在平均扬程工况下，能处于高效率区运行，

单位消耗能量最少。平均扬程一般按泵站进、出水池平均水位差，并计入水力损失确定。对于提水流量年内变化幅度较大，水位、扬程变化幅度也较大的泵站，应根据设计典型年泵站提水过程中各时段的流量、扬程和相应历时用加权平均法来确定。其计算公式为

$$\overline{H}=\frac{\sum H_iQ_it_i}{\sum Q_it_i} \tag{6-4}$$

式中 $\overline{H}$——灌溉泵站平均扬程，m；

H_i——相应时段的泵站运行扬程，m；

Q_i——相应时段的泵站提水流量，m^3/s；

t_i——提水期间各时段的历时，d 或 h。

（3）最高扬程。它等于出水池最高水位与进水池最低水位之差，再加相应的管路水力损失。泵站在此扬程下工作，提水流量将小于灌溉设计流量。对于具有下降型 $Q-P$ 曲线的泵型（如轴流泵），应按此运行工况来选配动力机的功率。

（4）最低扬程。它等于出水池最低水位与进水池最高水位之差，再加相应的管路水力损失。水泵在此扬程下工作时，单泵流量为各运行工况中的最大值。对于具有上升型 $Q-P$ 曲线的泵型（如离心泵），应以此运行工况选配动力机的功率。另外，最高、最低扬程时水泵工况应在水泵的高效率区范围内，并应校核水泵是否发生汽蚀。

任务三 排水泵站工程规划

排水泵站工程的任务是排涝、排渍，减轻洪涝灾害。

排水泵站工程建于沿江（河）滨湖、滨海圩垸和平原地区的低洼地带，暴雨季节涝水不能自流排出，必须提排才能避免或减轻涝灾的地方。规划中应充分注意到暴雨历时短水量大的特点；充分利用地形高差和有利时机，自流排水；充分利用区内河、湖、沟、渠等作为调蓄容积，以削减洪峰，减少装机容量。另外，排水泵站在整个使用期间的运行时间很短，应尽量使其兼作排涝、排渍、治碱、灌溉提水，又能进行加工生产、调相运行、改善环境等方面的服务，提高设备利用率，充分发挥工程的综合效益。

一、排水区的划分

根据排水地区的面积和地形等自然条件，贯彻高低水分流、主客水分流、自排为主、自排与抽排结合、排蓄与排灌兼顾的原则，划分排水区域，使泵站布局合理从而达到装机容量少、投资省、设备利用率高的要求。常见的排水区划分有以下几种。

（一）一级排水

1. 一区一级排水

地形高差不大、排水面积不大的地区，在排水出路集中时，可采用一圩一站、一区一级排水的布置形式。即在区内低洼处建站，控制全区涝水，集中外排，如图 6－8 所示。

2. 分区一级排水

在排水区面积较大时，应结合地形和排水出路等条件，适当分区，进行分区一级排水。若地形高差较大，如圩区毗邻丘陵，高处涝水下泄时，易加剧内涝灾害。这种情况下，可在适当高程处，沿等高线挖沟截流（称为高排沟），涝水经沟端高排闸排入承泄区，实现高水高排的目的。区内低洼处另建排水泵站和低排闸，涝水经低排沟集中后，由排水泵站（或低排闸）外泄，如图 6-9 所示。这样可减少排涝站的装机容量，增加设备的利用率。

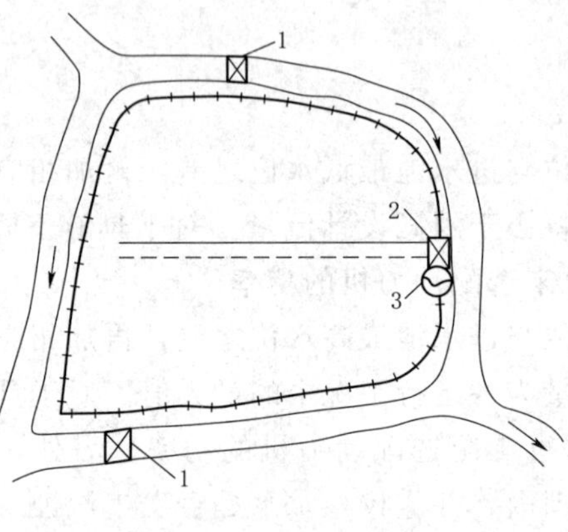

图 6-8　一区一级排水
1—节制闸；2—排水闸；3—排水站

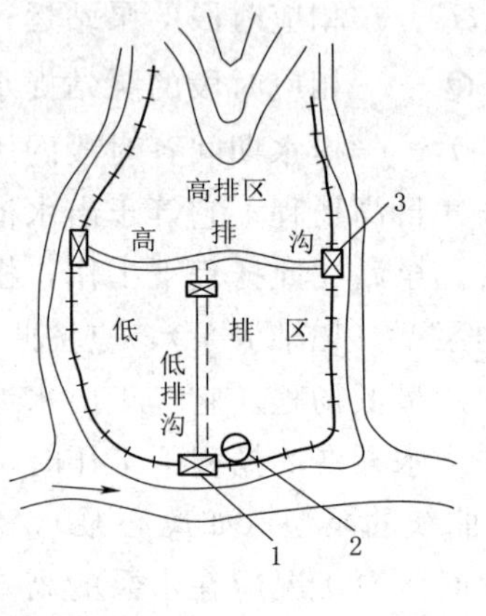

图 6-9　分区一级排水
1—低排闸；2—排水站；3—高排闸

（二）分级排水

在排水面积较大，地形比较复杂，地面高差也大，区内有湖泊等蓄涝容积的排水区，可采用分区分级的排水方式，如图 6-10 所示。根据自然地形条件，将全区分成若分区，分区内地形高差较小，然后各分区根据具体条件建闸或站进行自排或抽排，如图 6-10 中沿承泄区的各分区。其中高排区为自排区，设排水闸自排。低排区为抽排区，需建外排站（又称一级站）进行抽排。同时利用湖泊滞涝，在滨湖各低洼地区分区后建内排站（又称二级站），将涝水抽排入湖内暂蓄，等外排站抢排各低排区的涝水后，再将湖内涝水经排水沟送至外排站排出，腾空内湖蓄水容积，以供下次治涝用。由于排湖时间不受作物耐淹时间限制，就可以延长全区一次暴雨后的总排水时间，从而削减排水站的

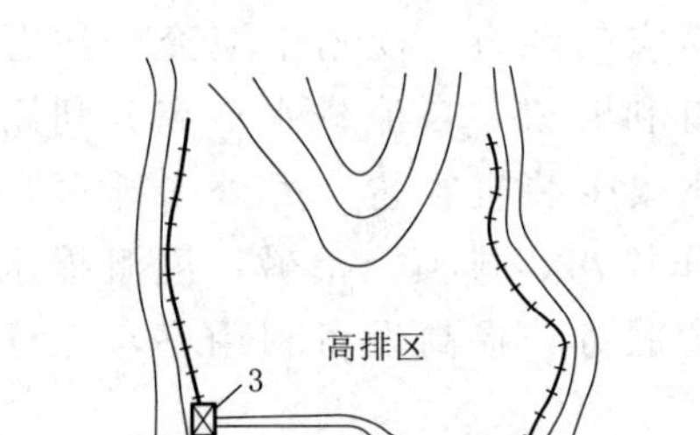

图 6-10　分区分级排水
1—外排站；2—内排站；3—排水闸

设计流量，减少总装机容量，节省投资。

二、站址选择

以排涝为主的排水泵站，站址应选在排水区的较低处，与自然汇流相适应；要尽可能靠近河岸且外河水位较低的地段，以便降低排水扬程，减少装机容量和电能消耗并缩短排水渠的长度；尽量利用原有排水渠系和涵闸设施，减少工程量和挖压耕地的面积；充分考虑自流排水条件，尽可能使自流排水与提排相结合。

站址和排水渠应选在承泄区岸坡稳定、冲刷和淤积较少的地段；应有适宜的外滩宽度，以利于施工围堰和料场布置，而且不使泄水渠过长。其他要求，则与灌溉泵站的站址选择相同。

三、枢纽布置

排水泵站枢纽由自排和抽排两种排水方式的建筑物组成。排水泵站布置的最佳形式为抽排和自排建筑物的结合，常见布置方式如下。

1. 分建式

图 6-11 所示为正向进水、正向出水、自排与抽排相结合的排水泵站总体布置。这种布置形式，排水站的引渠和排水渠相交，为保证水流平顺地流向进水池，其交角不应大于 30°，并应有足够的曲率半径和长度（5 倍道水面宽），排水堤后建排水闸控制自流排水。排水闸和泵站是各自独立的，适用于原先已建有排水闸，单靠自流排水不能解决内涝问题，需建站在关闸期间排水的情况。具有进、出水池的水力条件好，建筑物易于布置等优点，是实际工程中应用较多的布置形式。

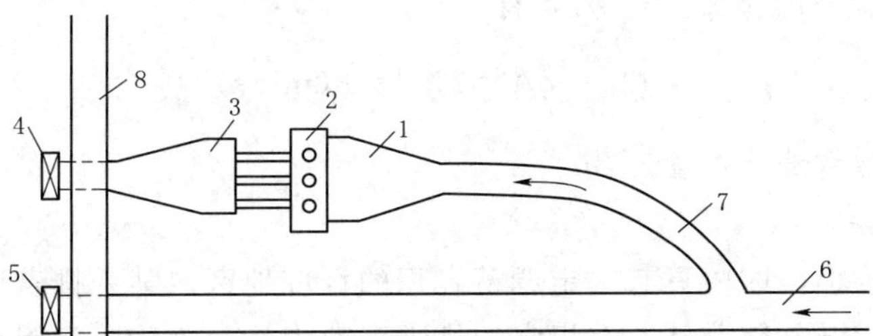

图 6-11 分建式

1—前池；2—泵房；3—出水池；4—防洪闸；5—自流排水闸；6—排水干渠；7—引渠；8—河堤

2. 合建式

图 6-12 所示为合建式排水泵站总体布置。特点是布置紧凑，投资较省，但水力条件往往较差，适用于地形受限，地质条件较差，闸、站同时兴建的情况。枢纽布置方式应根据规划要求及站址处的自然条件进行具体分析研究，选用最合理的布置方案。

四、设计参数（Q、H）确定

（一）设计流量

确定排水站设计流量的主要依据，是规划中确定的治涝设计标准相应的降水量及排

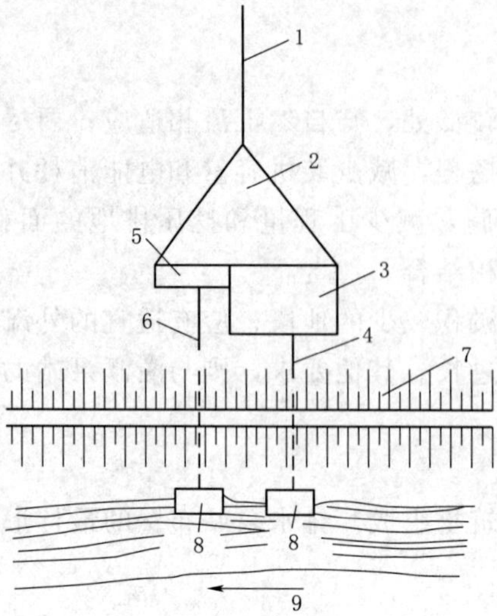

图 6-12 合建式

1—排水干渠；2—前池和进水池；3—泵房；4—出水管道；5—自流排水闸；6—自流排水管；7—河堤；8—泄水建筑物；9—容泄区

水区面积和地形，以及河湖的调蓄水量、田间蓄水量和作物耐淹深度等。可按下述方法，结合各地区具体情况进行计算。

1. 排涝模数法

排涝模数是指在某一设计暴雨情况下，排水区单位面积上的最大排涝流量，再考虑排水区面积，就可确定设计流量，即

$$Q_{设}=qA \tag{6-5}$$

式中 $Q_{设}$——排涝设计流量，m^3/s；

q——设计排涝模数，$m^3/(s \cdot km^2)$，可根据各地区经验公式计算，我国南方不少地区采用 $2m^3/(s \cdot km^2)$；

A——排水面积，km^2。

排涝模数法适用于产流历时小于排水历时的小面积排水区的情况。

【例 6-4】 南方某小城镇的防洪圩区面积为 $4km^2$，其他资料缺乏。试确定该城镇防洪排水设计流量。

解：根据题意，代入式（6-4），得

$$Q_{设}=qA=2\times4=8(m^3/s)$$

故该城镇的防洪排水设计流量为 $8m^3/s$。

2. 平均排除法

排水区面积较小，区内具有一定调蓄容积的圩垸地区，某一排涝设计标准所确定的暴雨径流总量，除滞蓄部分外，在规定的排涝天数内均匀排除，可用平均排除法进行计算，其公式为

$$Q_{设}=\frac{1000[A(P-h)+A'CP]-\overline{V}}{3600Tt} \tag{6-6}$$

式中 $Q_{设}$——排水站设计流量，m^3/s；

A——排水区内水稻田面积，km^2；

P——设计暴雨量，mm；

h——排水临界期（作物最不耐淹同时又出现集中暴雨的时间）内水稻田允许的净蓄水深，mm，一般取 50～70mm；

A'——排水区内旱地和非耕田面积，km^2；

C——旱地和非耕田暴雨径流系数，参见各省的水文站观测总结资料；

$\overline{V}$——调蓄容积，m^3；

T——排水天数，d，由排涝设计标准确定；

t——日开机时间，h，中小型排水站取20～22h，大型排水站取24h。

计算中，因圩堤渗漏量、船闸通航放水量以及蒸发量、水田渗漏量等，有的量较小，有的可以互相抵消，因此未予考虑。

小面积排水区内有较大的调蓄容积，可根据设计暴雨量推算进入调蓄区的径流量、调蓄容积以及排水时间进行调蓄演算，确定设计流量，具体方法可参阅《工程水文学》（王文川）教材。

（二）特征水位与特征扬程

1. 特征水位

（1）进水池水位（又称内水位）。

1）最高水位。排水区建站后重现期为10～20年一遇的内涝水位，是决定泵房电机层楼板高程或泵房进水侧挡水墙高程的依据。

2）设计水位。由排水渠道首端的设计排涝水位沿各级排水沟推算到进水池的水位，也是排涝期间站前经常出现的水位，是计算确定泵站设计扬程的依据。

3）最高运行水位。排水泵站正常运行的上限排涝水位。根据排涝设计标准和排涝方式，通过综合分析计算确定。

4）最低运行水位。排水泵站正常运行的下限排涝水位，是确定水泵安装高程和进水管进口高程的依据。最低内水位应根据农作物对地下水埋深要求、湖泊调蓄容积的预降水位及航运、水面养殖等综合利用要求，进行分析演算来确定。低于最低运行水位将使水泵产生汽蚀、振动，给工程运行带来困难。

5）平均水位。取与设计水位相同的水位。

（2）出水池水位（又称外水位）。

1）设计水位。确定设计外水位时，应根据历年外河水文资料，选取每年排涝期3～5日连续最高水位平均值进行排频，然后取相应于重现期5～10年一遇的外河水位作为设计水位。在某些经济发展水平较高的地区或有特殊要求的粮棉基地和大城市郊区，如条件允许，对特别重要的排水泵站，可适当提高排涝设计标准。

2）最高运行水位。用来确定排水站的最高扬程，它是选泵时的校核扬程。在此水位下，应能保证泵站的正常运行。当外河水位变幅较大时，取重现期10～20年一遇的外河水位3～5日平均水位作为最高水位；若外河水位变幅较小，采用泵站设计洪水位（根据水工建筑物级别所规定的防洪设计标准来推算）作为最高外水位。对特别重要的排水泵站，可适当提高排涝设计标准。

3）最低运行水位。确定出水管道出口（或压力涵洞出口）淹没高程的依据。一般采用频率为80%～90%的外河日平均水位，或采用排涝期间外河历年最低水位的平均值作为最低运行水位。在最低运行水位工况下，要求泵站机组仍能安全运行。

4）平均水位。取承泄区排水期多年日平均水位。

2. 特征扬程

排水泵站的特征扬程与灌溉泵站特征扬程的计算方法相同。

任务四 灌排结合泵站枢纽布置

当外河水位低于灌区内田面，作物需要灌溉时，泵站作为灌溉泵站进行提水灌溉；当外河水位高于区内田面，区内涝水需要抽排时，泵站作为排水泵站将水排至外河，这种兼有灌溉和排水双重功能的泵站，称为排灌泵站。排灌泵站有站闸分建与站闸合建两类。

一、站闸分建式

图 6-13 所示是站闸分建的布置形式。为保证排水通畅，将排水干沟、前池、进水池、出水池和排水涵闸布置在一直线上，而将引渠转弯与前池相连。弯段要有足够的转弯半径。引渠的取水口布置在凹岸上，引水较顺畅。排水涵洞出口的水流方向面向外河下游，且与外河水流方向斜交，以避免排水时水流冲刷对岸。排水时，水流由排水干沟经引渠自流排至外河。不能自流排水时，关闭进水闸，由泵站提水外排。灌溉时，关闭排水闸和防洪闸，由外河引水，通过泵站提水送至灌溉干渠。图 6-8 所示的布置形式，适用于灌溉扬程与排水扬程相差不大的情况。当上述两种扬程相差较大时，则应考虑建两个出水池，高池灌溉，低池排涝。

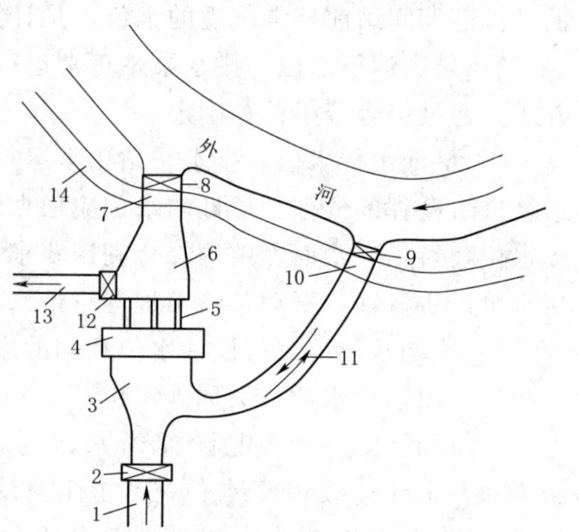

图 6-13 分建式灌排泵站布置

1—排水干沟；2—排水闸；3—前池；4—泵房；5—出水管；6—出水池；7—排水涵洞；8—防洪闸；9—进水闸；10—引水涵洞；11—引渠；12—灌溉闸；13—灌溉干渠；14—防洪堤

二、站闸合建式

如图 6-14 所示是站闸合建的布置形式。该站采用双向流道，泵房最下层既是进水流道，又是引水或排水的涵洞，进水流道顶板面上是出水流道。如外江水位较低，可以关闭上层闸门 5、打开下层闸门 6，内河水则可自流排入外江；若外江水位较高不能自排，则关闭灌溉闸门 7，打开上层闸门 5，并关闭下层闸门 6，封闭通向内河的出水流道口，抽排入江。灌溉时，若外江水位较高，可打开防洪闸门 8、上层闸门 5 和灌溉闸门 7，关闭下层闸门 6，引江自灌；若外江水位较低，则打开下层闸门 6 和灌溉闸门 7，并关闭上层闸门 5，封闭通向外江的出水流道口，进行提水灌溉。这种布置形式泵房直接挡水，所以适用扬程较低、内外水位变幅不大的场合。根据经济比较，采用合建式比分建式可节省投资 1/3 以上。

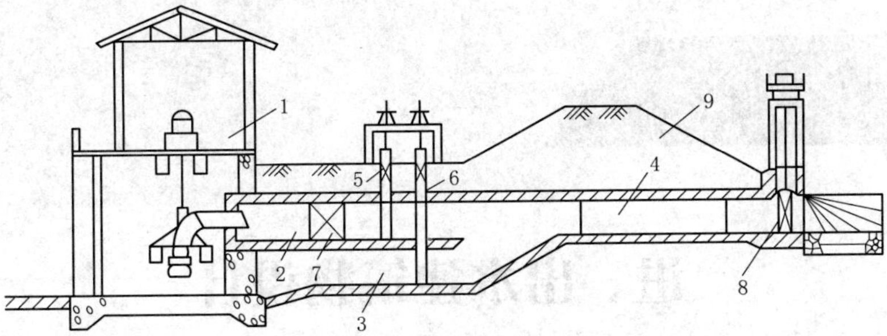

图 6-14　合建式灌排泵站布置

1—泵房；2—压力水箱；3—底洞；4—压力涵洞；5—上层闸门；6—下层闸门；7—灌溉闸门；8—防洪闸门；9—防洪堤

思　考　题

1. 什么是泵站工程？
2. 泵站工程规划的主要内容是什么？
3. 搞好泵站工程规划，必须处理好哪几个关系？
4. 灌溉泵站与排涝泵站的枢纽总体布置有哪些区别？
5. 灌溉泵站的站址选择应遵循哪些原则？
6. 提水灌区的划分方式有哪些？各适用于什么场合？
7. 简述高扬程灌区的分级级数与总装机容量的关系。
8. 何为最小功率法？采用最小功率法确定站址高程有何优缺点？
9. 简述泵站枢纽的组成。各有何功能和作用？
10. 如何正确了解泵站的设计流量与水泵的设计流量的关系？
11. 泵站的特征水位有哪些？水位与扬程有什么关系？如何确定特征扬程？

项目七

进、出水建筑物设计

泵站进、出水建筑物是保证机组能否充分发挥其应有的效应，提高泵站效率，达到安全、节能、降低工程造价、降低抽水成本的主要建筑物。进、出水建筑物是泵站工程的重要组成部分，一般包括引渠、前池、进水池、出水管道和出水池等。进、出水建筑物选型和设计的正确与否直接影响机组的安全运行、机组性能的发挥程度和工程投资、年运行费的高低。因此，要掌握进、出水建筑物设计的一般方法。

任务一　引　　渠

一、引渠的作用

引水渠是连通水源（或排水区）与泵房的明渠，简称引渠。其主要作用有以下几方面：

（1）可以使泵房尽可能接近灌区（或承泄区），以缩短输水管道的长度，从而节省工程投资和能量损耗。

（2）为水泵正向进水提供条件。

（3）可以避免泵房与水源直接接触，从而简化泵房结构和方便施工。

（4）对于从多泥沙的水源中抽水的泵站，还可以提供设置沉沙池的场地并为前池利用自流冲沙提供必要的高程。应当指出的是，在水源水位变幅较大、地面坡度又比较平坦，设置引渠不经济时，也可以采用引水管道。

二、对引渠的要求

（1）有足够的过水断面，以满足引水流量的要求。

（2）应尽量避开地质构造复杂、渗透性大和有崩塌可能的地段，渠身宜坐落在挖方地基上，并应少占耕地。

（3）要有拦污、沉沙、冲沙（对于多泥沙河流）、拦冰（对于寒冷地区）等设施，防止污物、有害泥沙、冰块进入前池。

（4）应为前池、进水池提供良好的水流条件，动能损失要小。渠中流速要小于不冲流速而大于不淤流速，以防止冲刷和淤积。

（5）尽量顺直（必须转弯的土渠弯道半径应大于 5 倍渠道水面宽，石渠及衬砌渠弯道半径宜大于 3 倍渠道水面宽，弯道终点与前池进口之间宜有大于 8 倍渠道水面宽的直段长度），尽量减少渠上的建筑物，以减小水力损失。

三、引渠的类型

泵站的引渠分为自动调节引渠和非自动调节引渠。

1. 自动调节引渠

自动调节引渠的渠顶高程沿程不变，且高于渠内可能出现的最高水位，通常引渠较短，底坡平缓。引渠进口一般不设控制建筑物，它具有一定的调节容积，可以适应泵站在不同流量时的工作需要（图 7－1）。

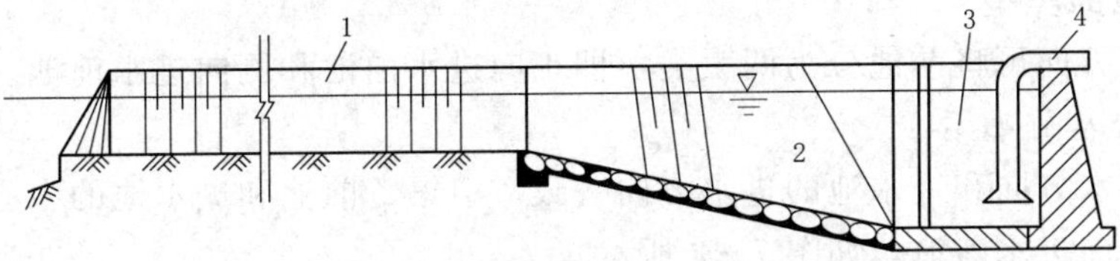

图 7－1 自动调节引渠

1—引渠；2—前池；3—进水池；4—进水管

2. 非自动调节引渠

当引渠较长，且泵站附近的渠道处于半挖半填的地段时，应采用非自动调节引渠。如果采用自动调节引渠，则挖方量较大，经济上不合理。

非自动调节引渠的渠顶沿程具有一定的坡降，一般和渠底坡降相同。这种引渠没有调节容积，只适应泵站的设计流量，如果水泵的抽水流量减小，引渠中就会出现壅水曲线且有可能发生漫顶的危险。因此，需在引渠的末端设置侧向溢流堰或在引渠的进口处设置启闭灵活的控制闸以进行调节。

灌溉泵站的泵房通常位于灌区控制高程附近，其引渠常在挖方之中，一般采用自动调节引渠。从自流渠道中引水的灌溉泵站，以及多级站中二级以上各级站的引渠和小型排水站的引渠（因流量变化小），可采用非自动调节引渠。

四、引渠断面设计

引渠断面设计包括渠道的纵、横断面设计。纵、横断面的设计是相互联系并互为条件的，在实际工作中不能截然分开，往往需要将两者设计交替进行，反复计算和比较，最后确定合理的设计方案。

渠道设计应满足纵向稳定和平面稳定的要求。纵向稳定是指渠道在设计条件下不发生冲刷，也不发生淤积，或者在一定时期中冲淤平衡。平面稳定是在设计条件下渠道不发生左右摆动，渠床和两岸不会局部冲刷或淤积。引渠采用泵站最大流量为设计流量，按明渠均匀流进行断面设计，用不冲流速和不淤流速进行校核。经技术经济比较后确定出最佳方案，其原则和方法见《农田水利学》。

任务二 前 池

前池的作用是为水泵输送足够的流量和创造平顺、均匀的进水条件。前池对水泵的正常运转有直接的影响，在设计时必须予以充分重视，使之既能满足水流条件好，又要达到工程造价低、管理方便的要求。

一、前池的作用

前池是衔接引渠和进水池的水工建筑物。它的作用是：平顺和扩散水流，将引渠的水均匀地送至进水池，为水泵的运行提供良好的吸水条件；前池的容积能起到一定的调节作用，从而在水泵的流量突然发生改变时，减少引渠和前池的水位波动。

二、前池的类型

根据水流方向可将前池分为两大类，即正向进水前池和侧向进水前池。

1. 正向进水前池

前池的来水方向和进水池的进水方向一致，引渠、前池和进水池的中心线在一条直线上，称为正向进水前池，如图 7－2 所示。

正向进水前池的特点是形式简单，施工方便，过水断面逐渐扩散，流速分布较为均匀，池内的水流平顺。因此，实际中采用较多。

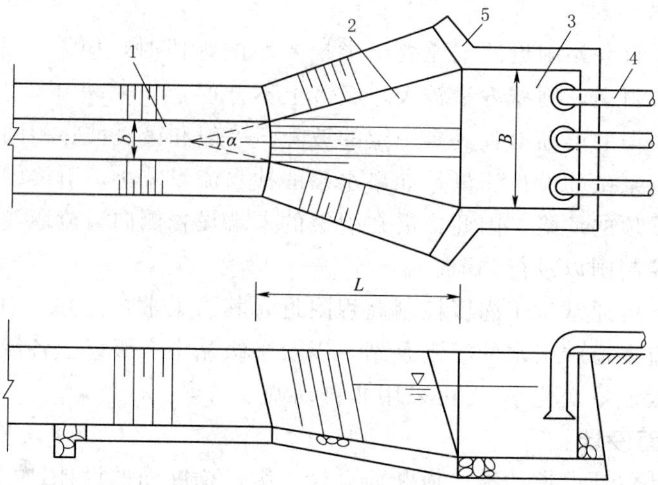

图 7－2　正向进水前池

1—引渠；2—前池；3—进水池；4—进水管；5—翼墙

2. 侧向进水前池

前池的来水方向和进水池的进水方向正交或斜交，引渠、前池和进水池的中心线为折线，称为侧向进水前池，如图 7－3 所示。

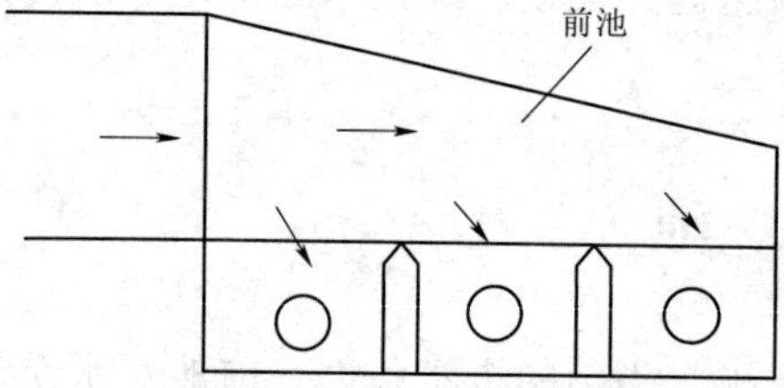

图 7－3　侧向进水前池

由于侧向进水前池水流方向的改变，容易产生回流和漩涡，使进水池中的水流流态不稳定，流速分布不均匀，水泵进水条件变坏，导致效率下降，严重时引起水泵汽蚀等破坏现象。因此，实际中较少采用。但在地形条件受限或机组数目较多时，为了减少工程量，采用侧向进水前池往往也是合理的。

三、前池的尺寸

(一) 正向进水前池尺寸

前池作为引渠与进水池之间的衔接段，它的底部平面呈梯形（图 7－2），短边为引渠的底宽，长边为进水池的底宽。在纵向，由于引渠底部高于进水池池底，所以前池的底部为一逐渐下降的斜坡。其各部位的尺寸确定如下：

1. 前池扩散角 α

前池底部梯形平面两条八字形斜边的夹角称为前池扩散角，它反映水流在前池内的扩散程度，其大小与水流的流速和水深有关。若 α 角较小，前池内的水流虽然平顺，但前池的长度会增加，从而增加工程量；若 α 角较大，虽然前池的长度可以缩短，工程量减小，但由于过水断面的急剧扩大，极易引起流速分布不均，在前池中形成回流和漩涡，并出现死水区和回流区。此时，如果水中含沙量较大，则更易形成泥沙淤积。如果回流和漩涡随水流进入进水池，又会恶化水泵的吸水条件，影响水泵的效率和汽蚀性能。因此，必须正确地确定 α 值。实践经验表明，前池要得到较好的水流条件，前池扩散角 α 最好与水流的天然扩散角相吻合，正向进水前池的扩散角 α 一般可采用 $20°\sim40°$。

多台机组共用一个进水池，在部分机组工作时，池中会出现回流和漩涡（图 7－4）影响水泵正常运转。为此，可在前池和进水池中设置隔墩（图 7－5），每台水泵都有独立的前池和进水池。这时前池扩散角 α'可取为 20°左右。这不仅改善了水流条件，而且因总的前池扩散角加大，缩短了前池的长度，减少了工程量。

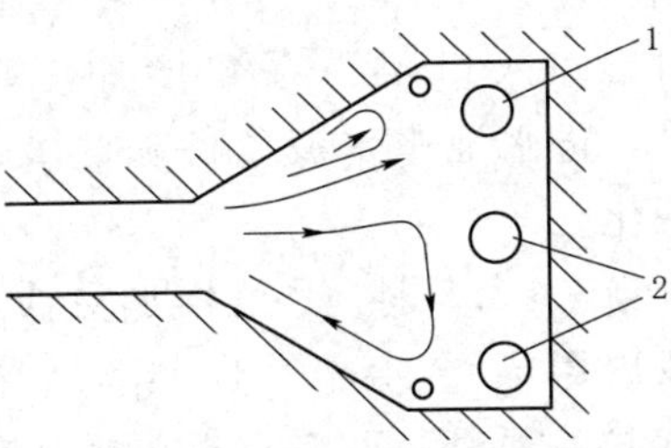

图 7－4　不对称抽水引起的回流和漩涡

1—运转水泵；2—不运转水泵

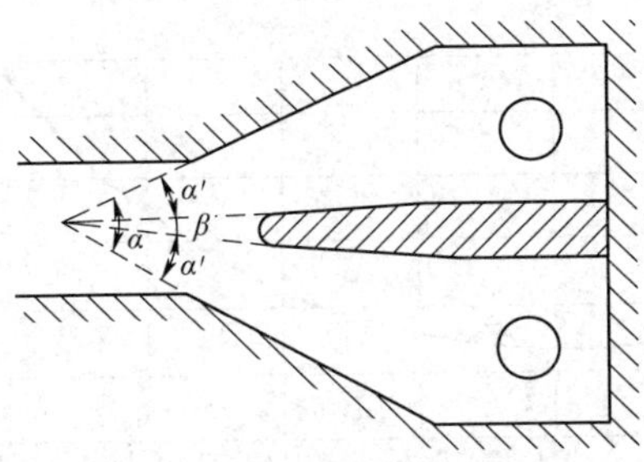

图 7－5　增加隔墩后的前池扩散角

α—前池总扩散角；α'—每台泵的前池扩散角；β—隔墩扩散角

2. 前池长度 L

前池长度根据已知的前池扩散角 α、引渠末端渠底宽 b 和进水池底宽 B，按下式计算

$$L=\frac{B-b}{2\tan\dfrac{\alpha}{2}} \tag{7-1}$$

此外，由于水流的天然扩散角随断面水深的增加和流速的减小而增大，因此前池的扩散角可随水流方向而逐渐增大。于是，前池的边壁可由直线式变为折线式或曲线式（图 7－6）。如此，则可缩短前池的长度，减少工程量，降低工程造价。

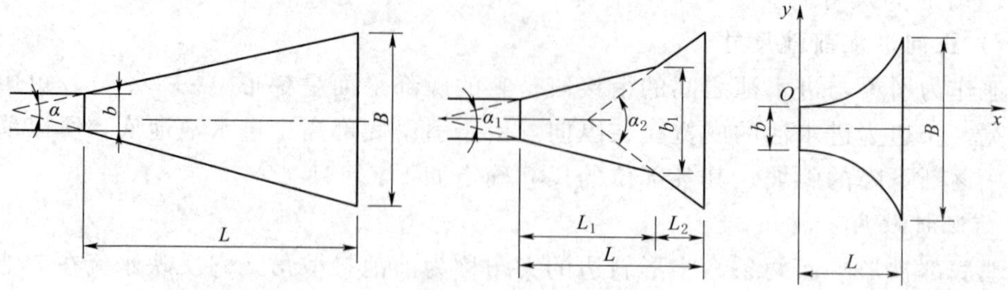

(a) 直线扩散　　(b) 折线扩散　　(c) 曲线扩散

图 7-6　前池的扩散形式

3. 前池底坡 i

引渠末端渠底高程一般比进水池池底高。因此，当前池和进水池衔接时，前池除进行平面扩散外，往往还有一向进水池方向倾斜的纵坡。当前池较长时，可将此纵坡只设置在靠近进水池的一段长度内。坡度可按下式确定

$$i=\frac{\Delta H}{L} \tag{7-2}$$

式中　ΔH——引渠末端渠底高程和进水池池底高程之差，m；

L——前池长度，m。

图 7-7 所示是试验所得 $\zeta-i$ 关系曲线，不难看出，随着 i 增大，吸水管口的水力阻力系数也随之增加。例如，当 $i=0$ 时（平底），$\zeta=1.63$；当 $i=0.5$ 时，$\zeta=1.71$。即入口阻力系数增加了 4.9%。可见，进水池中水流条件随底坡的增大而恶化。

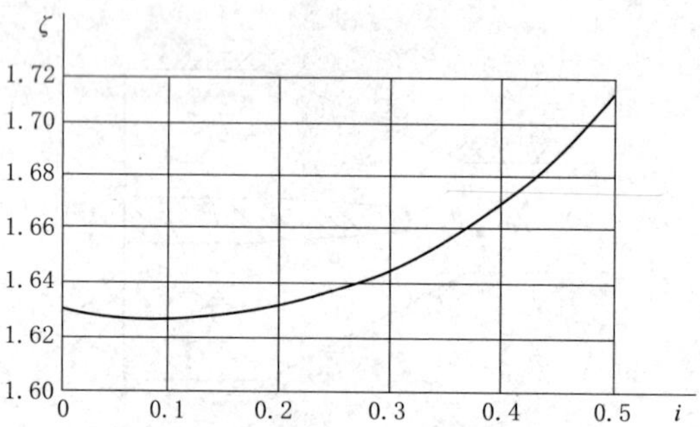

图 7-7　$\zeta-i$ 关系曲线

当 $i>0.3$ 时，ζ 值增加更快，所以一般选用 $i=0.2\sim0.3$，当 $i<0.2$ 时，为节省工程量，可将靠近引渠一侧的前池池底做成平底，而将靠近进水池一侧的前池底板做成 0.2～0.3 的斜坡。

（二）侧向进水前池尺寸

根据边壁形状，侧向进水前池又可分为矩形、锥形和曲线形三种（图 7-8）。矩形侧向进水前池结构简单、施工容易但工程量较大，同时流速沿池长渐减，将在前池后部形成泥沙淤积。此型前池长度 L 等于进水池宽度 B，前池宽度 b 可取等于引渠设计流量的水面宽度。曲线形侧向进水前池施工较难，但水流流态较好。锥形侧向进水前池的特点则介于前两者之间。

四、前池的构造

前池的池底和边坡一般用 M5 水泥砂浆块石护砌（或干砌块石），砌石的厚度为 0.3～0.5m。前池的边墙根据引渠和进水池边墙的形式，用直墙或扭曲面边墙衔接。前池底板和边墙应根据地基土壤条件，必要时设置反滤层、打板桩或加深齿墙，防止池内

水位低于地下水位时可能产生的渗流破坏。

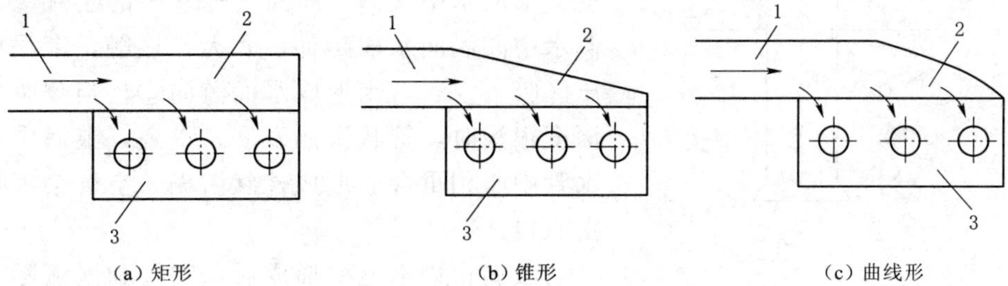

图 7-8　侧向进水前池示意图

1—引渠；2—前池；3—进水池

任务三　进　水　池

进水池是水泵（立式轴流泵、混流泵）或水泵进水管（卧式离心泵、混流泵）直接吸水的水工建筑物，一般布置在前池和泵房之间或泵房的下面（湿室泵房）。它的主要作用是为水泵的运行创造良好的进水条件。进水池的形式和尺寸应满足水泵吸水性能好、水流流态平稳、机组运行安全、便于清淤和维修、工程造价低等要求。

一、进水池中的水流流态

进水池中的水流是由明渠水流向管流的过渡段，其流态模型如图 7-9 所示。水泵工作时，进水管喇叭口处的压力低，池中水流由管周向喇叭口中轴加速收敛行进，在加速过程中伴随着压力的变化。上部水流在管侧和管后进入喇叭口，流程长，流线曲度大，其角速度亦大，因此流速和压力变化大。下部水流由喇叭口前侧呈扇形进入喇叭口，在喇叭口处的水流流束收缩，形成流向和流速的急剧变化。因此，这些地区最易形

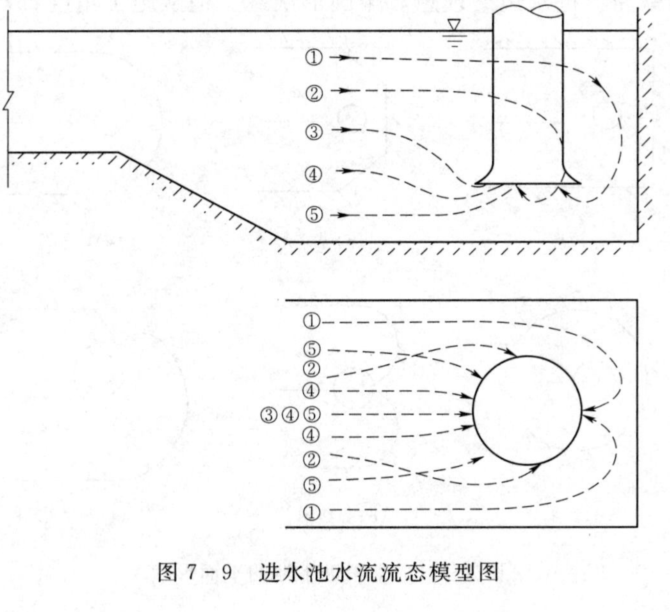

图 7-9　进水池水流流态模型图

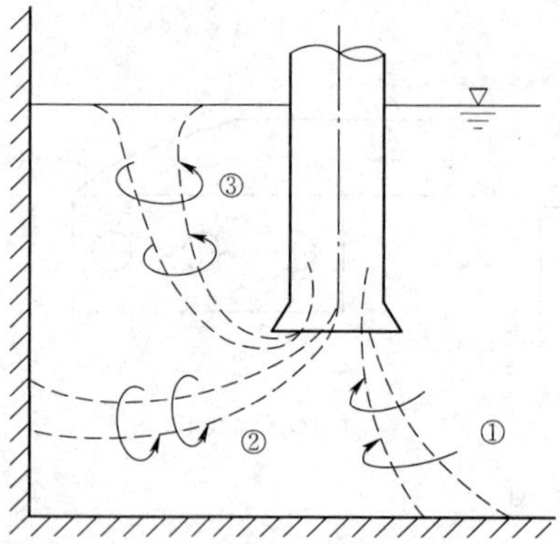

图 7-10 进水池中的漩涡
①—附底漩涡；②—附壁漩涡；
③—水面漩涡

成漩涡（图 7-10）。水流在池边向喇叭口收敛中，就会形成水中漩涡，如图 7-10 中的①和②。如管侧水中漩涡向水面延伸，和大气接触，漩涡中心低压区吸入空气，则形成水面漩涡③。当喇叭口淹没深度很浅时，管状漩涡发展、重叠，漩涡中心与进水管中心相重合而形成柱状漩涡，空气会大量进入喇叭口。

漩涡在进水池中形成后，空气和涡流随水流进入泵内，对水泵会产生以下不良后果：

（1）减小水泵流量，降低水泵效率。

（2）漩涡中心的低压，使叶轮进口压力降低，促使水泵产生汽蚀。

（3）漩涡时有时无，漩涡转动方向随时变化，导致水泵叶轮进口处的流速大小和方向发生变化，分布不均匀，形成叶轮工作的不均衡，水泵流量、扬程和功率随之发生变化，影响机组正常工作。

因此，必须正确设计进水池，将形成漩涡的可能性降低到最小程度，保证泵站的正常运行。根据以上分析，进水池中形成漩涡的主要因素有以下几方面：①进水池的几何形状和尺寸；②进水管在进水池中的位置；③进水池水深；④前池和进水池的衔接形式。

二、进水池的平面形状

常用的进水池平面形状如图 7-11 所示。矩形进水池的后墙两墙角处及其中部，由于水流容易在该处形成脱壁现象而产生漩涡。如果改变后墙平面为八字形、半圆形或蜗壳形，不但可改善水流条件，而且它们的喇叭口阻力系数均小于矩形进水池。从水力角度看，弧线形和蜗壳形进水边壁理想，半圆形次之。但从施工角度看，矩形、八字形易

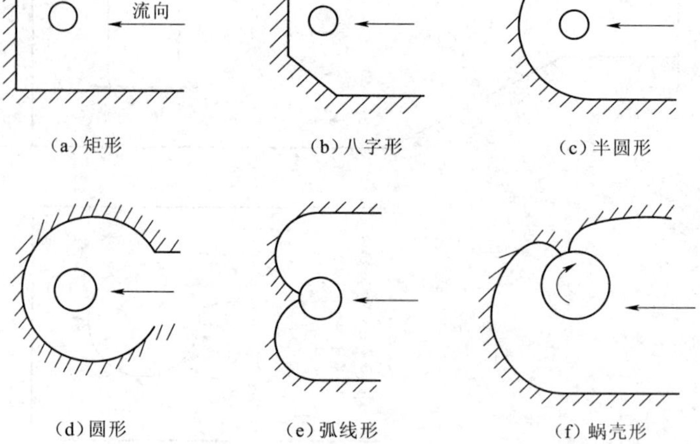

（a）矩形　（b）八字形　（c）半圆形

（d）圆形　（e）弧线形　（f）蜗壳形

图 7-11 常用进水池的平面形状

于施工。因此，矩形、八字形进水池常用于中小型泵站。

三、进水池立面尺寸

进水池最低水位时的水深称为最小水深，它是水泵进水管喇叭口以下的悬空高度 h_1 与管口以上的最小淹没深度 h_2 之和，即

$$h=h_1+h_2 \tag{7-3}$$

根据最低水位和最小水深可以确定进水池的池底高程（图 7-12）。

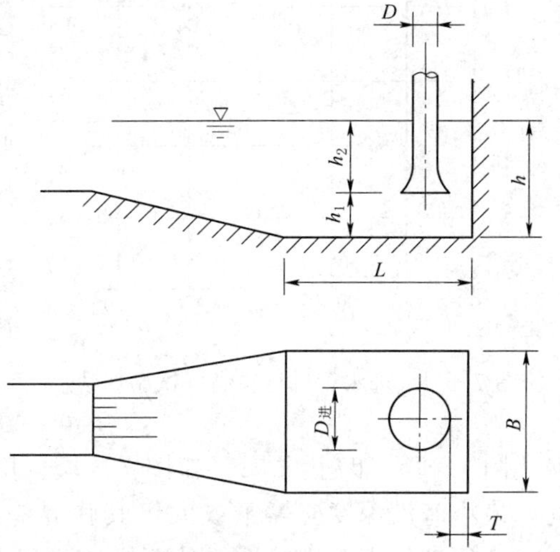

图 7-12 矩形进水池的尺寸

1. 悬空高度 h_1

适宜的悬空高度能保证进水管喇叭口处的流速和压力分布较均匀，管口水力损失较小［图 7-13（c）］。悬空高度过大，会形成喇叭口底部的单面进水情况［图 7-13（b）］，形成流速和压力的分布不均，并容易造成管底漩涡和增加管口的水力损失。若悬空高度过小，则管底水流流线过于弯曲，增加管口水力损失，并使池底被冲刷［图 7-13（a）］。适宜的悬空高度可根据喇叭口阻力损失小的原则来确定。

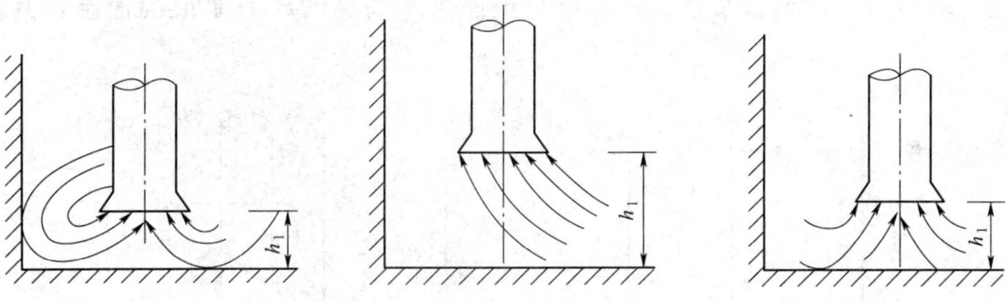

图 7-13 不同悬空高度时进水管管口水流流线

图 7-14 所示为卧式水泵的悬空高度和进水管进口阻力系数的试验曲线。由曲线可以看出，在 $h_1/D_{进}<0.6$ 时，阻力系数明显增大；在 $h_1/D_{进}>0.8$ 时，阻力系数变化很小，增加 $h_1/D_{进}$ 只会增加进水池工程量。因此，悬空高度建议采用

$$h_1=(0.6\sim0.8)D_{进} \tag{7-4}$$

式中 $D_{进}$——喇叭口直径，mm，一般取进水管直径的 1.25～1.5 倍。

对于中小型立式轴流泵，建议采用

$$h_1=(0.3\sim0.5)D_{进} \tag{7-5}$$

上两式中，当 $D_{进}$ 小时，采用公式中的较大倍数；当 $D_{进}$ 大时，则采用公式中的较小倍数。同时考虑到安装检修的要求，悬空高度不宜小于 0.5m。

2. 最小淹没深度 h_2

淹没深度对水泵进水性能具有决定性的影响，如果此值确定不当，池中将形成漩

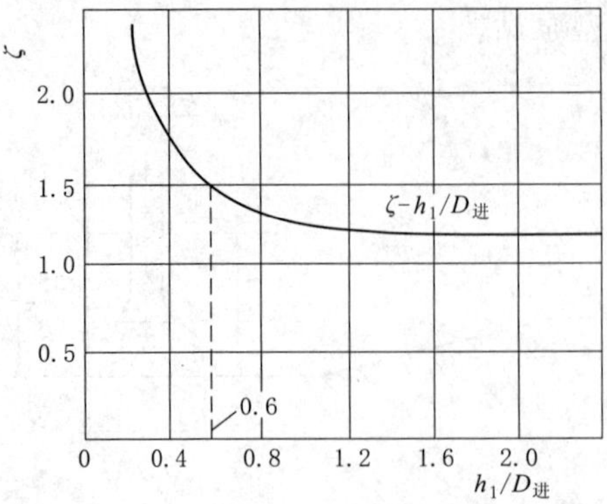

图 7-14 进水管口悬空高度试验曲线

涡，甚至产生进气现象，使水泵的效率降低。例如，当水中混有 1%的空气时，水泵效率下降 5%～15%；当水中混入 10%的空气时，水泵就不能工作了。此外，漩涡的出现还可能引起机组超载、汽蚀、振动和噪声等不良后果。可见，淹没深度 h_2 的正确确定显得十分重要。

在进水池形状、尺寸不变的情况下，随着淹没深度的减小，进水池中漩涡由水面凹陷的局部漩涡［图 7-15（a）］向断续进气的漩涡［图 7-15（b）］、连续进气的漏斗管状漩涡［图 7-15（c）］、绕进水管周围旋转的柱状漩涡［图 7-15（d）］发展。如图 7-15（b）所示的淹没深度，称为临界淹没深度。因此，最小淹没深度应等于或大于其临界淹没深度。对于中小型立式水泵的最小淹没深度，还须满足水泵汽蚀性能的要求。临界淹没深度和喇叭口流速、悬空高度、池宽以及管口至后墙间的净距等要素有关。根据试验分析，可得到如图 7-16 所示的淹没系数 K（K 等于临界淹没深度与喇叭口直径的比值）和喇叭口流速水头的关系曲线。曲线参数 T 为后墙距，即管口后边缘至进水池后墙间的净距。从图 7-16 中可以看出，K 值随着管口流速水头的增加而增大。工程实践中，喇叭口流速一般采用 1.0～1.5m/s，其相应的流速水头为 3～7cm。因此，建议对有正值吸水高度的离心泵或混流泵，其最小淹没深度为

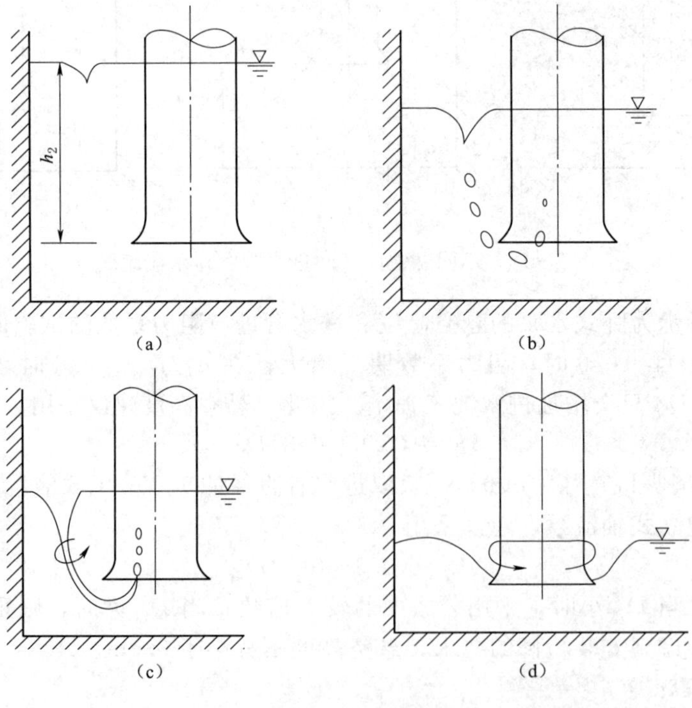

图 7-15 不同的漩涡形态

$$\begin{cases} \dfrac{T}{D_{进}}=1.0\text{时}, h_2=(1.3\sim1.8)D_{进} \\ \dfrac{T}{D_{进}}=0.5\text{时}, h_2=(1.1\sim1.6)D_{进} \end{cases} \tag{7-6}$$

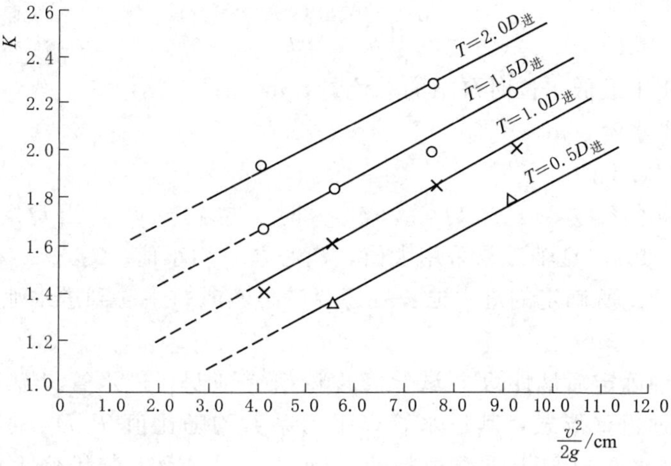

图 7-16　进水管口的临界淹没深度

当喇叭口流速较小时，取公式中较小的倍数，反之取较大的倍数。同时，淹没深度一般不应小于 0.5m。

当喇叭口与进水池水面垂直布置时，由于进入喇叭口的水流流线曲率半径较大，淹没深度可适当减小，其最小淹没深度为

$$h_2=(1.2\sim1.4)D_{进} \tag{7-7}$$

同时，一般要求喇叭口上缘至进水池最低水位之间的水深不得小于 0.4m。

3. 安全超高 Δh

进水池的深度除应满足进水要求外，还要留有一定的超高 Δh。这样，进水池的池深为最大淹没时的水深与安全超高 Δh 之和。而超高 Δh 值的大小，主要是考虑了风浪及突然停泵时所形成的涌浪影响，一般取 0.3～0.4m。

四、进水池宽度 *B*

在设计进水池的宽度时，一般要求进水池内的水流流速控制在 0.5m/s 以内，同时应和泵房内机组布置所需要的间距相一致。单机组的进水池宽度为

$$B=(2\sim2.5)D_{进} \tag{7-8}$$

多台机组时，在进水池内水泵进水管之间设置隔墩［图 7-17（b）］，则在计算池宽总尺寸时应加上隔墩的厚度。图中喇叭口侧边到隔墩（或池边）之间的距离 $C\geqslant0.5D_{进}$。如不设隔墩

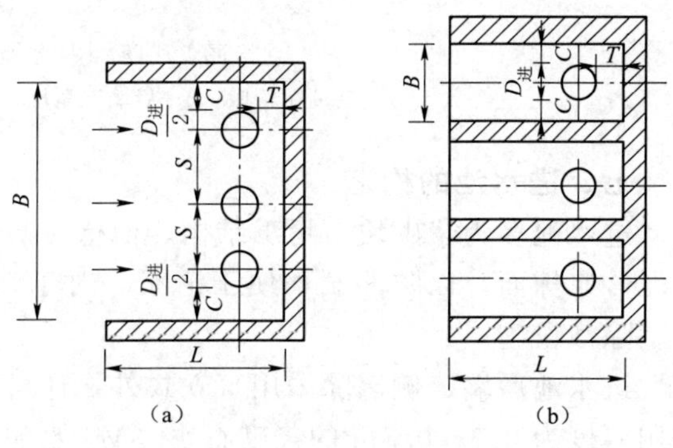

图 7-17　进水池宽度

[图 7－17（a）]，则两台机组的间距 S 大于或等于 $(2\sim2.5)D_{进}$。

五、进水池长度 L

进水池需要一定的长度，用来调整进水池中水流的流速，使之均匀分布，并要求保持一定的容积使进水池中水流稳定，一般采用"秒换水系数法"来确定，即

$$L=K\frac{Q}{Bh} \tag{7-9}$$

式中　Q——相应于最低水位时泵站的总流量，m^3/s；

h——最小水深，m；

B——池宽，m；

K——秒换水系数，s，当 $Q<0.5m^3/s$ 时，取 40～50s，当 $Q>0.5m^3/s$ 时，取 30～40s，且轴流泵采用大值，离心泵采用小值。

根据式（7－9）所确定的进水池长度还要满足喇叭口中心到进水池进口处的距离不小于 $4D_{进}$ 的要求。

另外，应合理确定后墙距 T。试验和理论研究证明，进水管口靠近后墙水泵进水流态较好，对各种边壁形式，其进水管口阻力系数均随比值 $T/D_{进}$ 的减小而减小，当 $T/D_{进}=0$ 时，进水管口阻力系数值最小。同时，考虑到安装维修上的原因，一般认为，取 $T/D_{进}=0.3\sim0.5$ 较为合理。

六、进水池的防涡措施

改善进水池的平面几何形状，保持水流畅通是防涡的基本手段。在矩形进水池中，可加设各种墩子或导流锥、导流板来防止和削弱漩涡（图 7－18）。另外，在进水池进口（或前池进口）设置拦污栅时，应经常清除栅前水面杂草，防止栅前后水面的落差加大，保持水流的畅通。

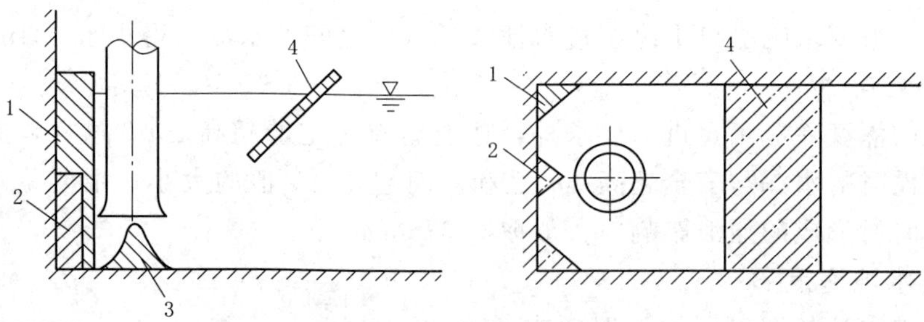

图 7－18　进水池的防涡设施

1—后墙贴角墩；2—后墙三角墩；3—底部导流锥；4—导流板

七、进水池的构造

进水池多为浆砌块石圬工结构，池壁一般为立式箱形，池底采用不小于 0.1m 厚的水泥砂浆抹面，以防冲刷和便于清淤。对于多泥沙取水的泵站，进水池中还应考虑防沙、除沙设施。

进水池后墙、侧墙除采用直立式外，还可采用斜坡式或直斜混合式。直立式边墙可采用厚度为 0.3～0.5m 的浆砌石块（M5 水泥砂浆）挡土墙结构，斜坡式可采用浆砌石护坡。多机组的进水池之间一般应设隔墩，墩厚为 0.3～0.5m 的浆砌石。

任务四 出 水 池

出水池是衔接出水管道与灌溉（或排水）干渠（或承泄区）的建筑物，用来汇集水泵出水管道的水流，并在池中消散出水管道水流的余能，使水流平顺地进入灌溉干渠或承泄区。

一、出水池的类型

（一）根据水流的方向分类

1. 正向出水池

正向出水池是指管口出流方向和池中水流方向一致，如图 7-19（a）所示。由于出水流畅，因此在实际工程中采用较多。

2. 侧向出水池

侧向出水池是指管口出流方向和池中水流方向正交［图 7-19（b）］或斜交［图 7-19（c）］。由于出流改变方向，水流交叉、掺混，流态紊乱，不便池渠衔接，所以一般只在地形条件受到限制的情况下采用。

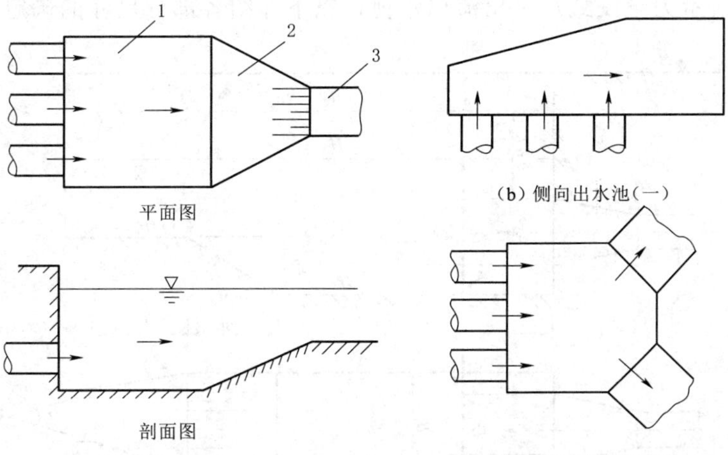

图 7-19　正向和侧向出水池示意图

1—出水池；2—过渡段；3—干渠

（二）根据出水管道出流方式分类

1. 淹没式出流

淹没式出流出水池指管道出口淹没在池中水面以下，管出口可以是水平的［图 7-19（a）］，也可以是斜的［图 7-20（a）］。为了防止正常或事故停泵时渠水倒流，在出口有时增设拍门、蝶阀或在池中修建挡水溢流堰。淹没式出流出水池是泵站较为常用的一种出流方式。

2. 自由式出流

自由式出流，即管道出口位于出水池水面以上［图 7-20（b）］。这种出流方式，浪费了高出水池水面的那部分水头，减小了出水量。但由于施工、安装方便，停泵时又可防止池水倒流，所以多用于临时性或小型泵站中。

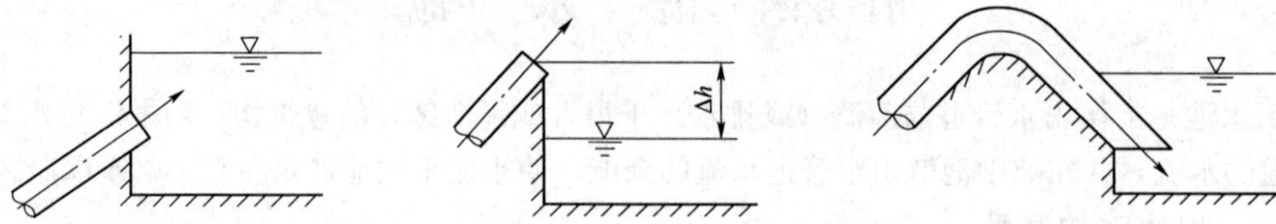

(a) 倾斜淹没式出流　　(b) 自由式出流　　(c) 虹吸式出流

图 7-20　出水管道的出流方式

3. 虹吸式出流

虹吸式出流［图 7-20（c）］兼有淹没式和自由式出流的优点。这种出流方式既充分利用了水头，又可防止水倒流。但为此需要在管顶增设真空破坏装置，以便当突然停泵时，放入空气，截断水流。这种出流方式多用于大型轴流泵站中。

二、出水池各部分尺寸的确定

（一）正向出水池

图 7-21 所示为淹没式水平出流出水池，以下介绍各部分尺寸的确定方法。

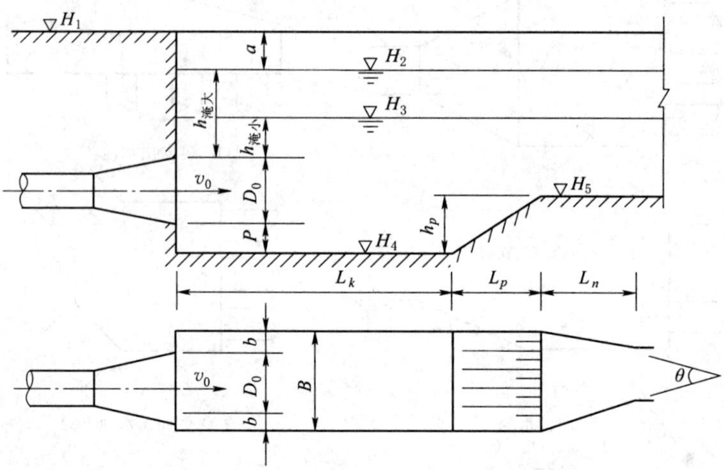

图 7-21　出水池各部分尺寸

1. 水平出流池长 L_K 的计算

(1) 淹没射流法。即假定管口出流符合无限空间射流规律，水流在池中逐渐扩散，沿池长的断面平均流速逐渐减小，当断面平均流速等于渠中流速时，此段长度即为出水池池长（单位 m）。计算公式为

$$L_K=2.9D_0\left(\frac{v_0}{v_{\text{渠}}}-1\right) \tag{7-10}$$

式中　2.9——试验系数；

$v_{\text{渠}}$——渠首处平均流速，m/s；

v_0——管出口平均流速，m/s；

D_0——出水管道出口直径，m。

(2) 水面旋滚法。泵站运行时，出水池形成表面旋滚，为了使表面旋滚在出水池内消散，表面旋滚的长度定为出水池的池长（单位 m）。计算公式为

$$L_K = Kh_{淹大}^{0.5} \tag{7-11}$$

其中

$$K = 7 - \left(\frac{h_p}{D_0} - 0.5\right) \times \frac{2.4}{1 + \frac{0.5}{m^2}}$$

$$m = h_p / L_p$$

式中 K——试验系数；

$h_{淹大}$——管口以上的最大淹没深度，m；

h_p——台坎高度，m；

m——台坎坡度；

L_p——台坎长度，m。

2. 倾斜淹没出流池长 L_K 的计算

倾斜淹没出流出水池尺寸如图 7-22 所示。

(1) 无池坎池长计算。当出水管道末端为倾斜布置，出水池池底和干渠渠底同高时，为无池坎布置，这时，池长（单位 m）可按下式计算

$$L_K = 3.5 \times (2.7 - h_{淹}) - 0.2\alpha \tag{7-12}$$

式中 α——管口出流倾斜角度。

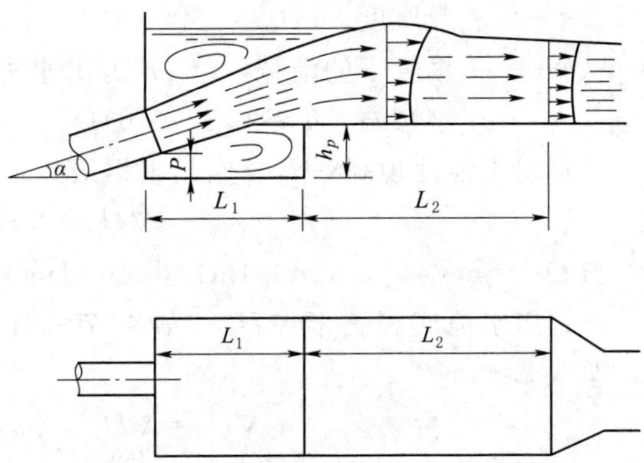

图 7-22 倾斜淹没出流出水池池长计算简图

(2) 有池坎池长计算。对于有池坎的倾斜淹没出流，池长（单位 m）计算公式为

$$L_K = L_1 + L_2 \tag{7-13}$$

式中 L_1——池长的前部，m，出水管道流出的主流由于受底部漩涡的挤压，基本不产生扩散。为了将底部漩涡限制在池坎内，这时

$$L_1 = \frac{h_p - P}{\tan\alpha} \tag{7-14}$$

L_2——坎后水流流速调整需要的长度，m，它随 h_p 的减小而增大，可按下式计算

$$L_2 = 2 \times (3D_0 - h_p) \tag{7-15}$$

应注意的是，以上公式适用于 $15° < \alpha < 45°$ 的情况，当 $\alpha < 15°$ 时，可按水平淹没出流公式［式（7-10）或式（7-11）］计算。

3. 出水池其他尺寸的确定

(1) 出水管道出口直径 D_0。为了减少出水管道出口的动能损失和使出水池中水流平稳，一般将出水管道出口的断面扩大，使管口流速 v_0 控制在 1.0～2.0m/s 范围之内。

(2) 管口下缘至池底的距离 P。此段距离主要用以防止池中泥沙或杂物等淤塞出水口，以及方便施工和检修，一般采用 0.1～0.3m。

(3) 管口上缘淹没深度 $h_{淹}$（单位 m）。淹没深度太小，不能保证淹没出流方式；淹没深度过大，将会增加出水池的池深和池长。一般可采用

$$h_{淹} \geqslant 2\frac{v_0^2}{2g} \tag{7-16}$$

由式（7-16）所确定最小淹没深度 $h_{淹小}$ 数值不能小于 0.1m。

(4) 出水池宽度 B。从施工和水力条件考虑，最小单管出流宽度（单位 m）为

$$B_{单} \geqslant (2 \sim 3)D_0 \tag{7-17}$$

多管出流的池宽（单位 m）为

$$B=(n-1)\delta+n(D_0+2b) \tag{7-18}$$

式中 n——出水管数目；

δ——隔墩厚度，m；

D_0+2b——一根管子的池宽，m，b 为出水池边缘至池壁（或隔墩）的距离，对于中小型泵站，$b=(0.5\sim0.6)D_0$。

(5) 出水池池顶高 ∇H_1。它是根据最高水位 ∇H_2 加上安全超高 a 确定的，即

$$\nabla H_1=\nabla H_2+a \tag{7-19}$$

当 $Q<1\text{m}^3/\text{s}$ 时，$a=0.4$m；当 $Q=1\text{m}^3/\text{s}$ 时，$a=0.5$m。

(6) 出水池底板高程 ∇H_4。如图 7-21 所示，它是根据最低水位 ∇H_3 来确定的，即

$$\nabla H_4=\nabla H_3-(h_{淹小}+D_0+P) \tag{7-20}$$

式中 $h_{淹小}$——最小淹没深度，m。

（二）侧向出水池

1. 池宽 B 的确定

图 7-23 所示为侧向出流示意，水流受到对面壁面的阻挡而形成反向回流，使水泵出流不畅。壁面距管口越近，出流所受阻力越大，出流流量越小。图 7-24 所示是一组试验曲线，可以看出，当池宽 $B>4D_0$ 时，池宽对出流流量 Q 已无明显影响。

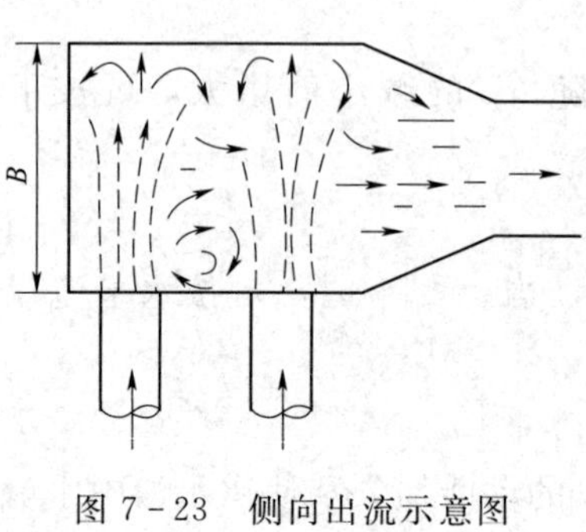

图 7-23 侧向出流示意图

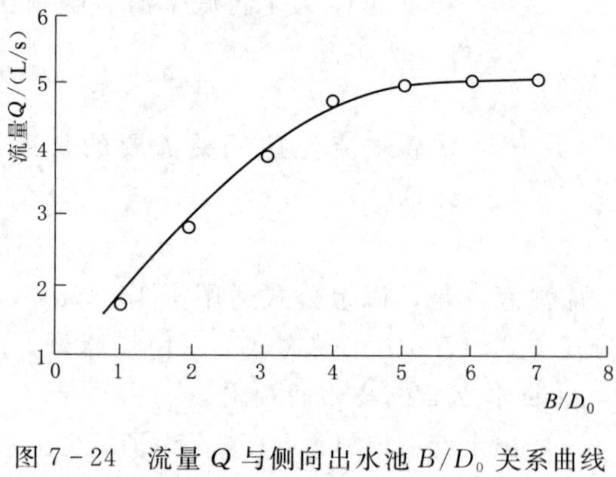

图 7-24 流量 Q 与侧向出水池 B/D_0 关系曲线

考虑出口流速、水深等对池宽的影响，单管出流可采用下列经验公式计算池宽

$$B=(4\sim5)D_0 \tag{7-21}$$

对多管侧向出流，池宽应随汇入流量的增大而适当加宽，如图 7-25 所示。不同断面池宽可采用：1-1 断面 $B_1=(4\sim5)D_0$；2-2 断面 $B_2=B_1+D_0$；3-3 断面 $B_3=B_2+D_0$；……

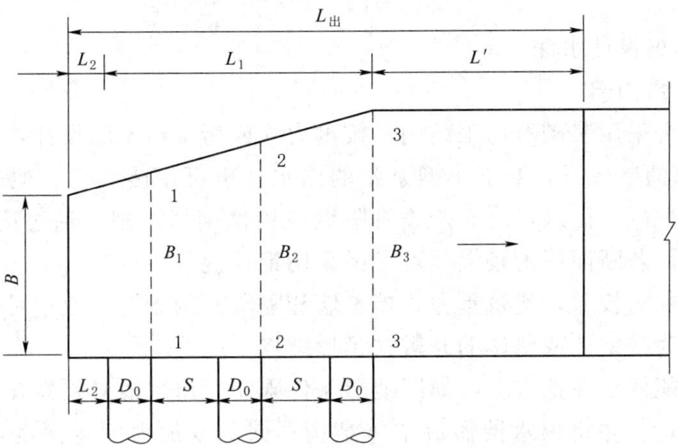

图 7-25　多管侧向出流出水池尺寸

2. 池长的确定

单管侧向出流试验表明，水流沿池长的流速分布，当 $L'\approx5D_0$ 时已趋均匀，如图 7-26 所示。所以对单管侧向出流的池长为

$$L=L_2+D_0+L'=L_2+(5\sim6)D_0 \tag{7-22}$$

式中　L_2——管口外缘至池边距离，m。

对多管侧向出流（图 7-25）池长为

$$\begin{aligned}L&=L_2+L_1+L'\\&=D_0+[nD_0+(n-1)S]+5D_0\\&=(n+6)D_0+(n-1)S\end{aligned} \tag{7-23}$$

式中　n——管道根数；

S——管道间净距，m；

其他符号含义同前。

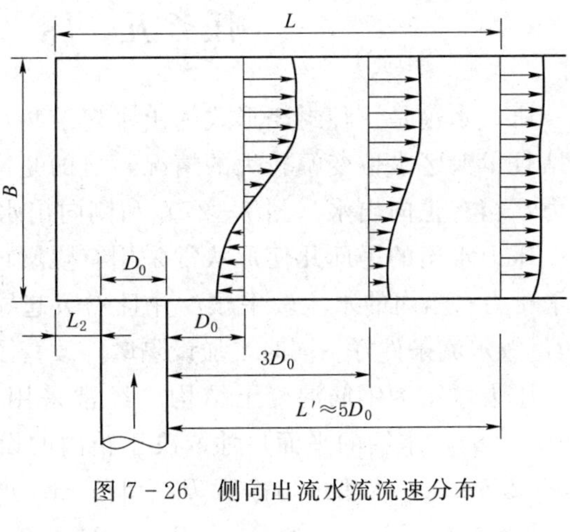

图 7-26　侧向出流水流流速分布

（三）出水池和干渠的衔接

一般情况下，出水池都比渠道宽，因此在两者之间有一过渡段。收缩角通常采用 $\theta=30°\sim40°$，最大不要超过 40°，如图 7-21 所示。

过渡段长 L_n（单位 m）可根据池宽 B 和渠宽 b 按下式计算

$$L_n=\frac{B-b}{2\tan\frac{\theta}{2}} \tag{7-24}$$

式中 b——渠道底宽，m。

在紧靠过渡段的一段干渠中，由于水流紊乱，容易形成冲刷。因此，该段应进行护砌，其长度（单位 m）为

$$L_n=(4\sim5)h_{渠} \tag{7-25}$$

式中 $h_{渠}$——干渠设计水深，m。

三、出水池的构造

出水池周壁可采用浆砌石圬工结构，按重力式或圬工挡土墙设计，池底和边坡通常为 0.4～0.5m 厚的浆块石，对于小型泵站的出水池也可用砖结构。池后渠首段，可用混凝土板或块石护砌。出水口之间若设有隔墩或检修闸门，则应通过应力与稳定计算，确定其断面尺寸。若断面厚度较大，可考虑采用钢筋混凝土结构。

对地基承载能力较差，建筑重力式挡土墙和隔墩有困难时，池壁可采用钢筋混凝土结构，其结构可为扶壁式或整体的开敞式箱形结构。

出水池尽可能修建在挖方上，如因地形条件限制，出水池必须修在高填方上时，要严格控制土方质量，并将出水池做成整体结构形式，或加大砌置深度，或回填块石处理。尤其应注意防渗和排水措施的计算，确保出水池结构安全。

对渗透性较大的地基，要注意基础的防渗和侧向绕渗的处理。对基础要进行防渗计算，并通过加深齿墙、刺墙，采用黏土和混凝土底板作为止水设施等办法处理。在池后的渠首段也可采取加设黏土铺盖等措施。

任务五 压 力 水 箱

压力水箱是一种封闭形式的出水建筑物，箱内水流一般无自由水面，大多用于排水泵站且承泄区水位变幅较大的情况，目的是减少工程量和工程造价。按水流方向来分，压力水箱有正向出水（图 7-27）和侧向出水两种。

压力水箱的平面几何形状常采用有隔墩或无隔墩的梯形或矩形平面。有隔墩的正向出水压力水箱内的水流较平顺，并且隔墩起导流作用（在部分水泵工作时，效果尤为显著），故水流条件好。同时，加设隔墩，改善了水箱的受力条件，也可以减小水箱的壁厚。

压力水箱为钢筋混凝土结构。经常采用多台水泵（一般 3～4 台）共用一个水箱（图 7-28），水箱的平面尺寸取决于箱内的设计流速以及检修要求。箱内流速一般采用 1.5～2.5m/s。水箱进口净宽 B（单位 m）可按下式计算

$$B=n(D_0+2a)+(n-1)\delta \tag{7-26}$$

式中 n——水泵出水管道数目；

D_0——出水管道出口直径，m；

a——出水管道边缘至隔墩或箱内壁的距离，如无特殊要求时，取 $a=0.25\sim0.3$m；

δ——隔墩厚度，m。

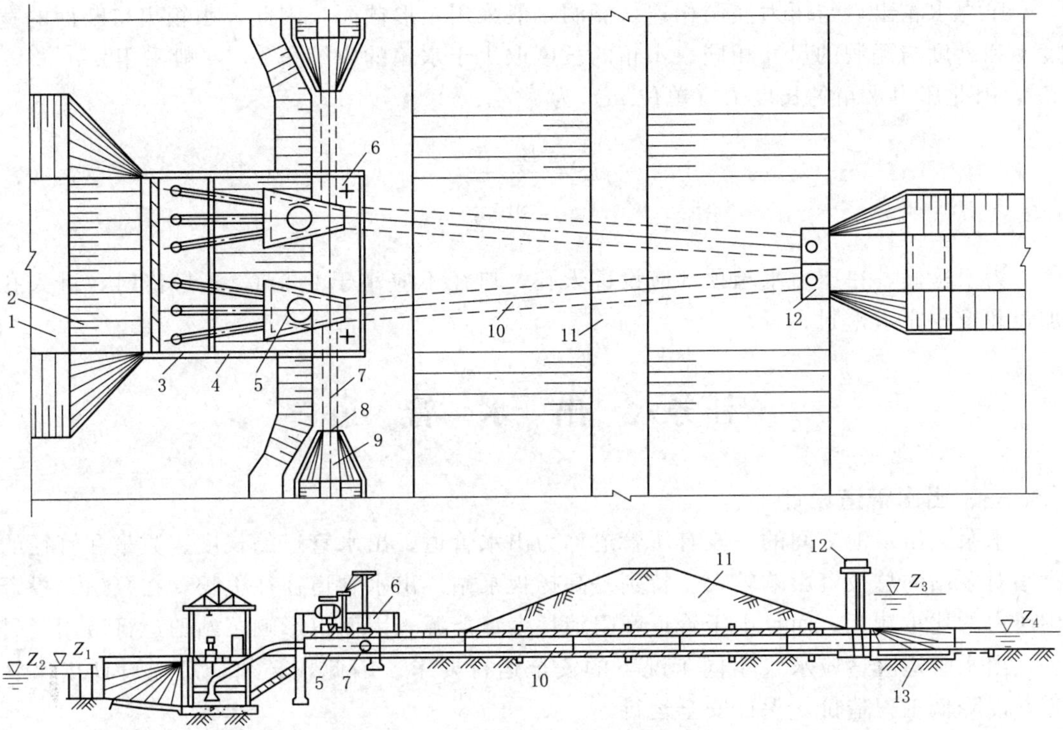

图 7-27 正向出水压力水箱布置

1—引渠；2—前池；3—泵房；4—挡土墙；5—压力水箱；6—变电站；7—灌溉涵管；8—灌溉闸；9—灌溉干渠；10—压力涵洞；11—防洪堤；12—防洪闸；13—消力池

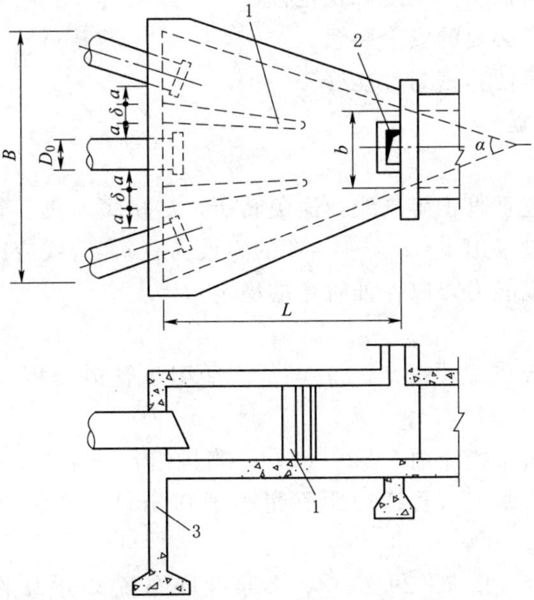

图 7-28 压力水箱的尺寸

1—隔墩；2—进人孔；3—支架

压力水箱出口与压力涵洞相连，涵洞一般采用矩形截面。因此，水箱出口断面的宽度 b 和高度与涵洞的尺寸相同。水箱的长度取决于水箱的收缩角 α，一般采用 $\alpha=30°\sim45°$，因此压力水箱的长度 L（单位 m）为

$$L=\frac{B-b}{2\tan\dfrac{\alpha}{2}} \tag{7-27}$$

为了检修，在压力水箱顶部应设进人孔，口径不应小于 0.5m。不检修时，进人孔加盖和橡皮止水密封。

任务六 出 水 管 道

一、出水管道设计

水泵至出水池之间的一段有压管道称为出水管道。出水管道的长度、数量和管径的大小对泵站的总投资影响较大。特别是高扬程泵站，出水管道往往很长，在泵站总投资中所占的比重较大，而且由于管道摩阻消耗大量能源，因而也影响泵站的运行费用。另外，出水管道应适应水泵不同工况下的安全运行要求。因此，必须合理地设计出水管道，以降低工程造价，保证安全运行。

（一）设计原则

出水管道的设计原则如下：

（1）管道的技术经济指标高。

（2）管道有足够的强度、刚度和稳定性。

（3）安全可靠，有必要的安全装置。

（4）安装和维修简便，密封性能好。

（二）出水管道布置

1. 线路选择

出水管道的轴线应垂直于等高线，避免转折，尽量短而直。管线坡度不应大于土壤的自然安息角度（一般采用 1∶2.5～1∶3 的管坡为宜），管线应减少开挖量和避开填方区，而且有足够的承载能力，以保证管道的稳定。

2. 布置形式

（1）单泵单管平行布置［图 7-29（a）］。适用于管道较短（一般小于 100m）、机组少的泵站。

（2）单泵单管收缩布置［图 7-29（b）］。当机组台数多时，出水管向出水池收缩，逐渐缩小管和管之间的距离（管道净距不得小于 0.8m），最后和出水池的设计宽度相匹配。

（3）多泵并联布置［图 7-29（c）］。多泵并联布置又分为平行式和缩式，在多机组且管道较长的泵站中采用。这种布置形式可以节省管材，但增加了管道附件，从而使局部水力损失加大。因此，在选用时应进行技术经济比较，确定最佳方案。

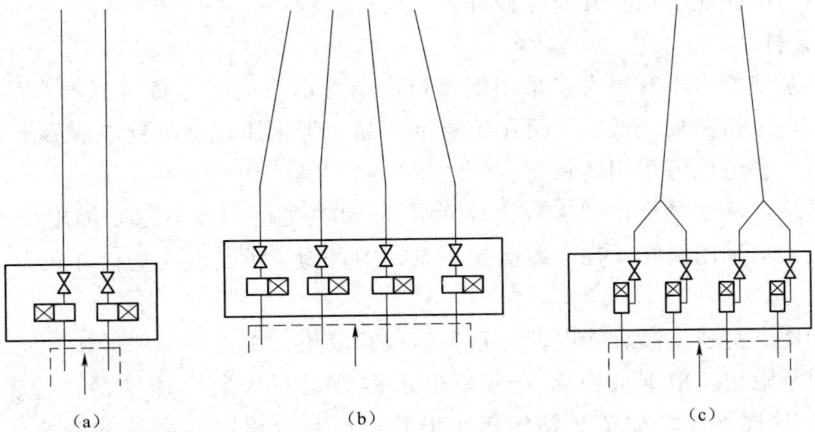

图 7-29 出水管道布置形式

(三) 出水管道的铺设方式

1. 明式铺设

明式铺设是出水管道铺设于管线地基之上的一种铺设方式（图 7-30）。其优点是便于管道的安装、检修和养护；缺点是管道因热胀冷缩，来回滑动频繁，减少了管道的寿命。另外，冬季管道存水，容易冻坏管道。

为便于安装和检修，管间净距不应小于 0.8m，钢管底部应高出管槽地面 0.6m，预应力钢筋混凝土管应高出地面 0.3m。当管径大于或等于 1m 且管道较长时，应设检修孔，一般每条管道不应少于两个。

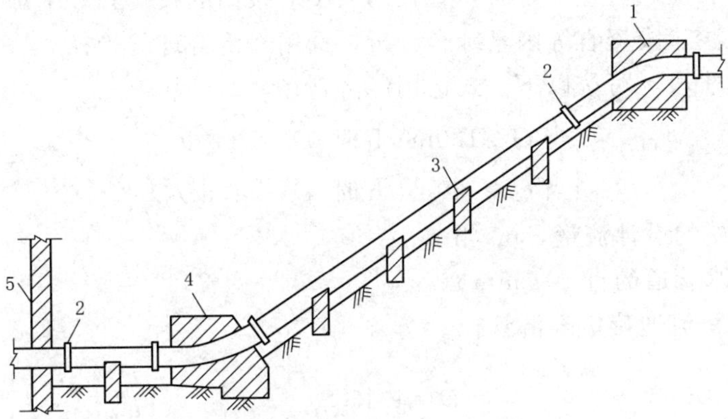

图 7-30 明式铺设出水管道示意图

1—2 号镇墩；2—伸缩节；3—支墩；4—1 号镇墩；5—泵房墙

2. 暗式铺设

暗式铺设是出水管道埋设在管线地基以下的一种铺设方式。其优缺点与明式铺设相反。管道的埋置深度应在冻土层以下 0.3～0.5m，为保证金属管道不因动荷载而破坏，管顶覆土深度应不小于 1.0～1.2m。

为便于安装和维修，暗管之间的净距不应小于 0.6m。暗管回填土地面应做横向及纵向排水沟。同时应设检查孔及检修井。

(四)管材

目前，泵站的出水管道大多采用钢管和预应力钢筋混凝土管（标准产品）。若出水管管径较大，泵站扬程较低，又无国家标准产品，可采用现浇的钢筋混凝土管。在少数泵站中，出水管道也可采用铸铁管。

一般泵站，从水泵出口到1号镇墩（图7-30）处的出水管道，因附件多，为了安装上的方便，均采用钢管。在一些高扬程泵站中，为了承受较大的设计压力，出水管道也多采用钢管。

钢管的优点是强度高、管壁薄、重量轻、管段长、接头简单和运输方便等。但它易生锈，使用年限短，根据北方部分泵站出水钢管运行资料，锈蚀最严重的每年可达1mm左右。这样不仅增加了泵站的年折旧费，而且也威胁着泵站的安全运行。因此，对于出水钢管，在安装和运行期间，必须进行认真的防锈处理，以延长管道的使用寿命。

预应力钢筋混凝土管和钢管相比，具有节省钢材、价格低廉、使用年限长、输水性能好等优点。和现浇钢筋混凝土管相比，又具有安装简便、施工期短等优点。因此，在泵站设计中，在设计压力允许的情况下，应尽量选用预应力钢筋混凝土管。

一般情况下，预应力钢筋混凝土管采用暗式铺设，而金属管常采用明式铺设，若金属管须铺设于地下，管道表面应加防锈保护层。

(五)管径及管壁厚度的确定

1. 出水管管径选择

出水管道在长度和流量一定时，管径的大小对泵站的投资和效率都有直接影响。因此，应根据能耗少、投资省等因素综合分析，选用经济合理的管径。

(1) 在初设阶段，可按以下公式选用经济管径，即

$$\begin{cases}\text{当 } Q\leqslant 120\text{m}^3/\text{h 时}, D=13\sqrt{Q}\\ \text{当 } Q>120\text{m}^3/\text{h 时}, D=11.5\sqrt{Q}\end{cases} \tag{7-28}$$

式中 Q——泵站的设计流量，m^3/h；

D——出水管道的直径，mm。

(2) 根据经济流速确定经济管径

$$D=1.13\sqrt{\frac{Q}{v_{经}}} \tag{7-29}$$

式中 Q——管道的设计流量，m^3/s；

D——出水管道的直径，m；

$v_{经}$——出水管道经济流速，一般净扬程为50m以下取1.5～2.0m/s，净扬程为50～100m可取2.0～2.5m/s。

(3) 根据扬程、流量确定经济管径

$$D=\sqrt[7]{\frac{5.2Q_{max}^3}{H_{净}}} \tag{7-30}$$

式中 Q_{max}——管道内最大流量，m^3/s；

D——出水管道的直径，m；

$H_净$——泵站净扬程，m。

利用以上公式确定管径的计算较简单，但不够精确。同时，计算的管径应调整为标准管径。

2. 管壁厚度的确定

钢筋混凝土压力水管已定型化生产，可根据规格选用。钢管管壁厚度的确定主要是考虑内水压力，由强度和刚度确定，其具体计算见《材料力学（第7版）》（刘鸿文）。

二、镇墩设计

（一）结构形式

镇墩是出水管道的固定支座，用来消除管道在正常运行或事故停机时的位移和振动。它常设于管道的转弯处管道较长时，在直线段上一般隔80～100m设一镇墩。镇墩有封闭式和开敞式两种（图7-31）。前者管壁四周被镇墩密闭，所以受力均匀，锚固性能好，大、中型泵站一般都采用封闭式镇墩。后者易于检修，但管壁受力不均匀，一般在较长的水平段出水管道上或管基坡度很小的管段上使用。镇墩常用混凝土或钢筋混凝土浇筑而成。

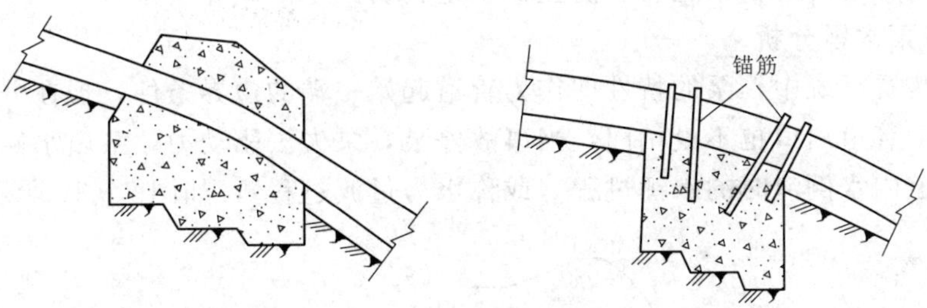

(a) 封闭式　　(b) 开敞式

图7-31　管道镇墩形式示意图

镇墩的基础可做成倾斜的阶梯形状，以增大镇墩的抗滑强度。建于土基上的镇墩基础底面，一般筑成水平状，且基底高程位于冻土线以下。在两镇墩之间，沿管身应设置支墩。支墩只承受管轴的法向力，为保持出水管道的正确位置，允许管道沿轴线方向发生位移，因此应尽量减小管壁和支墩表面之间的摩擦力，其结构形式如图7-32所示。支墩的断面尺寸，一般按构造要求确定。

（二）镇墩设计

镇墩属重力式建筑构件，它以自身的重力来维持稳定。设计方法和重力式挡土墙基本相同。设计内容包括镇墩在最不利荷载组合作用下的抗滑和抗倾稳定性、地基的强度和稳定性以及墩体的强度，在满足上述要求下确定镇墩的几何尺寸，具体设计参见其他相关书籍。

三、泵站水锤计算及防护措施

（一）水锤及其研究目的

出水管道内的水流因开阀、关阀和停泵等突然变化，引起管内流速的突然变化，由此

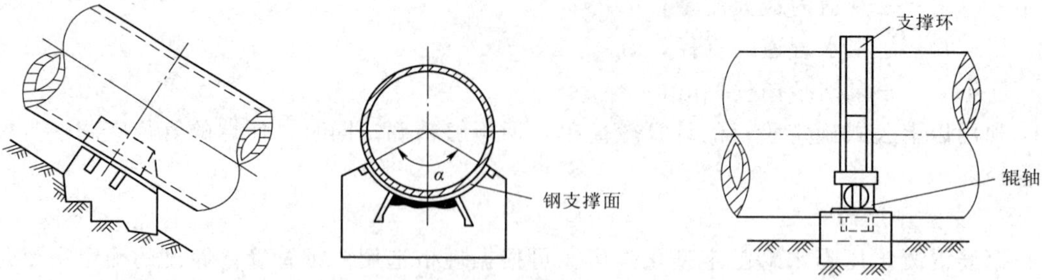

（a）滑动式支撑　　（b）滚动式支撑

图 7-32　支墩的结构形式

而引起单位时间内动量的变化，必然产生相应的惯性力，从而引起管道内力的急升和突降的交替变化现象。这种水流流速和压力随时间和位置而变化的现象，称为水锤（或称水击）。

泵站水锤有启动水锤、关阀水锤和由于突然停电等原因形成的事故停泵水锤。前两种水锤在正常操作程序下，不会引起危及机组安全的问题。后者形成的水锤压力值往往很大，从而酿成事故。因此，研究水锤和计算水锤的目的是：①拟定最高水锤压力对管道和机组造成破坏时的防护措施；②拟定最低水压力在管道内引起不允许的负压，以及导致对管道破坏时的防护措施；③防止机组逆转所产生的破坏现象。

（二）停泵水锤分析

在抽水装置系统中，泵的特性即作为管道起始一端的边界条件，现在分析一下管道不设逆止阀，管道出口也不设拍门，当事故停泵，泵失去驱动力，泵出水侧闸阀无法及时关闭，管道内水倒流时的水锤过程（或称水力过渡过程），如图 7-33 所示。

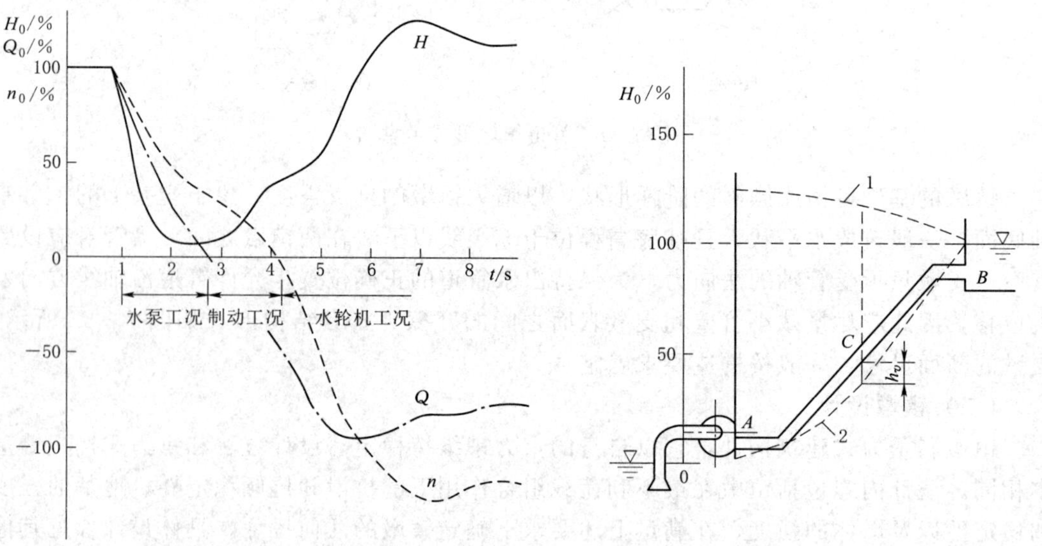

（a）无逆止阀时水泵出口处水力过渡过程线　　（b）管道沿程最高、最低压力分布曲线

图 7-33　无逆止阀时水泵出口水力过渡现象

1—最高压力线；2—最低压力线

1. 水泵工况

水泵失去动力后，水泵的转速急剧下降，出水管道内的水流由于惯性而继续沿原有方向运动，但其流速迅速减小，压力下降，直至水流停止正向流动，流量为零。在这一瞬间，水泵仍为正转，水流为正流（由水泵向出水池方向的水流运动称为正流），称为水泵工况。

2. 制动工况

在出水管内流量为零的瞬态静止水体，因受到出水池静水头的作用，出水管内产生了由出水池向水泵流动的逆向水流，逆向水流对仍在正转的水泵叶轮起着制动的作用，迫使机组转子的转速加速下降，直至转速为零。在这一瞬间，由于正转的叶轮对逆流的抵阻泵出口压力逐渐升高。这一瞬间的水泵瞬态工况称为制动工况。

3. 水轮机工况

随着逆向水流流量的增加，水泵的转速由零而开始逆转，并迅速上升，同时，转动着的叶轮对水流的离心力也随着增大，对逆向水流起阻碍作用。这种阻力随着叶轮逆转的加速而增大，使泵后压力迅速上升，在某一时刻达到最大值，其相应的逆向转速也达到最大值。在阻力增大的同时，也抵阻了逆向水流流量的继续增加，在达到某一最大值后，逐渐减小。作用于叶轮的能量亦相应减小，使逆向转速逐渐下降，直到在稳定的静水头作用下，水流作用于叶轮上的转矩与机组转动部分的阻力矩平衡，机组以恒定的逆向流量与转速在无任何负载的情况下像水轮机那样工作，水锤压力随之消失。这一瞬态工况称为水轮机工况。

以上为无逆止阀时的停泵水锤发生情况。同时，泵后的压力变化将以水锤波的形式沿着出水管道向出水池正射，再由出水池反射回来，在出水管道中形成复杂的水锤现象。

（三）事故停泵水计算

停泵水锤的计算方法有图解法、解析法等。下面介绍在生产中应用较广的美国工程师J·帕马金（Parmakian）提出的图解曲线法（图7-34）。它适用于比转速为90（或接近90）出水管上不装逆止阀的离心式抽水装置。其图解方法是先求两个参数2ρ和$K\frac{2L}{a}$值后，即可在曲线的坐标上查出所需的数据。其中

$$2\rho=\frac{av_0}{gH_0} \tag{7-31}$$

$$K=1.79\times10^6\frac{Q_0H_0}{GD^2\eta_0n_0^2} \tag{7-32}$$

$$a=\frac{1425}{\sqrt{1+\frac{\varepsilon}{E}\frac{D}{\delta}}} \tag{7-33}$$

式中 V_0、Q_0、H_0、n_0和η_0——水泵额定工况下管中流速（m/s）、水泵流量（m^3/s）、扬程（m）、转速（r/min）和效率（%）；

GD^2——机组转子的转动惯量，kg·m^2，可按电机样本中查到的电动机转子转动惯量的1.1～1.2倍计算；

a——水锤波的传播速度，m/s；

D、δ——管子的内径和管壁厚度，m；

ε、E——水的弹性模量和管壁材料的弹性模量，MPa。

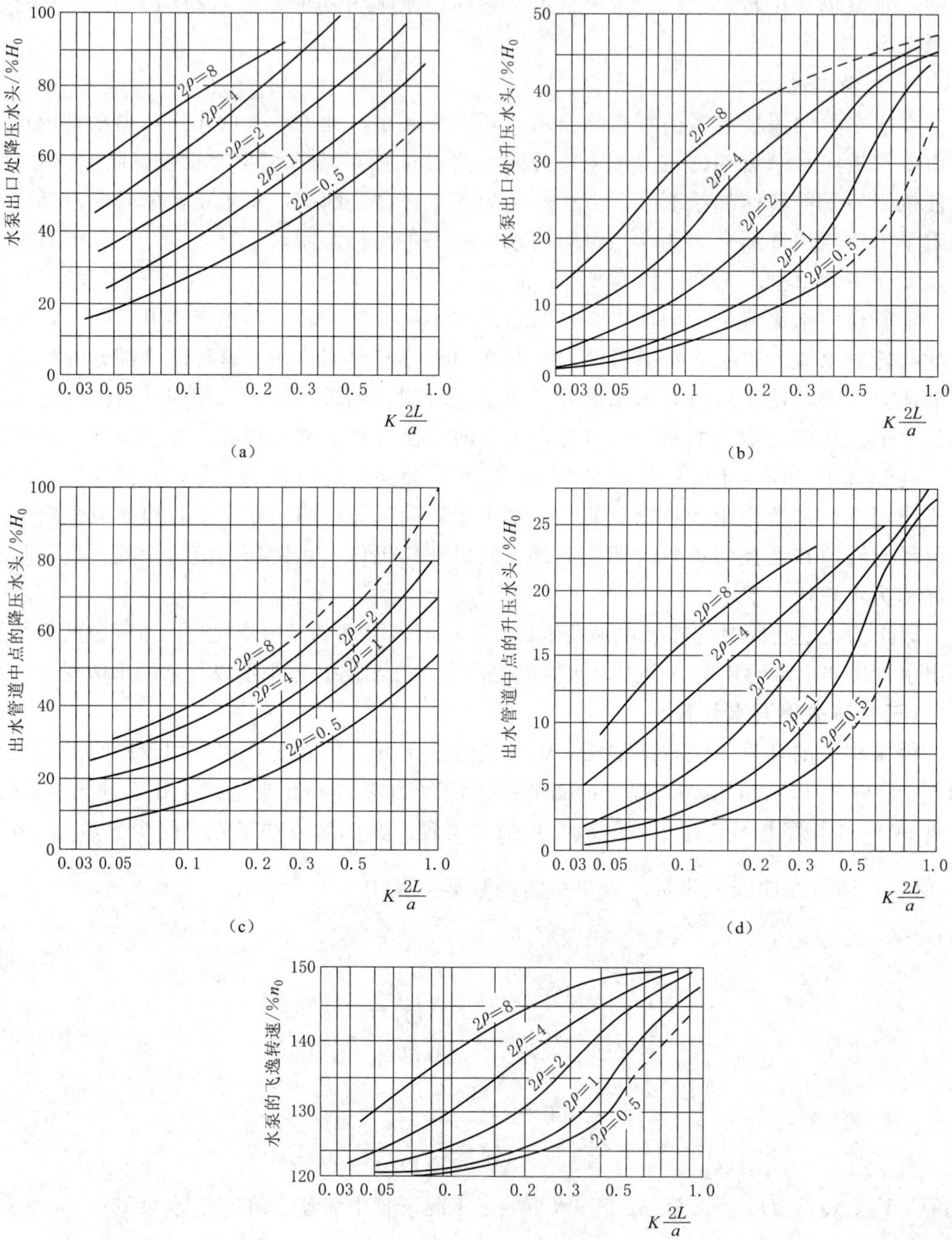

图 7-34 帕马金水锤图解曲线

利用帕马金图解曲线还可以近似地估算出水泵出口处装有逆止阀时的停泵水锤压力。其做法是先按上述方法求出水泵处和出水管中点处的最大降压率，换算成绝对值后，分别加上水泵出口处和出水管中点处的静水头，即得出在逆止阀关闭时水泵处和管道中点处的最大升压值。其最大降压值的计算方法与无逆止阀时相同。

（四）水锤防护措施

减小水锤对于降低管道造价和改善机组运行条件都有很大的意义，因此必须对停泵水锤采取必要的防护措施，并结合泵站的具体情况加以确定。由于停泵水锤首先出现降压，如果在初始阶段降压过大，则随后第二阶段的升压也较大，所以首先从防止降压过大着手，其次再考虑防止第二阶段的升压过大措施。

1. 防止降压过大措施

（1）减小管道中水流的流速。当管道中水流的流速减小时，管中水柱惯性能量就减小，从而防止了管道中出现过大的压降。而减小流速是通过增大管径的办法来得到的，因此常常是不经济的。采取此措施必须与其他措施进行经济比较。

（2）变更出水管道纵面的布置形式（图 7-35）。当管道纵剖面在最低压力线以上时，则管中（虚线）将出现负压，尤其在上缓下陡的管道接头处（拐点 B）压降最大也最易引起水柱中断。若管道布置改成上陡下缓的实线形式，则避免了上述情况。但是管道的布置形式是由地形条件决定的，所以常常不能随意更改，只有在挖方增加不大的情况下才是有利的。

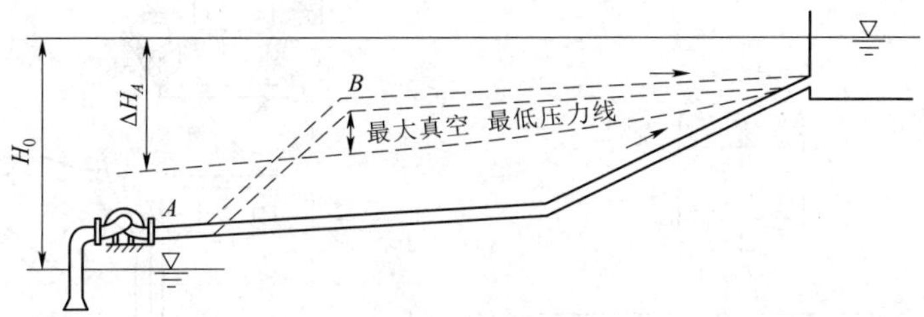

图 7-35 管道布置与压力下降而引起的水柱中断关系

（3）设置调压室。调压室是一个具有自由水面的水槽，通过调压室中的水流进管道，或管道中的水流进调压室来缓和管道中的压力变化，从而保证管道中压力的稳定。如图 7-36 所示，在出水管道的转弯处设置调压水箱。在水泵正常运行时，逆止阀 4 关闭，一旦发生降压水锤，在 C 点出现负压而水柱分离，逆止阀瓣被箱中水体推开，箱内水流向负压处补充，避免 C 点降压过大。

（4）设置空气室。在紧接逆止阀出水侧的管道上，安装一钢制密闭圆筒，上部为压缩空气，下部存水和管道压力水流相通，如图 7-37 所示。当管中力降低时，上部压缩空气把室中存水压入管路中，从而防止了降压过大。当管中增压时，水又进入室中将空气压缩，减缓了对逆止阀瓣的冲击，因而使升压降低。

2. 防止升压过大措施

（1）安装水锤消除器。水锤消除器是一个具有一定泄水能力的安全阀，它安装在逆止阀的出水侧。当停泵后管中形成降压水锤波时，阀门打开；随后管中压力升高，将管

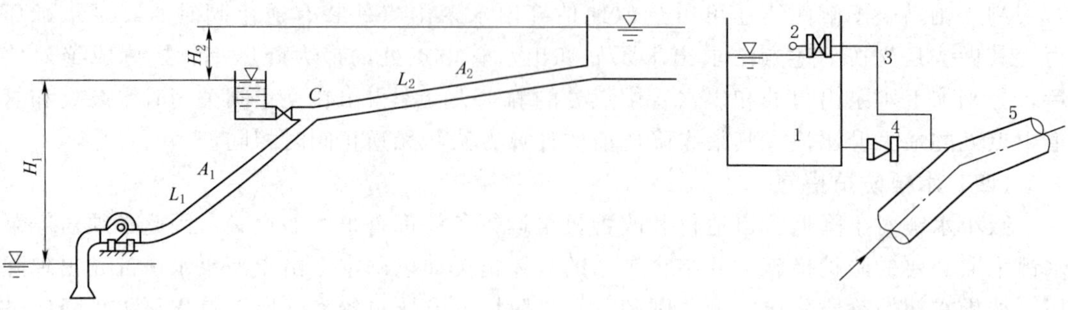

(a) 装置图 (b) 水箱构造图

图 7-36 调压水箱构造

1—水箱；2—浮球；3—进水管；4—逆止阀；5—出水管

中一部分高压水泄走，从而达到减弱增压、保护管道的目的。目前采用的水锤消除器有下开式（图 7-38）和上开式两种。

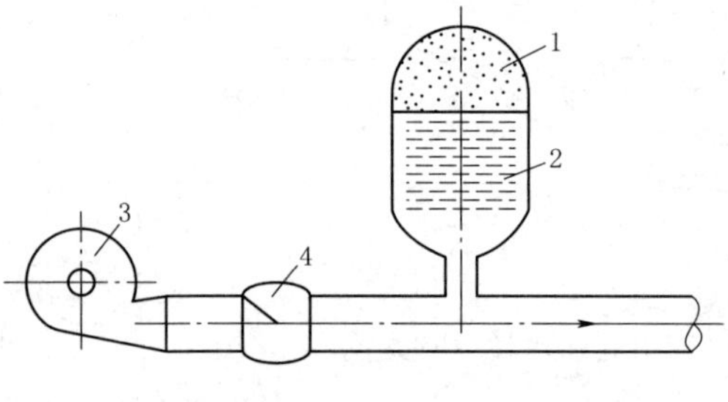

图 7-37 防止水锤的空气室

1—压缩空气；2—压力水；3—水泵；4—逆止阀

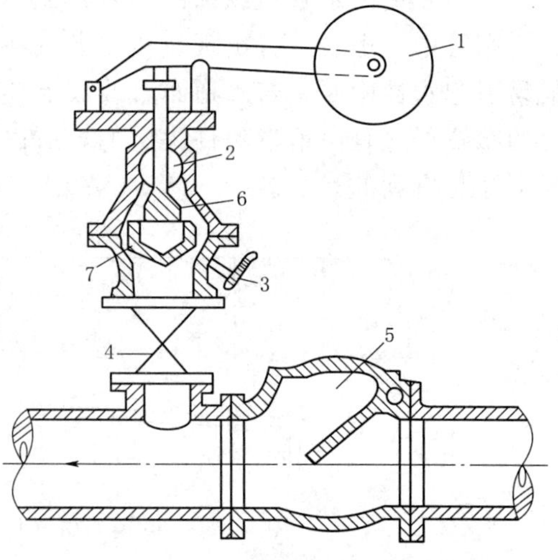

图 7-38 下开式水锤消除器示意图

1—重锤；2—排水口；3—三通管；4—截流闸阀；5—逆止阀；6—阀瓣；7—分水锥

（2）安装缓闭阀。缓闭阀就是当事故停泵时，通过相应的传动机构让逆止阀或其他类型的阀门按预定的程序和时间自动关闭。这样，既减弱了正压水锤，又可限制倒泄流量和倒转转数，是一种较好的水锤防护措施，有时还将其作为水泵主阀之用。缓闭阀形式较多，根据阀型分为微阻缓闭式逆止阀、缓闭式蝶阀和缓闭式平板闸阀。

（3）取消逆止阀。将抽水装置中的逆止阀取消后，在事故停泵时由于管道中的水流可以经过水泵倒流泄水，从而大大降低其水锤增压值。因为采取这种措施无须安装任何其他水锤防护设备，所以能够简化设备，降低成本。

（4）安装安全膜片。在出水管道的支管一端安装安全膜片，将主管口封闭，当管道压力超过允许的极限压力时，膜片遭到破坏，从而使出水管内压力下降。膜片应采用脆性材料（最好是铸铁）制成，厚度根据正常运行时可能出现的最高压力确定。膜片前应装闸阀，这个闸阀通常开启，只在膜片破坏后才关闭，这种措施只能当作备用措施，当主要措施失灵时采用。是否采取这个措施，应当根据管道和主要防护设备的具体条件予以决定。

思考题

1. 对泵站的引渠有哪些要求？
2. 简述前池的作用。前池有哪些类型？确定平、立面尺寸时有哪些具体要求？
3. 进水池平、立面尺寸是怎样拟定的？
4. 前池的底坡一般在 0.2～0.3 之间选用，为什么？
5. 泵站的出水池按照水流方向如何分类？按照出水管的出流方式又如何分类？
6. 出水管道的设计原则是什么？
7. 出水管线路布置应遵循哪些原则？可布置成哪几种形式？它们分别适用于何种场合？
8. 出水管道的铺设方式分为哪两种？
9. 进水池有何作用？有哪几种形式？它们的构造有何不同？
10. 出水池有哪几种形式？它的平、立面尺寸是怎样拟定的？
11. 何为泵站的水锤现象？水锤的危害是什么？水锤的防护措施有哪些？

项目八

泵房的设计

泵房是安装主机组及其辅助设备的建筑物，是整个泵站的主体工程，其主要作用是为机电设备及工作人员提供良好的工作条件。合理地设计泵房，对降低泵站工程投资，延长设备的使用寿命，提高泵站的效率，保证整个泵站工程安全运行有着重要的意义。

泵房设计应满足下列基本要求：

（1）在保证设备安装、运行、检修等工作方便而可靠的原则下，泵房尺寸最小。

（2）在承受各种可能遇到的外力作用下，满足整体稳定要求。

（3）结构有足够的强度和寿命。

（4）符合防火、照明、通风、防潮、防噪声的要求。

（5）施工、安装简便，布置合理，造型美观。

（6）满足内外交通运输要求。

泵房设计一般步骤如下：

（1）根据泵型、水源水位变幅及地基条件，确定泵房的结构类型。

（2）根据泵房内部设备布置及通风、照明、噪声的要求和泵房整体稳定条件，确定泵房的各部分尺寸及材料。

（3）结构设计。

任务一　泵房的结构形式

泵房的结构形式受主机组的类型、水源或进水池水位变幅、站址的地形和地质条件等因素的影响。泵房结构形式主要有移动式和固定式两大类。根据泵房采用的基础结构形式的不同，移动式分为囤船型和缆车型；固定式分为分基型、干室型、湿室型、块基型四种。另外，还有其他类型的泵站，如井泵站、雨水泵站、污水泵站等。本章主要介绍固定式泵房。

一、分基型泵房

分基型泵房的结构特点为：没有水下结构，为防止机组运行期间产生振动及相互干扰，每台机组有独立的基础，且机组基础与泵房基础分开，泵房室外地坪高程高于进水池最高水位。其适用于下列场合：

（1）中、小型卧式离心泵或混流泵机组。

(2) 水源或进水池水位变幅小于水泵的有效吸上高度 $H_{效吸}$（$H_{效吸}$＝水泵的允许吸上高度－泵轴线至泵房地坪的垂直距离），如图 8－1 所示。

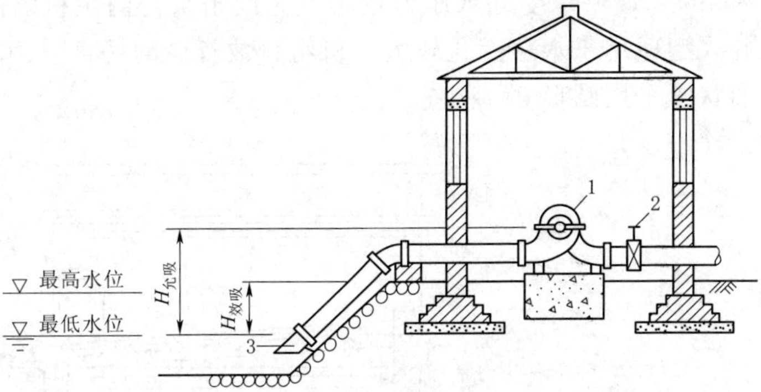

图 8－1 斜坡式岸坡分基型泵房

1—泵房；2—闸阀；3—平削管

(3) 建站处地基的地质条件较好，地下水位低于泵房基础。

根据泵房进水侧岸边的形式，可将分基型泵房分为斜坡式和挡土墙式两种。当建站地质条件较好时，将进水侧岸边建成有护砌的斜坡形式，如图 8－1 所示，便于进水管的安装、检修，虽然进水管路加长，但一般比修挡土墙经济。在地质条件较差或深挖方的场合建站，为减少开挖和加固岸边的工程量，增加泵房的稳定，可将进水侧岸边修筑成挡土墙，如图 8－2 所示。

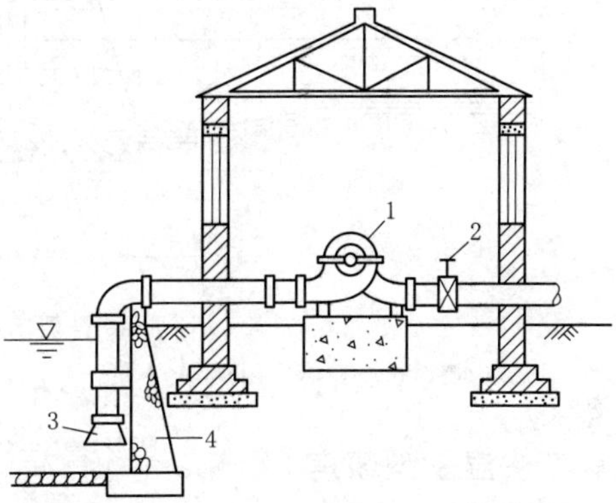

图 8－2 挡土墙式岸坡分基型泵房

1—水泵；2—闸；3—进水喇叭；4—挡土墙

泵房与进水池之间，通常保留一段水平距离作为检修进水池、进水管、拦污栅等工作的通道，且对机房稳定、施工有利，有利于为机组提供良好的进水条件。若水平距离太小，则弯头引起的水流速度、压力变化还没有变得平顺、均匀，进水水流较紊乱，引起水泵效率降低，一般最短水平段长度不小于 $(3\sim5)D_{进}$；水平距离太大则会造成工程投资变大，较合理的标准是以机组和泵房基础不建筑在因修挡土墙而开挖的回填上为准。

二、干室型泵房

随着进水池水位变幅的增大，地下水位的升高，为防止外水进入泵房及为防止地基承载力低时影响泵房安全，需将机组基础和泵房基础合建成封闭的不透水整体结构，形成一个干室，故此种结构形式泵房称为干室型泵房，如图 8－3 所示。其适用条件为：

(1) 卧式或立式离心泵、混流泵机组。

(2) 进水池水位（或水源水位）变幅大于 $H_{效吸}$。

(3) 泵房地基承载力较低或地下水位较高。

干室型泵房一般分为普通型和井式型两种。普通型适用于水位变化不大、机组台数较多的场合（图 8-3)，墙壁承受外水压力较小，为便于泵房内主机组的布置，平面形状常采用矩形；井式型适用于水位变化较大、机组台数较少的场合，因墙壁承受较大的外水压力，平面形状常采用圆形。

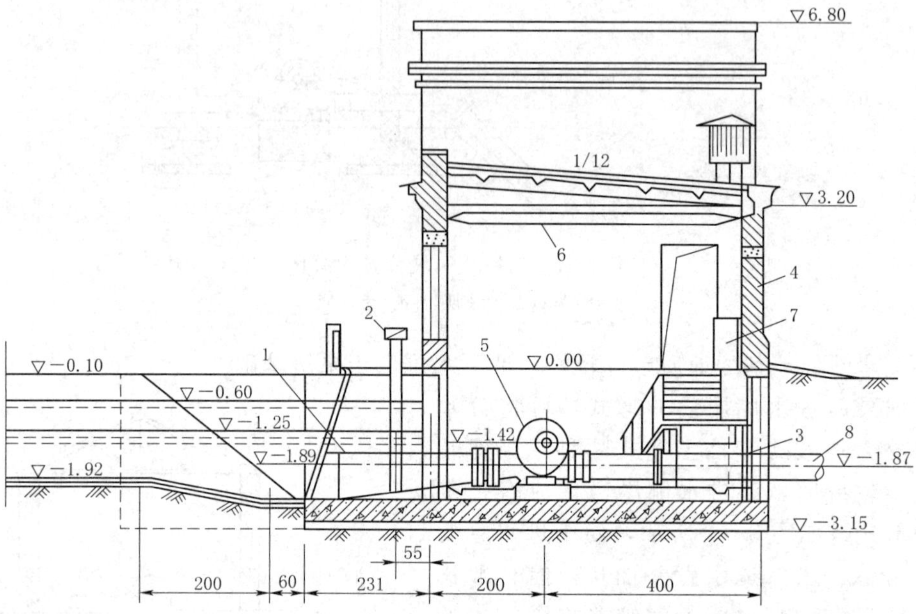

图 8-3 干室型泵房（单位：高程，m；长度，cm)

1—进水管；2—检修闸门；3—干室；4—水上部分；5—水泵；6—吊车；7—控制柜；8—出水管道

三、湿室型泵房

随着进水池（或水源）水位变幅或地下水位的进一步加高，采用干室型泵房会使干室较深，不利于机组通风、采光、防潮，且干室要承受较大的浮托力，不利于泵房的稳定性，故当水位变幅为 2～5m 时，需用立式水泵机组，或采用水泵淹没于水下的立式水泵机组，使泵房下部直接成为一个进水室，这就形成了湿室型泵房。此种泵房分为上、下两层，上层干燥，放置电动机及其附属设备，为电机层；下层为湿室，放置水泵，作用相当于进水池，为水泵层。湿室型泵房适用条件为：

(1) 中小型立式或卧式轴流泵。

(2) 进水池（或水源）水位变幅较大。

(3) 地下水位较高。

根据湿室结构的不同，湿室型泵房可分为箱式、墩墙式、排架式等几种，常用的为墩墙式和排架式两种。墩墙式湿室型泵房如图 8-4 所示，一侧与前池相连，其他三面均为挡土墙，为保证每台机组有单独进水室，泵与泵之间用隔墩隔开，下层结构由挡土墙和隔墩构成而得名。这种泵房结构简单，施工方便，可利用砖石材料建筑，节省钢筋混凝土，但挡土墙外侧回填土使泵房要承受较大的土压力，为满足抗滑稳定，有时需加

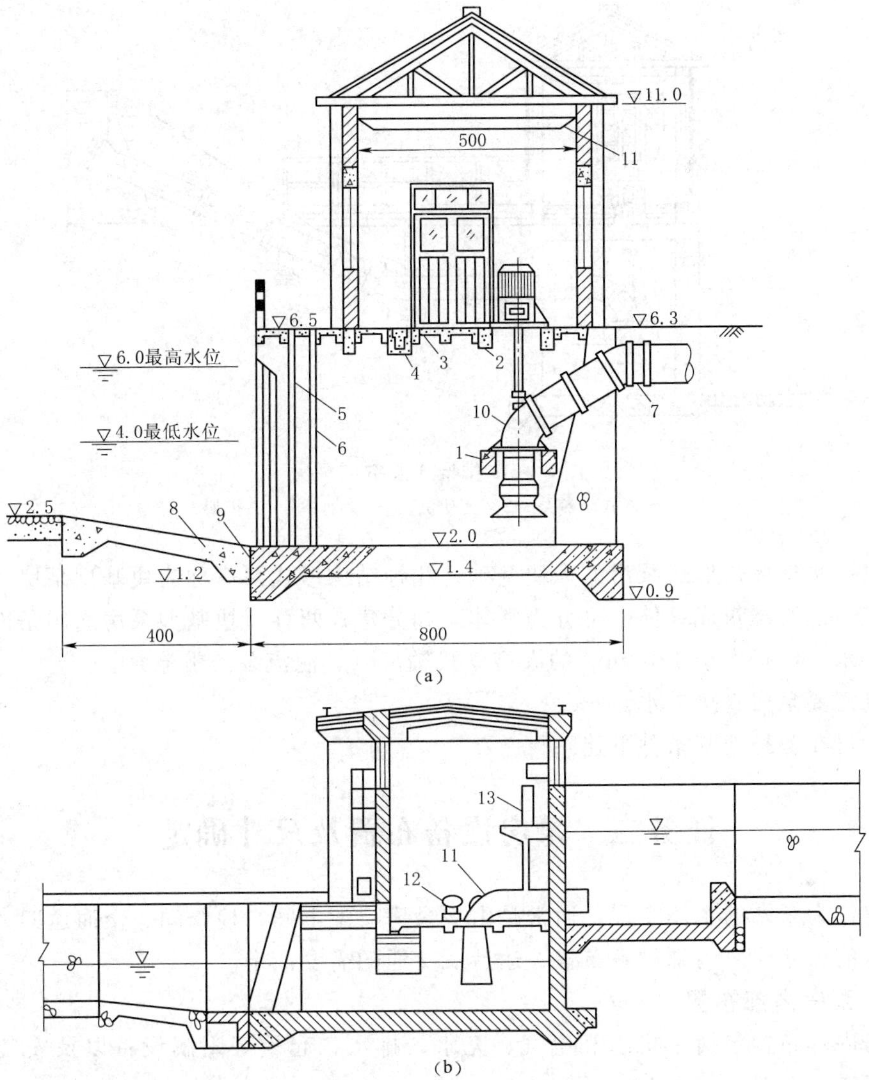

图 8-4 墩墙式湿室型泵房（单位：高程，m；长度，cm）

1—水泵梁；2—电机梁；3—电机层楼板；4—电缆沟；5—拦污栅槽；6—检修闸门槽；7—软接头；8—防渗铺盖；9—水平止水；10—立式轴流泵；11—卧式轴流泵；12—电动机；13—开关柜

大泵房重量，从而增大地基应力和工程造价，适用于地基条件较好的地区。排架式湿室型泵房为避免泵房两侧和后墙的回填土压力，采用钢筋混凝土的梁柱结构支撑水泵机组和泵房的上部结构，如图 8-5 所示。此种结构无墙，省材料，结构轻，地基应力小，但护坡工程量大，设备检修不便，且由于泵房四面环水，需在泵房一侧建工作桥与岸坡连接，以便通行。

四、块基型泵房

对于大型机组，为增大泵房的稳定性，常将泵的底板和水泵的进水流道用钢筋混凝

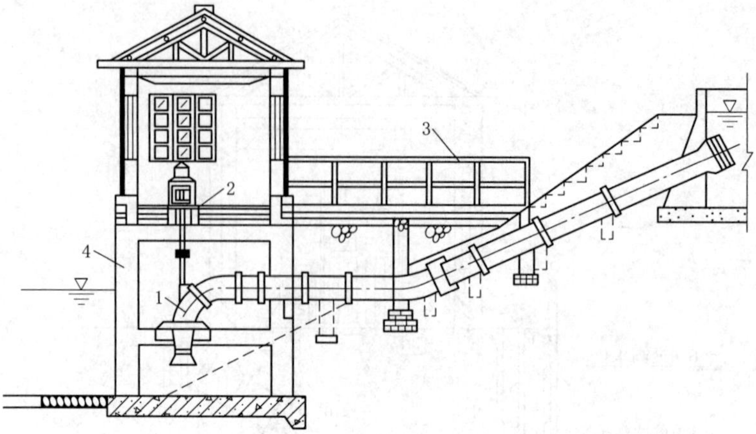

图 8-5 排架式湿室型泵房

1—立式轴流泵；2—电动机；3—交通桥；4—排架

土浇筑成一块整体，形成泵房的大块基础，此种结构形式泵房称为块基型泵房。根据其与出水流道是否浇筑成一体，可分为整体式和分建式两种。块基型泵房适用条件为：

（1）水泵口径大于 1200mm 的大型立式轴流泵、混流泵、贯流泵。

（2）需要泵房直接挡水。

（3）可在各种地基条件下建站。

任务二 泵房设备布置及尺寸确定

泵房作为泵站的主体工程，通常是由主泵房、配电间、检修间、交通道四大部分组成。泵房的尺寸应由内部设备布置、运行及交通的需要而定。

一、泵房内部布置

泵房内部布置包括主机组和电气、充水、排水、起重等附属设备以及安装维修空间、交通道等布置。

（一）主机组布置

主泵房的尺寸主要取决于主机组类型、台数及主机组的布置。主机组常用的布置形式有单列式和双列式两种。单列式是最常用的一种，它又可分为直线单列式和平行单列式两种。直线单列式为各机组的轴线位于一条直线上，如图 8-6（a）所示。该种布置主泵房内整齐，主泵房跨度小，易于交通管理，但当机组台数多时会增大主泵房长度，从而使进水池也相应加宽。平行单列式为各机组的轴线相互平行，如图 8-6（b）所示。该种布置的优缺点同直线单列式布置，只不过由于水泵和电动机沿主泵房宽度放置，则相对于直线单列式而言，主泵房跨度有所加大，长度有所减小。两者均适用于机组台数不多的泵站。当机组台数较多时宜采用双列式布置，此布置是将主机组布置成两排，且相互交错，如图 8-6（c）所示。这种布置主泵房内较紊乱，不利于维修、管理，泵房跨度加大，但缩短了主泵房的长度。购置机组时需向厂家说明组装形式、台数以及部分水泵轴的调向问题。

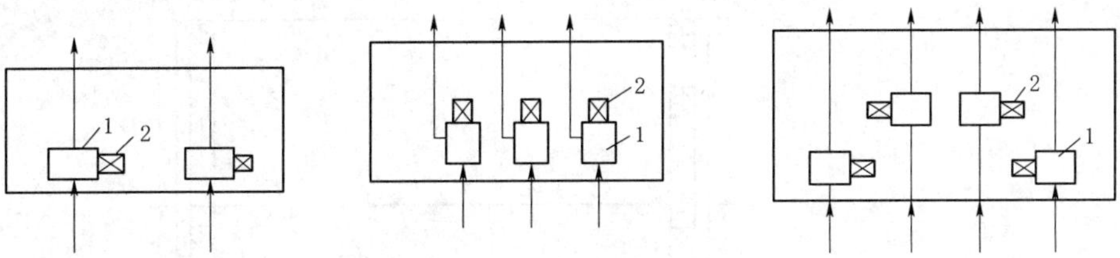

(a) 直线单列式　(b) 平行单列式(单式离心泵、混流泵)　(c) 双列式

图 8-6　主机组布置形式

1—水泵；2—电动机

(二) 配电设备及配电间布置

配电设备是由开关、仪表、保护装置和母线等组装成的配电板或配电柜。每台主机组配置一台配电设备，其布置方式有分散和集中两种。分散布置是将配电设备分散布置在主泵房内（进水侧或出水侧）主机组附近，便于监视主机组的运行，此布置形式对于大机组可能会使泵房跨度增大，故常用于小型泵站。集中布置是将全部配电设备布置在泵房的一端或一侧。一端式（图 8-7）有利于主机组的通风采光，泵房跨度小，但当机组台数较多时，工作人员不便于监视远离配电间的机组的运行情况，适用于机组台数较少的泵站。主机组台数较多时，可采用一侧式，将配电设备布置在泵房出水侧中部，以便于监视全部主机组运行，但影响泵房的通风采光。

配电间的尺寸主要取决于配电柜的数目、规格尺寸及必要的操作维修空间。配电柜分高压柜和低压柜两种。高压柜双面维修，柜后需留 0.8～1.0m 检修空间，柜前至少留 2.0m 操作空间。低压柜又分为两种：双面维修柜和单面维修柜。双面维修柜后亦需留 0.8～1.0m 检修空间，柜前至少留 1.5m 操作空间；单面维修柜可靠墙布置，只在柜前至少留 1.5m 操作空间。

配电柜与主机组之间通过电缆连接，电缆可采用埋置于地坪内的埋置式，也可采用悬挂式，即将电缆装在悬挂于墙壁上的电缆槽内。为防止电缆受潮，配电间的地板一般应高于主机组的地坪，其高度可与主泵房内交通道相同。配电间与主泵房之间根据需要来确定是否设置隔墙，隔墙上应设大玻璃窗和交通门。配电间应专设一个外开便门，以防事故时用。

(三) 检修间布置

检修间有三种布置方式：一端式、一侧式、平台式。一端式布置在主泵房对外交通运输方便的一端，沿电动机层长度方向加长一段，作为检修间，其高程、宽度一般与电动机层相同。机组安装检修时可共用主泵房的起吊设备，目前绝大多数泵站均采用这种布置方式。一侧式布置，由于布置进水流道，主泵房电机层进水侧比较宽敞，可利用此空间布置机组安装、检修场地，其高程一般与电动机层相同，机组利用主泵房的起吊设备进行安装检修。平台式布置对于机组间距较大和电动机层楼板高程低于泵房外四周地面高程的情况，可利用主机组间的间距设置一个高于电动机层地坪的检修平台，用来作为机组安装、检修的场地。

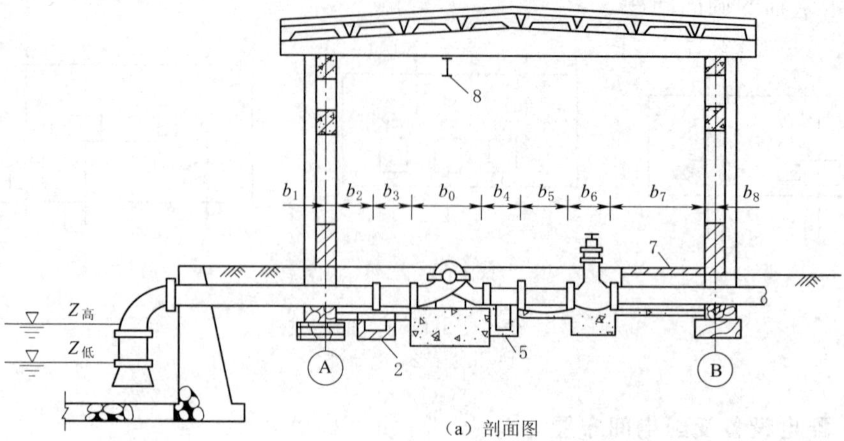

（a）剖面图

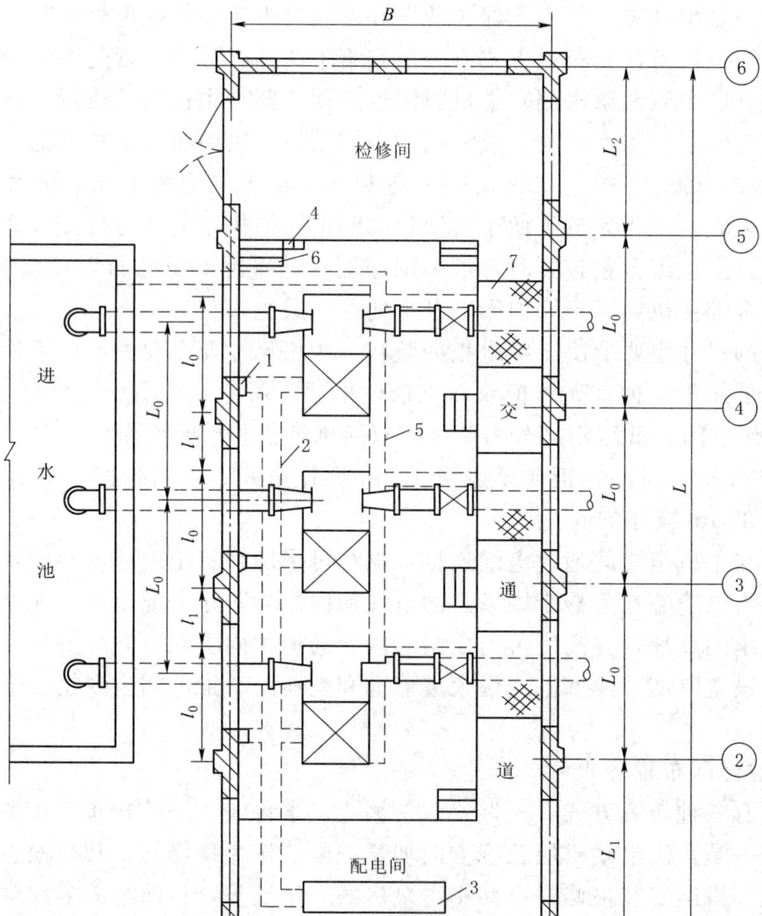

（b）平面图

图 8-7　分基型泵房布置图

1—启动器；2—电缆沟；3—配电柜；4—真空泵机组；5—排水沟；6—踏步；7—花纹钢盖板；8—单轨吊车；$Z_高$—进水池最高运行水位；$Z_低$—进水池最低运行水位

检修间的尺寸主要根据机组的安装、检修要求确定，其面积大小应满足一台机组安装或解体大修的要求，应能同时安放电动机转子连轴、上机架、水泵叶轮或主轴等大部件，部件之间应有1.0～1.5m的净距并有工作通道和操作需要的场地。检修间跨度与主泵房相同，其长度按下列原则确定：立式机组应满足一台机组安装或扩大性大修的要求，机组检修应充分利用机组间的空地。在安装间除了放置电动机转子外，还应留有运输最重部件的汽车进入泵房的场地，其长度可取1.0～1.5倍机组长度。卧式机组应满足设备进入泵房的要求，但不宜小于5.0m，为便于汽车进入检修间，其地面高程应与室外地面同高或略高于室外地面，且检修间一般需设可过汽车的大门，以及便于人员行走的交通便门。

（四）交通道布置

为便于工作人员巡视及设备搬运，主泵房内应设主交通道和工作通道，一般沿泵房长度方向布置，主交通道宽度不宜小于1.5m，工作通道宽度一般不宜小于1.0m。立式机组各层应设置不少于一条的主交通道；卧式机组主泵房内宜在管道顶部设工作通道。主交通道高程应高于主地坪地板一定高度，确保管路和闸阀的操作、检修所需空间。

（五）充水系统布置

充水系统包括真空泵机组和抽气干、支管，一般布置在主泵房进水侧的空地上，抽气干管沿机组基础的地面平铺，也可支撑在高于地面2m左右的空间，再用抽气支管与每台水泵相连。

（六）排水系统布置

排水系统用来排除水泵水封用的废水、轴承冷封水及管阀漏水等。进水池水位较低，有自排条件时，泵房地坪设置向进水池方向倾斜坡度（2%左右），废水自排入进水池。当没有自排条件时，其排水系统一般由干、支沟组成，干沟沿泵房长度方向而设，支沟沿机组基础布置，干沟末端设集水井，集水井积水用水泵抽排出去。为防止电缆受潮，排水系统与电缆沟应分居于机组的两侧。

（七）通风采光设备

由于电动机运行过程中不断散发出热量，为降低泵房内室温，为机组和工作人员提供良好的工作条件，应通风散热；另外，为便于工作人员管理，还应考虑泵房的采光照明问题。一般泵房通风方式有两种：自然通风和机械通风。主要用自然通风，设上、下两层前后对称窗，形成对流通风散热，只有自然通风不满足时，另用机械——排气扇协助。采光亦主要利用窗来解决，一般窗的设置应满足泵房的通风采光系数1/7～1/5（$S_{窗}/S_{地板}=1/7\sim1/5$）。

（八）起重设备

主机组安装、检修时需设置用来起吊运输的专用设备——起重设备。起重设备的额定起重量根据最重的吊运部件和吊具总重量确定，提升高度应满足机组安装和检修的要求。起重量小于5t，水泵台数少于4台时，宜选用手动单重梁起重机；起重量大于等于5t时，宜采用电动单梁或双梁起重机。

二、泵房尺寸的确定

泵房尺寸根据泵房内部设备布置、结构形式等因素确定，并应符合国家有关规范要求。

(一) 卧式机组的泵房尺寸

1. 泵房的长度 L

泵房长度指泵房两山墙轴线间的距离，如图 8-7 所示。根据机组台数、布置形式、机组间距、边机组段长度和检修间的布置等因素确定，且应满足机组吊运和泵房内交通的要求，用下式表述

$$L=n(l_0+l_1)+L_1+L_2 \tag{8-1}$$

式中 L——泵房长度，mm；

L_1、L_2——配电间和检修间的长度，mm；

l_0——主机组基础的长度，mm；

l_1——主机组基础间距或机组到墙壁之间的距离，mm，见表 8-1；

n——主机组台数。

表 8-1 泵房内部设备间距

项目	流量/(m^3/s)		
	<0.5	0.5～1.5	>1.5
设备顶端与墙端	70	100	120
设备与设备顶端	80～100	100～120	120～150
设备与墙间	100	120	150
平行设备之间	100～120	120～150	150～200
高压或立式电动机组间	150	150～175	200

卧式机组的电动机抽芯有多种方式，在安装位置抽芯需加大机组间距，增大泵房投资，多数情况是将电动机定子与转子一起吊到检修间或其他地方进行抽芯。边机组段长度主要考虑电动机吊装的要求，有空气冷却器时，还要考虑空气冷却器的吊装，另需布置楼梯时，注意不能因楼梯而额外增加边机组段长度，否则，楼梯需另外考虑。

注意：

(1) 机组间距应等于每台水泵要求的进水宽度与间隔墩厚度之和，两者如果不一致，应调整机组间距或管路布置，使两者统一。

(2) 机组中心距一般为泵房柱距，要调整使其符合建筑模数，以便采用建筑标准件；检修间、配电间的柱距可与机组间距相同，也可不同，根据其需要而定。

(3) 进出水管路避免在墙柱下通过，以免管壁超压而损坏。

2. 泵房的跨度 B

泵房的跨度是泵房进出水侧（或柱）轴线之间的距离（图 8-7），应根据水泵、阀门、所配的其他管件尺寸，并满足安装、检修及运行维护通道或交通道布置的要求而定。即

$$B=b_1+b_2+b_3+b_0+b_4+b_5+b_6+b_7+b_8 \tag{8-2}$$

式中 B——泵房跨度，mm；

b_1、b_8——轴线之间的墙壁厚度，mm；

b_2——水平管长度，根据管道检修空间而定，一般不小于300mm；

b_3——偏心渐缩管长度，mm；

b_0——水泵长度，查样本可得，mm；

b_4——同心渐缩管长度，mm；

b_5——水平接管长度，根据闸阀的操作及闸阀、管道检修需要而定，mm；

b_6——闸阀长度，mm；

b_7——交通道宽度，mm。

若内部管道上装有逆止阀，还应考虑逆止阀长度，泵房跨度亦应符合建筑模数，此外，还应注意和吊车安装尺寸相协调。

3. 泵房的高度 H

泵房高度等于泵房净高度与地板厚度、屋顶高度之和。泵房净高度应根据主机组、辅助设备、电气设备的布置，机组的安装、运行、检修，设备吊运以及泵房内通风、采光要求等因素而定。泵房高程确定时有一控制高程——安装高程，其他高程均是在此高程基础上而定的。如图8-8所示，其高程确定方法如下：

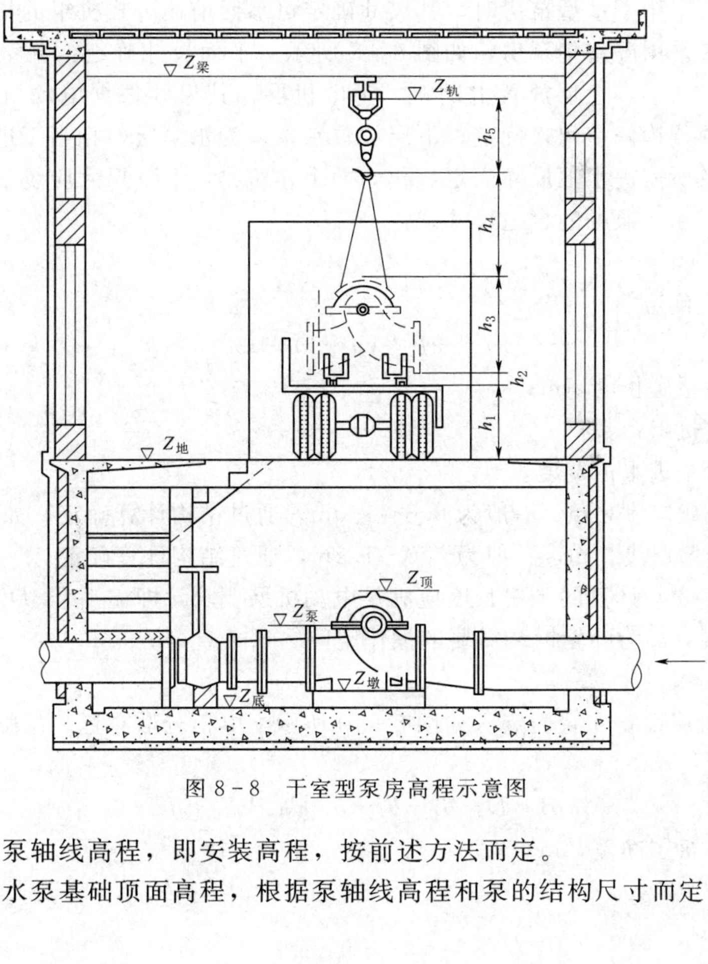

图8-8 干室型泵房高程示意图

(1) $Z_泵$：泵轴线高程，即安装高程，按前述方法而定。

(2) $Z_墩$：水泵基础顶面高程，根据泵轴线高程和泵的结构尺寸而定。

(3) $Z_{底}$：泵房底板地面高程，由 $Z_{墩}$ 减去 0.1～0.3m 求得。

(4) $Z_{地}$：检修间地板高程，由室外地面高程加 0.15～0.3m，应防止雨水倒灌及便于交通运输。

(5) $Z_{轨}$：吊车工字钢轨底面高程，按吊运要求而定，有

$$Z_{轨}=Z_{地}+h_1+h_2+h_3+h_4+h_5 \tag{8-3}$$

式中 $Z_{轨}$——吊车工字钢轨底面高程，m；

$Z_{地}$——检修间地板高程，m；

h_1——车厢离地面高度，国产汽车一般为 1.2～1.55m；

h_2——垫块高或吊起物底部与泵房进口处室内地面的距离，一般不小于 0.2m；

h_3——最高设备高度，m；

h_4——起重绳的绑扎长度，对于水泵为 $0.85x$，对于电动机为 $1.2x$，x 为起重部件宽度，取两者中较大者，m；

h_5——吊钩至轨面的距离，由起吊设备查手册而定，m。

(6) $Z_{梁}$：屋面大梁下缘高程，由 $Z_{轨}$ 加工字钢高度而定。

泵房净高 $H=Z_{梁}-Z_{底}$，应符合扩大模数整倍数要求。

(二) 立式机组的泵房尺寸

立式离心泵采用干室型泵房时，其尺寸确定可参照前述卧式机组的相关内容。中小型立式轴流泵多采用湿室型泵房，如图 8-9 所示。平面尺寸确定：湿室型泵房从结构上可分为上、下两层，上层放置电动机，为电机层，其尺寸根据电动机台数和安装尺寸、配电柜尺寸、检修空间来确定；下层放置水泵，为水泵层，相当于进水池，应根据水泵安装尺寸及所需进水池尺寸而定。作为一个建筑物，上下尺寸应统一，综合考虑取符合建筑模数、上下兼顾的合适尺寸。

1. 长度的确定

长度按下式确定

$$L=nB+(n+1)\delta+2c \tag{8-4}$$

式中 L——主泵房长度，m；

n——主机组台数；

B——单个进水池宽度，m；

δ——隔墩厚度，m，一般为 0.8～1.0m，通过结构计算确定，如设缝墩等；

c——边墩厚度，m，一般为 1.0～1.2m，通过结构计算确定。

根据式 (8-4) 计算的泵房长度应满足电动机层要求，即 $B+a-D\geqslant 1.5$，D 为电动机的最大外径，a 为叶轮拆装需要的操作空间。

2. 跨度的确定

跨度由电机层设备布置而定。如图 8-10 所示配电柜分散布置，吊物孔沿跨度方向布置，则

$$B=D+b_1+b_2+b_3+b_4+b_5+b_6 \tag{8-5}$$

式中 B——电机层净宽，m；

D——配电柜厚，m；

b_1——配电柜与墙间距，m；

b_2——配电柜厚，m；

b_3——电动机与配电柜间距离，m；

b_4——吊物孔与电动机间距离，m；

b_5——吊物孔的宽度，由吊运最大部件尺寸而定，m；

b_6——吊物孔边缘至吊车柱的距离，m，应满足盖板的支撑宽度。

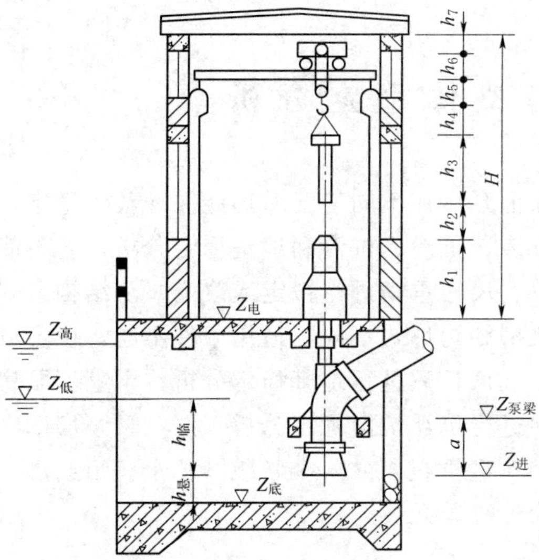

图 8-9　湿室型泵房高程示意图

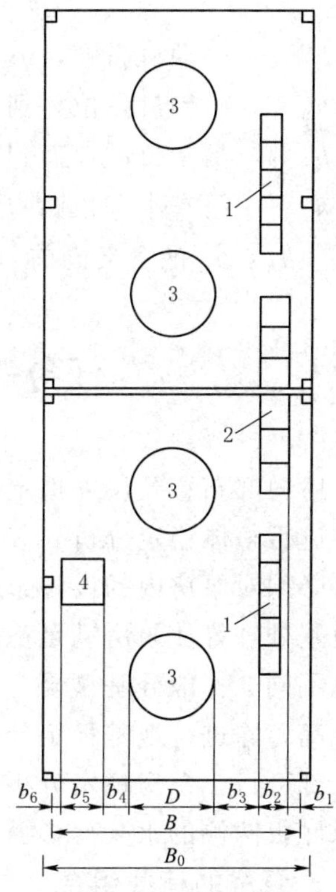

图 8-10　电动机层平面布置示意图

1—低压配电盘；2—高压配电盘；3—电动机；4—吊物孔

若配电柜集中布置，吊物孔不设在跨度方向（如利用电机主次梁之间空隙，则跨度大大减小，只考虑电机外形尺寸及泵房内交通即可）。对于中、小型泵站，可不考虑吊物孔。

由上述确定的跨度应满足水泵进水的条件，符合建筑模数。

3. 立面尺寸确定

泵房各控制高程（图 8-9）的确定如下所述：

(1) $Z_{进}$：水泵进口高程，由进水池最低水位 $Z_{底}$ 时所确定的允许吸水高度和临界淹没深度 $h_{临}$ 而定。

(2) $Z_{底}$：泵房底板高程，水泵进口高程减去悬空高度确定。

(3) $Z_{泵梁}$：水泵梁顶部高程，$Z_{泵梁}=Z_{进}+a$，a 为水泵进口至导叶体出口平面间的安装尺寸，查样本可得。

（4）$Z_{电}$：电机层楼面高程，由三个因素确定：高于室外地面 0.15～0.3m，防止雨水倒灌，便于交通；高于进水池最高水位 0.5～1.0m，防止池水入室；考虑泵轴的挡位。

（5）电机层净高 H，由下式确定

$$H=h_1+h_2+h_3+h_4+h_5+h_6+h_7 \tag{8-6}$$

式中 h_1——电动机高度，m；

h_5——吊钩最高位置到吊轨顶面的高度，m，查吊车样本；

h_6——吊车轨道顶面到吊车的小车顶面之间的距离，m，查吊车样本；

h_7——吊车小车顶面与屋面大梁下缘之间的安全高度，一般不小于 0.3m；

h_2、h_3、h_4 的含义同前。

任务三 泵房整体稳定分析

泵房内部布置及尺寸拟定之后，为保证泵房在不同工况时均能保证整体稳定，还需对泵房进行整体稳定分析。其内容包括抗滑、抗渗、抗浮和地基稳定分析，若不能满足要求，必须对泵房内的设备布置进行修改、尺寸重新进行拟定或改变泵房结构形式，对泵房地基处理等使泵房满足稳定要求。泵房结构形式不同，适用条件不同，稳定分析的内容也不同。一般分基型泵房由于地下水位低，只进行地基稳定分析；干室型泵房因地下水位高，除进行地基稳定分析外，还须进行抗浮抗滑稳定分析；湿室型泵房四个分析内容全部进行。泵房稳定分析可采用一个典型机组段或一个联段（几个机组共用一块底板，以底板两侧的永久变形缝为界）作为计算单元。

一、泵房的荷载组合

荷载主要包括自重、静水压力、扬压力、土压力、泥沙压力、波浪压力、地震作用及其他荷载等。

（1）自重：泵房结构自重、填料重量和永久设备重量。

（2）静水压力：根据各种运行水位计算，多泥沙河流应考虑含沙量对水容重的影响。

（3）扬压力：浮托力、渗透压力，根据实际情况计算。

（4）土压力：根据地基条件、回填土性质、泵房结构、可能产生变形等因素按主动或静止土压力计算。

（5）泥沙压力：按泥沙淤积情况及泵房位置计算。

（6）波浪压力：按经验公式计算。

（7）地震作用：按国家现行标准的规定计算。

（8）其他荷载根据工程实际情况确定。

荷载组合一般有两种：基本组合和特殊组合，其荷载组合见表 8-2。

表 8-2 荷载组合

荷载组合	计算情况	荷载							
		自重	静水压力	扬压力	土压力	泥沙压力	波浪压力	地震作用	其他荷载
基本组合	完建情况	√	—	—	√	—	—	—	√
	设计运用情况	√	√	√	√	√	√	—	√
特殊组合	施工情况	√	—	—	√	—	—	—	√
	检修情况	√	√	√	√	√	√	—	√
	核算运用情况	√	√	√	√	√	√	—	—
	地震情况	√	√	√	√	√	√	√	—

二、抗渗稳定分析

泵房进出水侧水位差形成对泵房的渗透压力，故泵房尺寸确定后，应有足够的地下轮廓线长度，避免地基土壤出现管涌或流土等渗透变形。地下轮廓线长度是从水流的入渗点开始，沿建筑物的不透水地下轮廓线到渗流的逸出点为止。

三、抗滑稳定分析

由于泵房受水平荷载、垂直荷载的作用，为保证泵房基础不沿基础面水平滑动和深层滑动，必须进行抗滑稳定分析。

泵房沿基础底面的抗滑稳定安全系数按下式计算

$$K_c=\frac{f\sum G}{\sum H}\geqslant[K_{滑}] \tag{8-7}$$

$$K_c=\frac{f'\sum G+C_0A}{\sum H}\geqslant[K_{滑}] \tag{8-8}$$

其中

$$f'=\tan\varphi_0$$

式中 K_c——抗滑稳定安全系数；

$\sum G$——作用在泵房基础底面上的全部竖直荷载（包括扬压力），kN；

$\sum H$——作用在泵房基础底面上的全部水平荷载，kN；

A——泵房基础底面面积，m^2；

f——泵房基础底面与地基之间的摩擦系数，可按试验资料确定，无试验资料时，可查规范选用；

f'——泵房基础底面与地基之间摩擦角 φ_0 的正切值；

C_0——泵房基础底面与地基之间的黏结力，kPa；

$[K_{滑}]$——抗滑稳定安全系数允许值。

如果计算后发现不满足抗滑稳定的要求，在不专门增加泵房重量的前提下，可采取下列措施予以调整，重新计算：

(1) 降低后墙及边墩的填土高度，控制回填土料，尽量避免选用饱和黏土和石料，以增大土壤的内摩擦角。

(2) 设排水设施，控制地下水位。

(3) 加大齿坎深度或在泵房出水侧加设或加长阻滑板。

泵房加设齿坎和阻滑板后，抗滑稳定安全系数计算式为

$$K_c=\frac{f'\sum G+CA}{\sum H}+\frac{f\sum G'}{\sum H} \tag{8-9}$$

式中 f'——齿坎间地基滑动面土壤的摩擦系数；

$\sum G$——全部垂直力（包括齿坎间土体的重量）的代数和，kN；

C——齿坎间地基滑动面土壤的黏结力；

$\sum H$——全部水平力的代数和，kN；

f——阻滑板与地基之间的摩擦系数；

$\sum G'$——阻滑板上全部垂直力的代数和，kN；

A——齿坎间土体的剪切面积。

四、抗浮稳定分析

干室型泵房不允许进水，进水侧水位高或地下水位高时，受很大的浮力，必须进行抗浮校核。泵房抗浮稳定程度以安全系数 K_f 表示，其计算公式为

$$K_f=\frac{\sum V}{\sum U}\geqslant[K_f] \tag{8-10}$$

式中 K_f——抗浮稳定安全系数；

$\sum V$——作用于泵房基础底面上的全部重力，kN；

$\sum U$——作用于泵房基础底面上的扬压力，kN；

$[K_f]$——泵房抗浮稳定安全系数的允许值，不分泵站级别和地基类别，基本荷载组合下为1.10，特殊荷载组合下为1.05。

如果计算的 K_f 不满足抗浮稳定要求，可增加泵房的自重或将底板适当伸出并回填土以利用其上的土重而加大泵房的抗浮能力。

五、地基稳定分析

泵房基础底面应力由泵房结构布置、受力情况决定，矩形基础单向受力时

$$P_{\min}^{\max}=\frac{\sum G}{A}\pm\frac{\sum M}{W} \tag{8-11}$$

式中 $P_{\min}^{\max}$——泵房基础底面应力的最大值或最小值，kPa；

$\sum G$——作用在泵房基础底面上的全部垂直荷载，kN；

A——泵房基础底面面积，m^2；

$\sum M$——作用在泵房基础底面上的全部垂直荷载和水平荷载对于基础底面垂直于水流方向的形心轴的力矩，kN·m；

W——泵房基础底面对于该底面垂直水流方向的形心轴的截面距，m^3。

在各种荷载作用下，泵房地基应力必须满足

$$\left.\begin{aligned}&\overline{P}\leqslant[R]\\&P_{\max}\leqslant1.2[R]\\&P_{\min}\geqslant0\\&\frac{P_{\max}}{P_{\min}}\leqslant\eta\end{aligned}\right\} \tag{8-12}$$

式中 $\overline{P}$——泵房基础底面上的平均地基应力，kPa；

$[R]$——地基的允许承载力，kPa；

η——地基压应力不均匀系数，应小于规范中规定的数值。

如果计算地基应力不能满足要求，应采取处理措施。

任务四 泵房结构设计

泵房是由基础、墙体、楼板层、屋盖、门窗几大部分所组成的建筑物，不同结构形式形成不同类型的泵房。

一、分基型泵房

机组的基础用来固定水泵和电动机的相对位置，承受机组重量及其运转时的振动力，故基础应有足够的强度和刚度。卧式机组基础多为墩式，立式机组基础多为梁式。

(一) 基础的尺寸

在确定基础平面尺寸时，应满足水泵样本中水泵安装尺寸的要求，且螺孔中心离基础边缘的距离 b 应不小于 200mm，螺栓的埋置深度 h_2 参照表 8-3 确定，栓螺的保护层厚度 t 不小于 150～200mm。为防止积水，便于安装，基础的最低顶面应比室内地坪高 h_1（100～300mm），如图 8-11 所示。

表 8-3　　　螺栓最小埋深

螺栓直径/mm	末端有弯钩的螺栓埋深 h_2/cm	螺栓直径/mm	末端有弯钩的螺栓埋深 h_2/cm
<20	40	32～36	60
24～30	50	40～50	70～80

小型机组带有底座时，底座边缘至基础边缘的距离应大于 100mm。

对于电动水泵机组，其墩基的重量应大于机组总重量的 3 倍；对于柴油机水泵机组，其墩基的重量应大于机组总重量的 5 倍。

(二) 地基应力校核

机组基础除受到静力作用外，还受到动力作用，振动过大不仅影响机组正常运转和工作人员的健康，且还会引起地基附加沉陷，引起泵房损坏，故基础设计时应使基础应力满足地基允许承载力的要求。因实际上很难估计地基受动力影响的效果，常按静荷载下的地基允许承载力 $[R]$ 乘以振动折减系数计算。地基应力应满足下列条件

$$p \leqslant \psi [R] \tag{8-13}$$

其中 $$p = G/F$$

式中 p——基础底面应力，kPa；

G——基础和机组重力，kN；

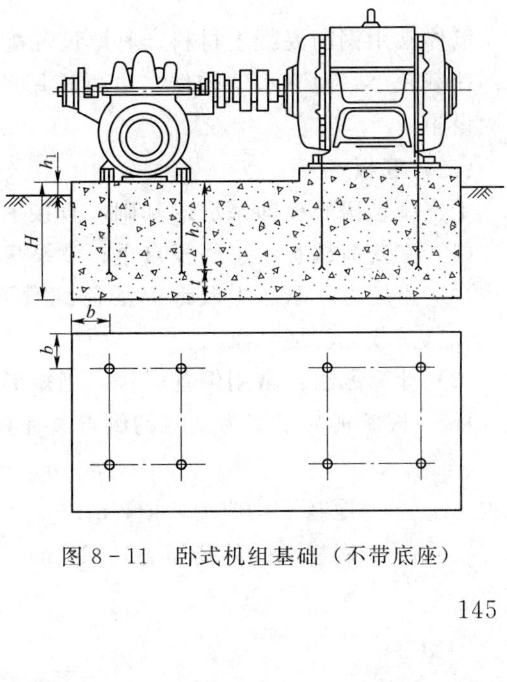

图 8-11　卧式机组基础（不带底座）

F——基础底面面积，m^2；

ψ——振动折减系数，可按 0.8～1.0 选用，高扬程机组的基础可采用小值，低扬程机组的块基型整体式基础可采用大值；

$[R]$——在静荷载作用下的地基允许承载力，kN/m^2。

地基应力还应满足式（8-12）的要求。

二、干室型泵房

干室型泵房水上部分同分基型泵房，水下部分一般由墙、底板、楼梯组成。

（一）墙体

干室型泵房水下墙体既承受泵房地面以上部分墙体传来的垂直力、弯矩、剪力，又承受墙侧的土压力和水压力。其计算方法视上部墙体形式不同而不同，当其与上部墙体的刚度比值小于等于 5 时，则两者视为一个整体，按变截面的排架进行计算。若刚度比值大于 5，则下部墙体不受上部墙体变形影响，两者可分开计算，荷载组合情况如下：

（1）地下室墙体已建成，且已回填土，地下水位为最高设计水位时，按上端自由、下端固定的悬臂梁计算，如图 8-12（a）所示。

（2）泵房已建成，室外未回填土，按偏心受压构件计算，如图 8-12（b）所示。

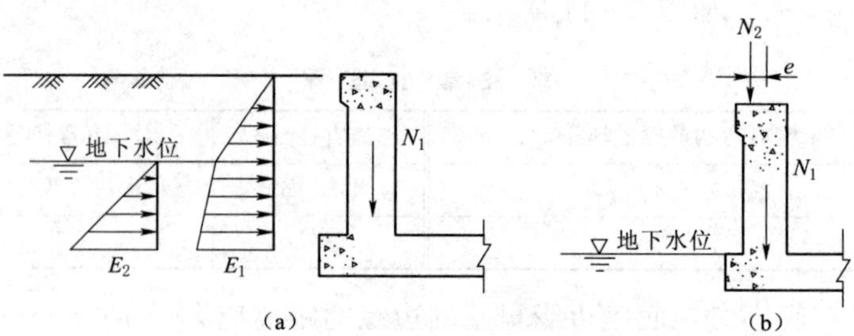

图 8-12　干室型泵房地下墙体荷载组合

E_1—土压力；E_2—水压力；N_1—自重；N_2—上部垂直力；e—上部垂直力的偏心距

墙体常用钢筋混凝土材料，其厚度和配筋按上面两种荷载组合中最大应力确定。若上部荷载较小、地下水位较低，也可采用砖墙结构，但墙厚应不小于 490mm，并设有防潮设施。

（二）底板

干室型泵房底板即泵房的基础，直接承受各种荷载作用。

（1）主要荷载有：①底板自重；②泵房上部屋面、砖墙、下部墙体荷载；③房内设备重；④土压力、水压力及地面活荷载对下部墙体底部产生的弯矩传至底板；⑤扬压力；⑥风荷载；⑦地基反力。

（2）计算方法：常用倒置梁法，当矩形底板长宽比大于 2 时，沿房进出水方向取单宽（1m）板条视为以墙为支撑的倒置梁计算简图，如图 8-13 所示。

$$q=q_{均}+q_{扬}-q_{自} \tag{8-14}$$

式中　$q_{均}$——地基平均应力，kN/m；

$q_{扬}$——底板承受的扬压力，kN/m；

$q_{自}$——底板自重，kN/m。

倒置梁法计算简便，但精度差，中小型泵房可用此法。

由于干室型泵房地下墙体和底板经常受到水压力作用，故不允许出现裂缝，计算应进行抗裂验算。

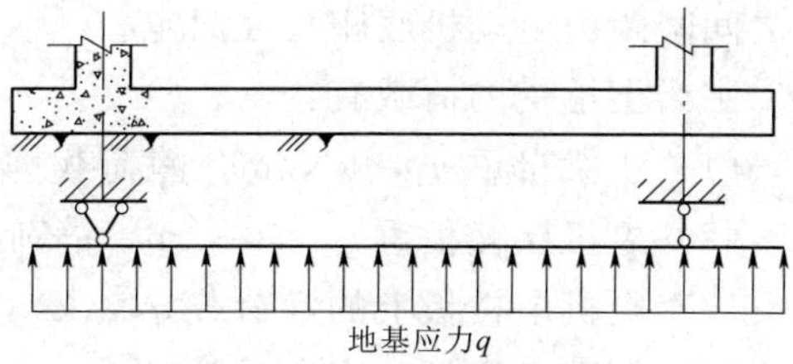

图 8－13　底板计算简图

三、湿室型泵房

电机层楼板以上的墙体及屋盖同分基型泵房，其楼板常采用钢筋混凝土梁板结构。

(一) 楼板

墩墙式湿室型泵房，电机层楼板为墩墙上的预制板（图 8－14），排架式湿室型泵房电机层楼板与排架柱整体浇筑，常用整浇板。

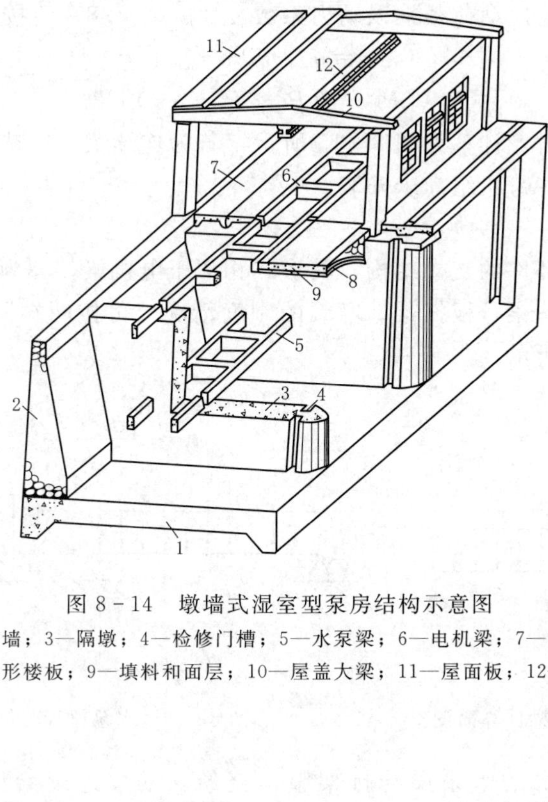

图 8－14　墩墙式湿室型泵房结构示意图

1—底板；2—后墙；3—隔墩；4—检修门槽；5—水泵梁；6—电机梁；7—电机层槽形楼板；8—电机层拱形楼板；9—填料和面层；10—屋盖大梁；11—屋面板；12—工字形钢轨

1. 荷载

(1) 板自重 q_1。

(2) 活荷载，包括人群荷载 q_2（均布）和设备安装检修荷载（按一台最重的设备重量作为集中荷载 P）。

2. 荷载组合

设计荷载组合：q_1+q_2。

校核荷载组合：q_2+P。

(二) 电机梁

电机梁为电动机的支撑结构，它是由主、次梁组成的井字梁系结构，主梁之间、次梁之间间距由电动机底座尺寸而定。

主梁上承受的荷载有：

（1）主梁自重 q_1，kN/m，静荷载。

（2）电机层楼板重 q_2，kN/m，静荷载。

（3）电机层楼板上的活荷载 q_3，kN/m，静荷载。

（4）电动机定子和底座的重量 P_1，kN，静荷载，无资料时，$P_1=60\%G_{电动机}$。

（5）电动机转子重量 P_2，kN，动荷载，无资料时，$P_2=40\%G_{电动机}$。

（6）水泵泵轴和叶轮重 P_3，kN，动荷载。

（7）作用在水泵叶轮上的轴向水压力 P_4，kN。

（8）另外，电机梁还承受机组正常运行时产生的正常扭矩 M_Z 与短路停机时所产生短路扭矩 M_D，$P_电<500kW$ 可不考虑。

为简化计算，将上述动荷载乘以动力系数 μ（1.2～1.8）后按静荷载计算，则

$$q=q_1+q_2+q_3$$

$$P=[P_1+\mu(P_2+P_3+P_4)]/2$$

当主梁为简支梁时，计算如图 8-15 所示，若为连续梁，应选用最不利情况：一些跨机组已运行，另一些跨机组尚未安装。

（三）水泵梁

水泵梁为泵壳等部件的支撑结构，其形式相似于电机梁，亦为井字梁系结构。墩墙式泵房的水泵梁为单跨梁，根据梁、墩墙的刚度情况，可按两端固定或两端简支计算，计算简图如图 8-16 所示。

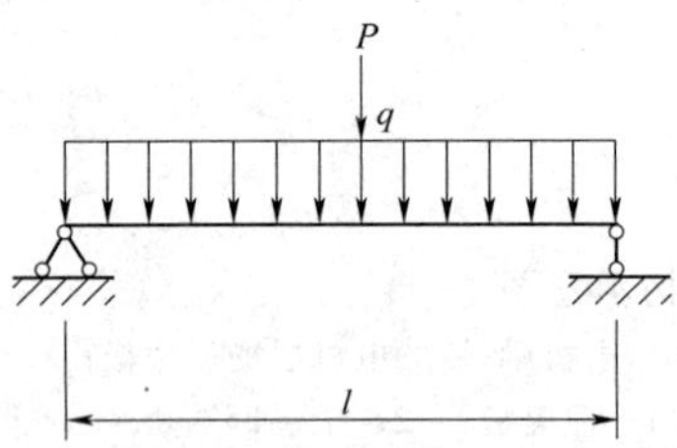

图 8-15 电机梁计算简图

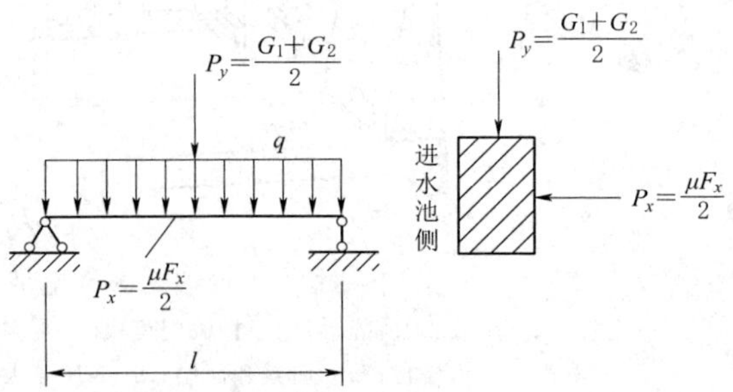

图 8-16 水泵梁计算简图（一）

排架式湿室型泵房的水泵梁与排架整体浇筑，常按连续梁计算，计算简图如图 8-17 所示。

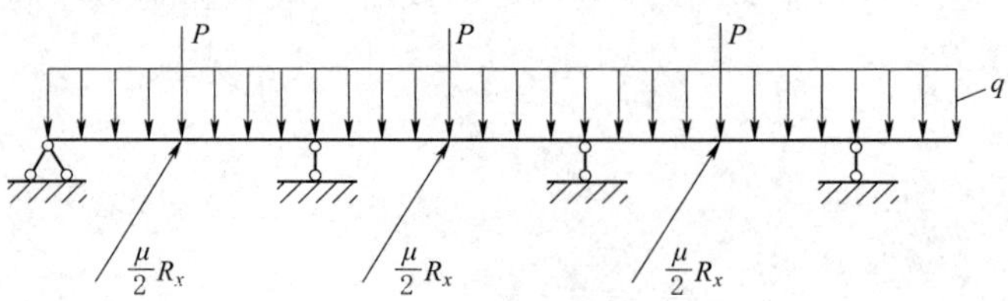

图 8-17 水泵梁计算简图（二）

作用荷载主要有：

(1) 水泵梁自重 q，均布静荷载，kN/m。

(2) 泵体重 G_1，包括喇叭段、导叶体、弯管等，kN。

(3) 出水弯管至后墙之间水管重及管中水重 G_2，由水泵梁所承担的部分荷载。

(4) 倒流水冲击力，水泵事故停机时，水倒流对水泵弯管管壁产生冲击力，如图 8-18 所示，事故停机时，作用在一根主梁上的水平冲击力 P_x 为

$$P_x=\mu\frac{F_x}{2}=\mu\frac{R_x}{2}$$

$$R_x=P_1\cos\alpha+\frac{\gamma Q}{g}v_1\cos\alpha \tag{8-15}$$

$$P_1=\frac{\pi D^2}{4}\gamma\left(h_1-\frac{v_1^2}{2g}-h_{损}\right)$$

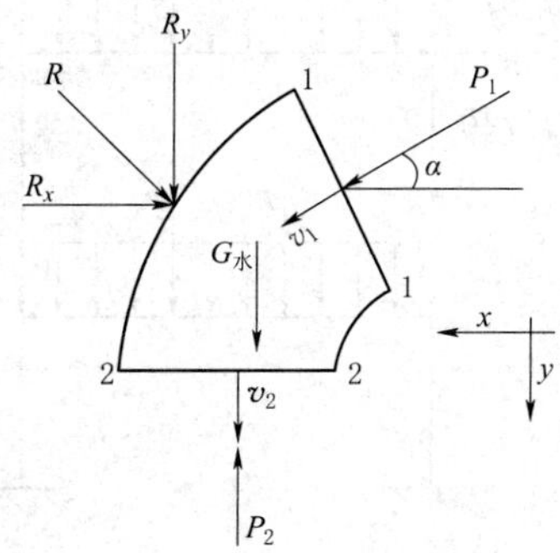

图 8-18 出水弯管内水体受力简图

式中 μ——动荷系数，$\mu=2.0$；

R_x——泵壳对水体作用力的水平分力，kN；

F_x——水体对泵壳作用力的水平分力，kN，与 R_x 为反作用力；

P_1——1-1 断面处水压力，kN；

γ——水的容重，kN/m；

α——出水管出口中心线与水平线间夹角；

v_1——1-1 断面处水体倒流流速，m/s；

Q——水泵倒流流量，一般按轴流泵额定流量的 1.2～1.6 倍估算，m^3/s；

D——出水弯管直径，m；

h_1——出水池最高水位与 1-1 断面中心高程之差，m；

$h_{损}$——压力水管出口到 1-1 断面的水力损失，m。

均布荷载各自承担，集中荷载每根梁承受一半。

(四) 墩墙与排架

墩墙为墩墙式湿室型泵房的承重和围护构件，排架则为排架式湿室型泵房的承重构件。

1. 墩墙

墩墙包括边墩、中墩、后墙三部分，起围护承重、防渗、挡水（土）作用。边墩为重力挡土墙的结构形式，中墩类似于水闸的闸墩，后墙的结构形式常用平板式或拱式，其结构计算方法随墙的高宽比不同而异：平板式后墙高宽比大于 2 时按连续梁计算；高宽比小于 2 时，视后墙边墩、中墩以及底板的联结情况分别按三边固定、一边自由或三边简支、一边自由的双向板计算；拱式后墙一般采用等截面圆弧拱，按无铰圆弧拱进行计算，拱脚支撑于边墙和中墩上，用混凝土封固。

2. 排架

排架式湿室型泵房的下部排架是由立柱、上下横梁、底板组成的一个刚性结构，为

简化计算，按平面结构计算。顺水流方向为横排架，垂直水流方向为纵排架。

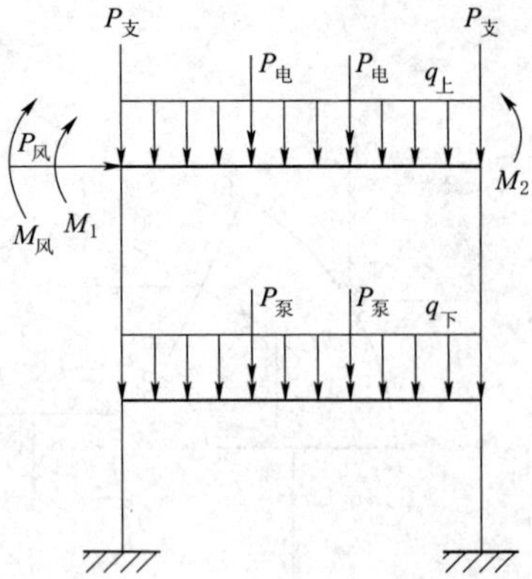

图 8-19 横排架计算简图

（1）横排架。如图 8-19 所示，计算单元取一跨，作用荷载有：①上横梁自重及电机层楼板传来的均布静荷载 $q_{上}$；②下横梁自重 $q_{下}$；③电机梁传给上横梁的集中荷载 $P_{电}$；④水泵梁传给下横梁的集中荷载 $P_{泵}$；⑤上部墙柱（进出水侧）传给上横梁的集中力 $P_{支}$ 及弯矩 M_1、M_2；⑥水平风力 $P_{风}$ 及弯矩 $M_{风}$（考虑左、右吹两种情况）。

（2）纵排架。如图 8-20 所示，常取出水侧纵排架为计算单元，为一双层多跨刚架，作用荷载有：①均布荷载 $q_{上}$，$q_{上}=q_1+q_2+q_4$，q_1 为梁自上电机层楼板自重，q_4 为上纵梁上部砖墙及屋面系统荷载；②电机层楼板均布活荷载 q_3；③下纵梁自重 $q_{下}$；④集中荷载 P，由纵梁支撑的出水管及管中水重；⑤水平风力 $P_{风}$ 及弯矩 $M_{风}$（图中假设为右吹）。

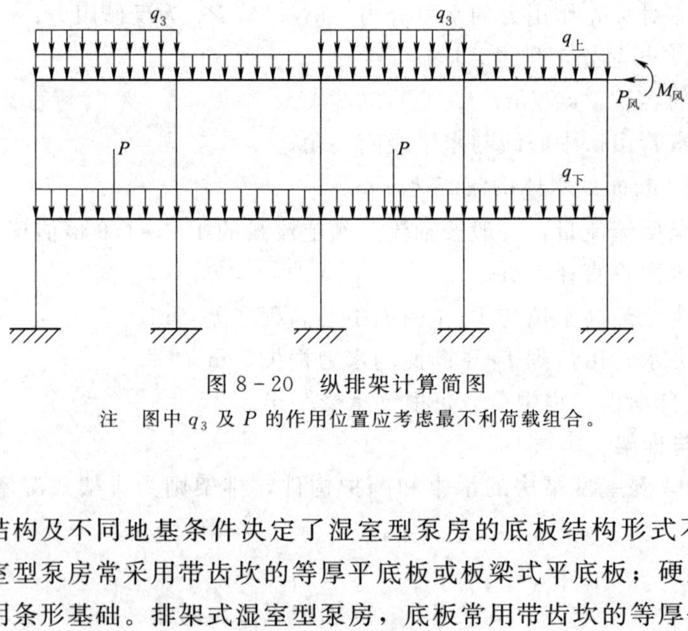

图 8-20 纵排架计算简图

注 图中 q_3 及 P 的作用位置应考虑最不利荷载组合。

（五）底板

不同泵房结构及不同地基条件决定了湿室型泵房的底板结构形式不同。软土地基时，墩墙式湿室型泵房常采用带齿坎的等厚平底板或板梁式平底板；硬土或承载力大的地基上，可采用条形基础。排架式湿室型泵房，底板常用带齿坎的等厚平底板或板梁式平底板，硬土基、岩基上用独立基础。

1. 墩墙式湿室型泵房带齿坎等厚平底板计算

为简化计算，常近似地认为地基反力在垂直水流方向上是均匀分布的，把底板按平面问题处理。由于边墩、中墩的刚度在顺水流方向较大，故底板的弯曲变形主要产生在垂直水流方向上，可在垂直水流方向上截取具有代表性的单宽板条按连续梁设计，常用方法为倒置梁法。

取整个底板或相邻两沉陷缝之间的底板为计算单元，垂直水流方向取单宽板条，视

为以边墩和中墩为支点的连续梁，取几个时期中荷载组合最大值为均布载 q，如图 8-21 所示，即

$$q=q_{地}+q_{渗}+q_{浮}+q_{自}+q_{水} \tag{8-16}$$

式中 $q_{地}$——单宽板条上承受的地基反力，kN/m；

$q_{渗}$——单宽板条上承受的渗透压力，kN/m；

$q_{浮}$——单宽板条上承受的浮托力，kN/m；

$q_{自}$——单宽板条上的自重，kN/m；

$q_{水}$——单宽板条上承受的水重，kN/m。

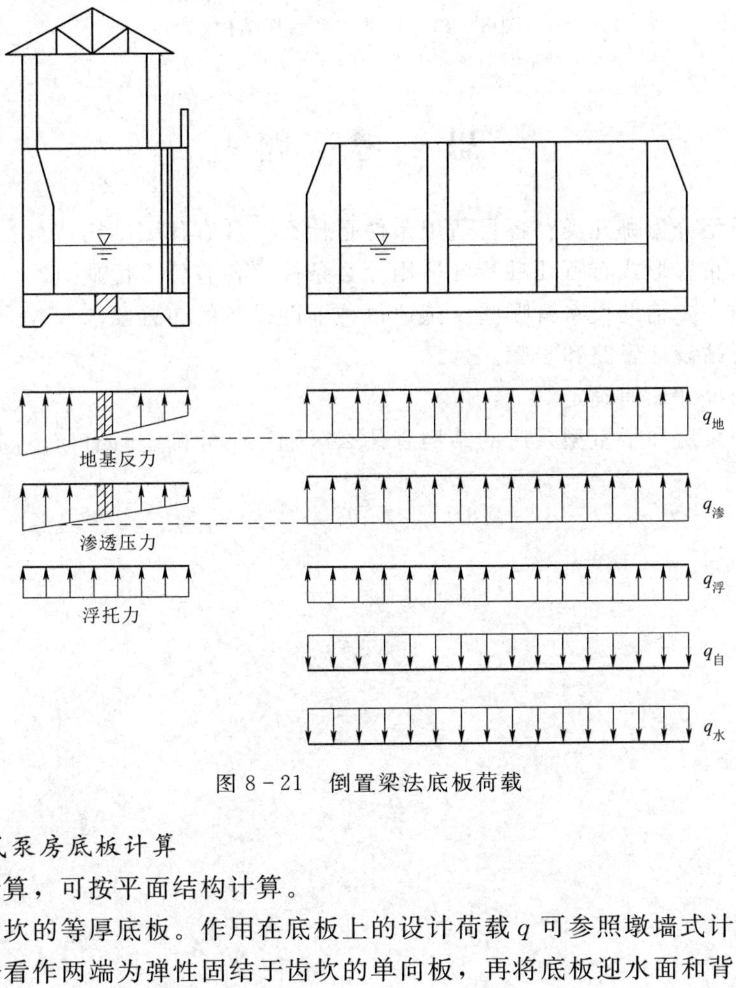

图 8-21 倒置梁法底板荷载

2. 排架式泵房底板计算

为简化计算，可按平面结构计算。

(1) 带齿坎的等厚底板。作用在底板上的设计荷载 q 可参照墩墙式计算方法，把底板无齿坎部分看作两端为弹性固结于齿坎的单向板，再将底板迎水面和背水面的齿坎部分作为以排架立柱为支点的连续梁计算。

(2) 板梁式平底板。板梁式平底板的结构形式一般有两种，如图 8-22 所示。作用在平底板上的设计荷载的计算方法同倒置梁。当底板采用图 8-22 (a) 所示结构形式时，板的部分可按承受均布荷载的连续板（以梁为支点）计算，梁的部分可按承受均布荷载以柱为支点的简支梁计算。若底板采用图 8-22 (b) 所示的结构形式时，板按次梁为支点的连续板计算，次梁按受底板传来的均布荷载连续梁计算，主梁按受次梁传来

的集中荷载的简支梁计算。

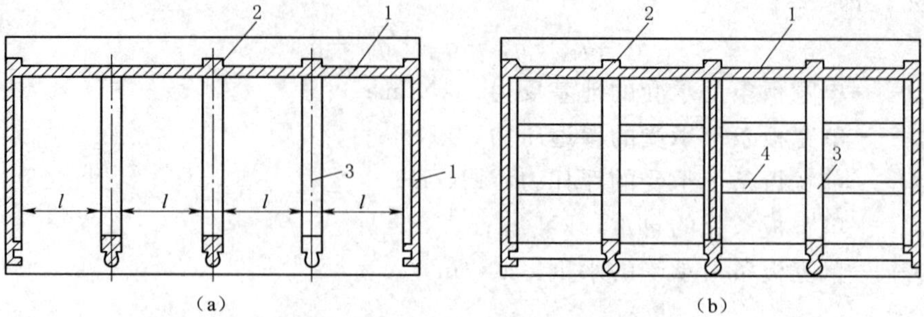

图 8-22 板梁式平底板结构

1—挡土墙；2—排架立柱；3—主梁；4—次梁

思 考 题

1. 泵站类型分为哪几类？各自适用条件是什么？各有什么结构特点？
2. 主机组布置形式有哪几种？各适用什么条件？各有什么优缺点？
3. 泵站的主要辅助设备有哪些？试述每种辅助设备的布置要求。
4. 试述泵站设计思路和步骤。
5. 泵房的尺寸如何确定？
6. 湿室型泵房和干室型泵房的结构有什么区别？尺寸确定时有何不同？

项目九

泵站机组安装与运行管理

通过本章学习，掌握水泵机组与管道安装的方法和安装工艺流程，熟悉水泵运行的操作步骤、水泵常见故障的原因及故障排除方法，了解泵站常用技术指标的测试技术、泵站运行的节能技术及泵站管理的基本知识，为从事水泵机组安装、检修、泵站运行和管理等一线工作奠定基础。

任务一　水泵机组与管道的安装

水泵机组与管道设备的安装，是一项非常重要和十分繁重的工作，安装质量的高低将直接影响泵站的运行和管理，必须以高度的责任心认真对待，全面做好各方面的工作。水泵站的水泵装置安装必须遵循正确的安装顺序，应先安装水泵，再安装动力机和传动装置，然后安装管路及管路附件。

一、机组安装前的准备

泵站机组安装是一项技术性强且较复杂的工作，安装前必须做好各方面的准备工作，否则将很难顺利地按要求完成安装任务。

1. 组织安装队伍

安装前要组织好安装队伍，明确负责人，合理配置技术人员和安装工人。安装人员必须熟悉有关资料和图纸，懂得安装规范，熟悉安装步骤和安装方法。大、中型泵站或重要泵站的机组安装工作应根据规定实行监理制，确保机组安装工作的质量。

2. 工具准备

安装工具是机组安装工作中不可缺少的，一般包括扳手、管钳、手钳、手锤、锉刀、棕绳、钢丝绳、起重设备、钢尺、塞尺、百分表、水准仪、千斤顶、电焊机、花杆、水准尺、撬杠等。

3. 材料准备

安装前根据安装工作的需要，一般应准备以下材料：煤油、铅油、机油、黄油、青壳纸、橡胶垫、油麻绳、棉纱、线绳、油漆、电焊条等。

4. 编制安装进度计划

为保证安装工作能够顺利地如期完成，安装前必须制订详细、切实可行的安装进度计划，安排好各项工作的顺序和时间。

5. 设备的清点检查

设备运到工地现场后，应由专业技术人员进行技术验收，检查设备的规格、数量及质量是否符合要求，检查有关技术文件与资料是否齐全。

二、卧式机组的安装

卧式机组分为有底座和无底座两种。小型机组的水泵和电动机一般多采用直接传动，其底座是共用的。有底座机组安装时，先将底座放于浇筑好的基础上，套上地脚螺栓和螺母，调整位置，使底座的纵横中心位置和浇筑基础时所定的纵横中心线一致。若由于地脚螺栓的限制，不能调整好位置，其误差不能超过±5mm。然后调水平，紧地脚螺母。机座安好后，再将水泵安装在机座上。最后安装动力机（电动机），当采用直接传动时，在动力机固定之前，应先进行同心度量测和调整，再进行轴向间隙量测和调整，两者反复进行，直至满足规定要求。最后固定动力机。

对于无底座直接传动的卧式水泵机组，安装时，先将水泵吊到基础上，与基础上的地脚螺栓对正并穿入泵体地脚螺孔使水泵就位。然后在水泵底脚的四角各垫一块楔形垫片，进行水泵的中心线校正、水平校正及标高校正。反复校正后，再用水泥砂浆从缝口填塞进基础与泵体底脚间的空隙内。灌浆时为不使水泥浆流出，四周应用木板挡住，并保证内部不得存有空隙。待砂浆凝固后，拧紧地脚螺母。动力机的安装与水泵安装基本相同，即先将动力机吊到基础上就位，再采用与水泵相同的调整方法反复进行同心度和轴向间隙的量测与调整。最后进行灌浆固定。安装流程如图 9-1 所示。

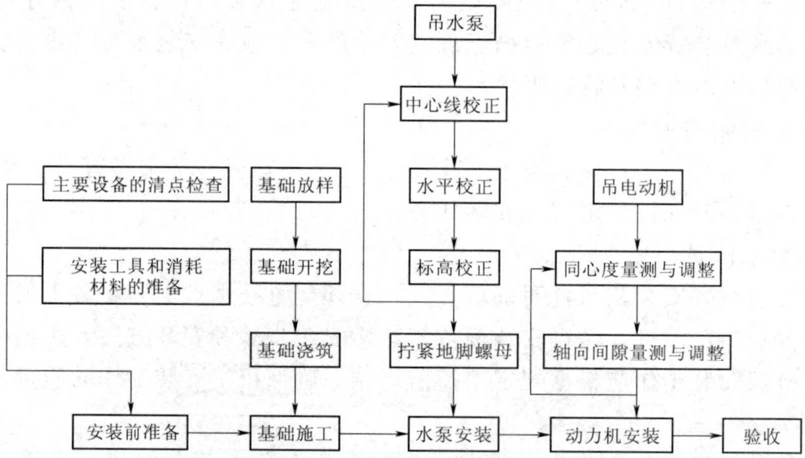

图 9-1 卧式机组安装流程

（一）基础施工

机组基础是按基础放样、基础开挖和基础浇筑三个步骤进行的。机组基础施工按浇筑方法不同可分为一次浇筑法和二次浇筑法两种。一次浇筑法是把地脚螺栓按机组的安装尺寸固定在基坑顶部的横木上（图 9-2），然后浇筑基础混凝土，一次性地将地脚螺栓埋固于基础之中。但在施工中应注意避免地脚螺栓受碰撞而变位所造成机组安装困难。二次浇筑法是在浇筑基础时，根据安装尺寸，预留出地脚螺栓孔（孔径比螺栓直径大 50mm 左右，也可为方孔），在安装机组时，在预留孔中插入地脚螺栓，将机组安装于基础上，然后用细石混凝土灌注预留孔，将地脚螺栓固定。这种方法的优点是可保证机组位置的正确性，但地脚螺栓的抗拉能力不如一次浇筑法。小型机组一般采用一次浇筑法，大中型机组一般采用二次浇筑法。

（二）水泵安装

水泵安装前应先检查机组基础面是否水平，顶部高程是否符合要求。

1. 水泵就位

用起重设备将水泵吊至基础上方，缓慢下降让地脚螺栓穿入泵体的地脚螺孔，使水泵就位。

2. 中心线校正

中心线校正就是要求找正水泵的纵横中心线的位置，使水泵安装到位。根据图纸要求，先在机组基础面上画上泵轴中心线和水泵进、出口中心线，再在水泵进、出口中心和泵轴中心分别吊垂线，然后调整水泵位置，使垂线与基础面上画的纵横中心线相对应，使水泵就位。图 9－3 所示为 Sh 型水泵的中心线找正。

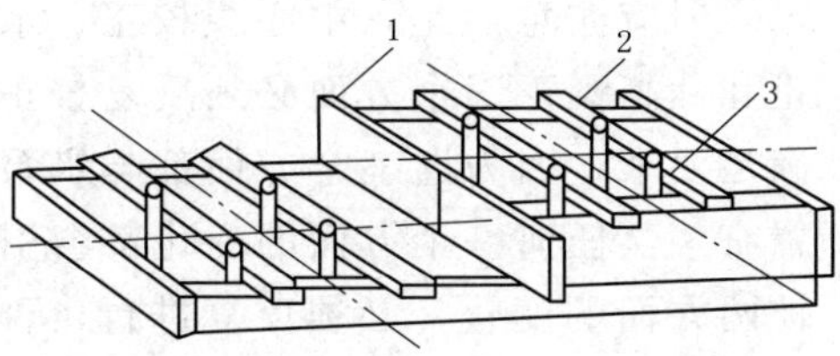

图 9－2　一次浇筑法立模图

1—模板；2—横木；3—地脚螺栓

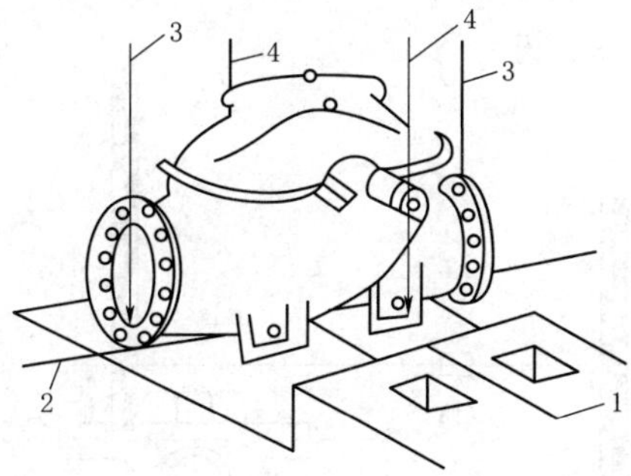

图 9－3　水泵中心线找正

1、2—基础中心线；3—管路中心线；4—泵轴中心线

3. 水平校正

水平校正就是校正水泵纵、横向的水平，使水泵轴线水平。小型离心泵可在泵轴和出口法兰面上测量。如图 9－4 和图 9－5 所示。双吸离心泵可在水泵进出口法兰上进行测量。对于没有达到水平的水泵，可通过调整水泵地板下垫片厚度来使水泵达到纵、横向水平。

4. 标高校正

标高校正就是校正水泵的安装高程，校核的方法是用水准仪和水准尺进行量测，如图 9－6 所示。利用已知水准点上的水准尺读数和泵轴上的水准尺读数，按下式计算水泵的安装高程 H_A

$$H_A = H_B + L - C - \frac{d}{2} \tag{9-1}$$

式中 H_A——水泵的安装高程，m；

H_B——已知水准点 B 处的高程，m；

L——B 点水准尺读数，m；

C——泵轴上水准尺读数，m；

d——泵轴直径，m。

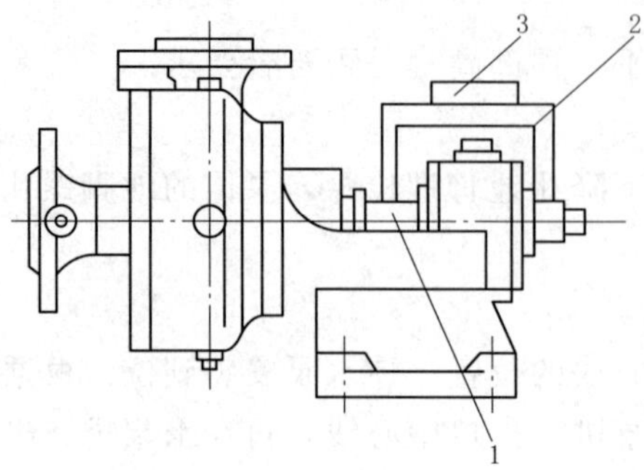

图 9-4 纵向水平找正

1—水泵轴；2—支架；3—水平仪

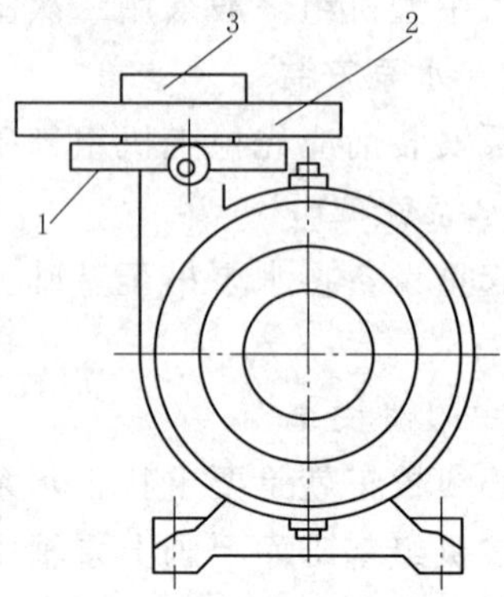

图 9-5 横向水平找正

1—水泵出水口法兰；2—水平尺；3—水平仪

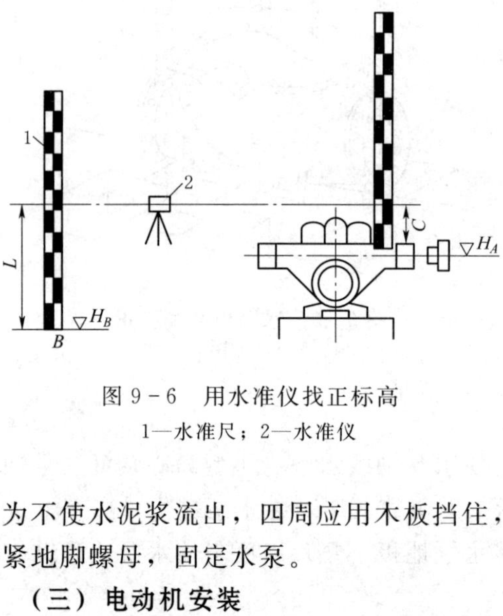

图 9-6 用水准仪找正标高

1—水准尺；2—水准仪

标高若不符合设计要求，通过垫片厚度进行调整。

但应注意的是，中心线校正、水平校正和标高校正三个方面必须反复校正才能满足要求，因为这三个方面都与水泵的位置有关，任何一个方面的变化都会引起其他两方面的变化，必须反复进行，否则就不可能同时满足上述三个方面的要求。

5. 固定水泵

水泵的中心线校正、水平校正及标高校正经反复校正后，再用水泥砂浆从缝口填塞进基础与泵体底脚间的空隙内。灌浆时为不使水泥浆流出，四周应用木板挡住，并保证内部不得存有空隙。待砂浆凝固后，拧紧地脚螺母，固定水泵。

（三）电动机安装

卧式水泵机组大多采用联轴器传动，其电动机的安装以水泵为准，移动电动机的位置，使水泵轴和电动机轴位于同一直线上，并使联轴器安装符合要求。具体安装步骤如下：

（1）电动机就位。用起重设备将电动机调运到机组基础上方，缓慢下降，使电动机就位。

（2）同心度量测和调整。安装电动机时，先装上联轴器。最测前，在联轴器上固定两只百分表，如图 9-7 所示。慢慢地转动联轴器，测出在 0°、90°、180°与 270°四个位置上的径向间隙 a_1、a_2、a_3、a_4 和轴向间隙 b_1、b_2、b_3、b_4。计算径向偏差（a_1-a_3）或（a_2-a_4）、轴向偏差（b_1-b_3）或（b_2-b_4）。要求径向偏差不大于 0.1mm，轴向偏差不大于0.2mm。不满足要求时，可通过移动电动机或调整电动机底板下的垫片调节间隙值，以保证水泵轴和电动机轴的同心度要求。

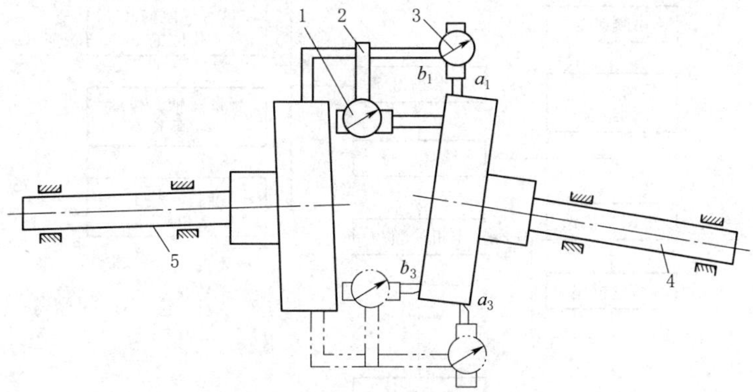

图9-7 用百分表测两轴相对位置

1—轴向百分表；2—表架；3—径向百分表；4—水泵轴；5—电机轴

(3) 轴向间隙量测与调整。轴向间隙是指联轴器两半轮中间的间隙，轴向间隙不宜过大或过小，通常为2～8mm，以防止机组工作时两轴窜动而相互顶撞。间隙的大小用塞尺量测。但应注意的是，轴向间隙量测与调整必须与同心度量测调整配合进行，既要满足同心度要求，又要同时满足轴向间隙要求。

(4) 电动机固定。当同心度和轴向间隙的量测、调整都满足要求后，按照水泵的固定方法，便可以拧紧螺母将电动机进行固定。

三、立式机组的安装

立式机组的安装与卧式机组有所不同，其水泵是安装在专设的水泵梁上，动力机安装在水泵上方的电机梁上。图9-8所示为中小型立式轴流泵机组安装示意图。机组安装流程如图9-9所示。

(一) 检查水泵梁和电机梁

主要是检查水泵梁和电机梁的高程、地脚螺栓孔的位置和孔径大小、梁是否水平等，如不满足要求，进行调整、处理。

(二) 弯管与导叶组合体安装

水泵梁安装就位，经检查满足要求后，将出水弯管、导叶组合体吊到水泵梁上。使弯管上的地脚螺栓孔与水泵梁上的地脚螺栓孔对应，穿入地脚螺栓（暂不拧紧）；再以出水弯管上的导轴承面为校准面，用水准仪校正出水弯管的水平度，不满足时通过调整垫片使之水平；然后将出水弯管固定在水泵梁上；最后把出水弯管上口垫上橡胶止水垫圈，将出水弯管与出水管连接起来。

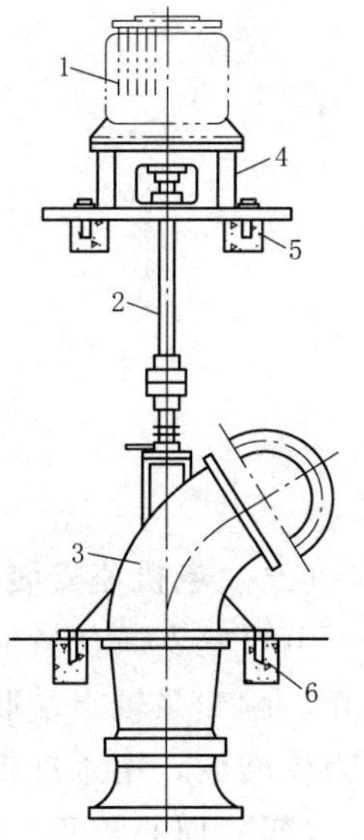

图9-8 立式机组安装示意图

1—电动机；2—传动轴；3—水泵；4—电机座；5—电机梁；6—水泵梁

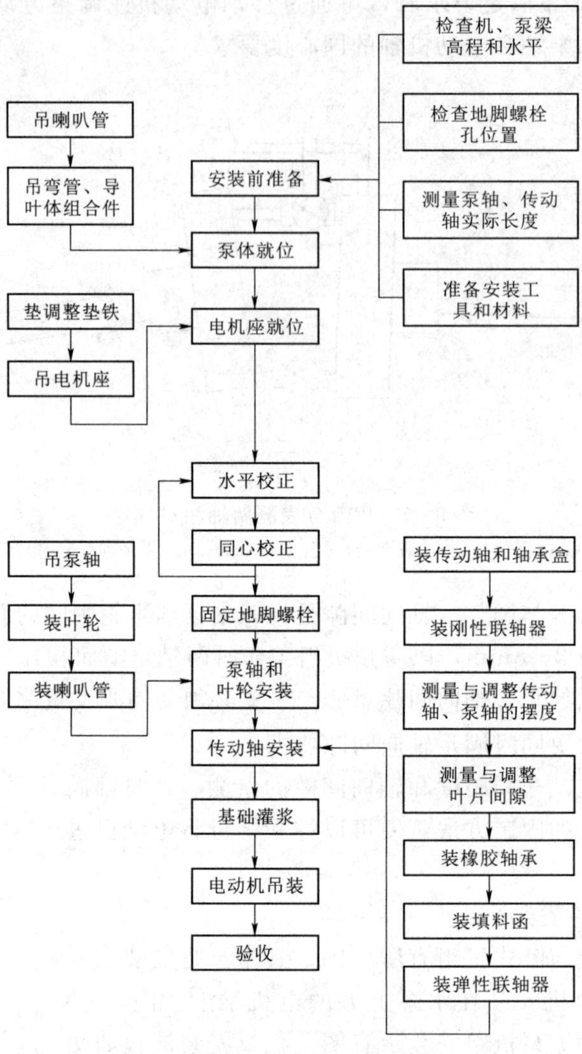

图 9-9　立式机组安装流程

(三) 电机座安装

电机座安装位置应通过预装确定，预装时将泵轴吊入导轴承孔内，试装叶轮与叶轮外壳，测出泵轴上端联轴器的平面高程，计算出电机座的安装高程。以电机座的上轴承面为校准面，用水准仪量测其水平度，调整机座下面的垫片厚度使之满足要求。

(四) 同心校正

同心校正是校正电机座上传动轴孔与水泵弯管上泵轴孔的同心度，施工中通常称为找正或找平校正。同心度的校正可采用不同的方法，但工程中最常用且最简便的方法是吊锤校正法，如图 9-10 所示。其步骤是：先找两轴孔的中心点，再使两中心点位于同一垂线上。具体方法是：在上、下两轴孔内分别嵌入一块不能松动的薄木板，用圆规在木板上画出轴孔中心（注意不能有丝毫的差错），在电机座轴孔内的木板上的轴孔中心位置钻一个小孔，以能穿过测锤的细线或细钢丝为宜，将吊锤钢丝穿过小孔，下垂到下轴孔处，然后调整机座位置，使吊锤对准下轴孔中心为准。为了找正方便，测锤距离下木板面应不超过 1mm，将测锤绷紧即可。总之，要使测锤的尖端与下木板的中心重合为止。找正和找平应多次反复校正，直至水平和同心度均完全符合要求方可。

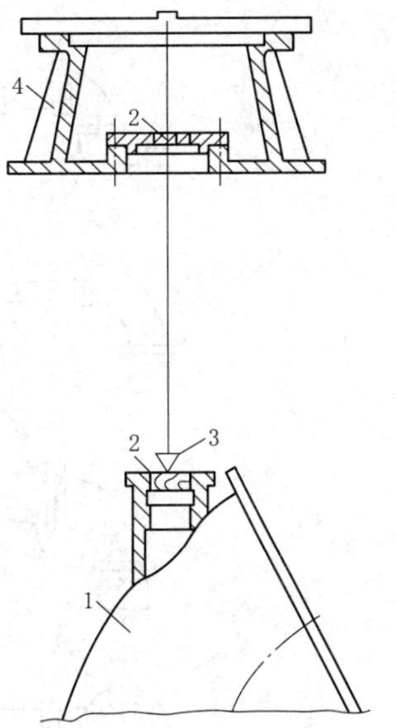

图 9－10　吊锤校正同心度
1—出水弯管；2—定位圆木板；3—吊锤；4—电机座

（五）传动轴及泵轴摆度的量测与调整

测量与调整传动轴、泵轴摆度，目的是使机组轴线各部位的最大摆度在规定的允许范围内。方法是：先将机组的推力头、刚性联轴器和下导轴承三个部件的外圆等分成 8 等份（等分时必须上下相互对应），定为 8 个测点。然后在这三个部件上各取互成 90°的地方分别固定一只百分表，使表的测杆接触被测部件的外圆周表面，用人工盘车方法使机组慢慢旋转，同时依次记录各测点的百分表读数，将同一部位上互成 180°的各点读数相减，求出全摆度值，然后将刚性联轴器和推力头同一方位上的全摆度值相减，求出刚性联轴器的净摆度值，即传动轴的摆度。

传动轴的支承面为推力头，推力头在推力轴承上转动，造成传动轴摆动的原因主要是推力头底面与传动轴轴线不垂直。当求出的摆度值不满足规定要求时，通常是采用刮磨推力盘底面的方法进行调整。

传动轴摆度调整好后，再调整泵轴摆度。泵轴摆动的原因主要是联轴器平面与泵轴线不垂直，通常用铲削传动轴联轴器平面的方法解决。

四、管道的安装

水泵机组安装完成后，就可进行管道安装。管道安装前必须检查管子和附件的好坏、数量、质量、规格等是否符合设计、施工和安装要求，法兰盘是否对孔，螺钉等是否齐全，偏心管和正心管是否垂直正确。对于混凝土管、铸铁管及其附件，应做水压试验，有渗漏现象的不能应用。安装时分别从水泵进口和水泵出口开始，按设计要求逐次向外安装。

（一）管道安装要求

1. 管道严格密封

进水管道不能漏气，出水管道不能漏水。

2. 安装位置正确

应严格按照设计轴线位置安装，不得随意更改管道位置。

3. 进水管道不能有存气的地方

进水管道水平段应有一定坡度，沿水流方向管道逐渐上升，保证空气能顺利排出；偏心渐缩管的平面在上，斜面在下，水泵进口应避免直接与弯头相连接，两者之间应加装一段直管，如图 9－11 所示。

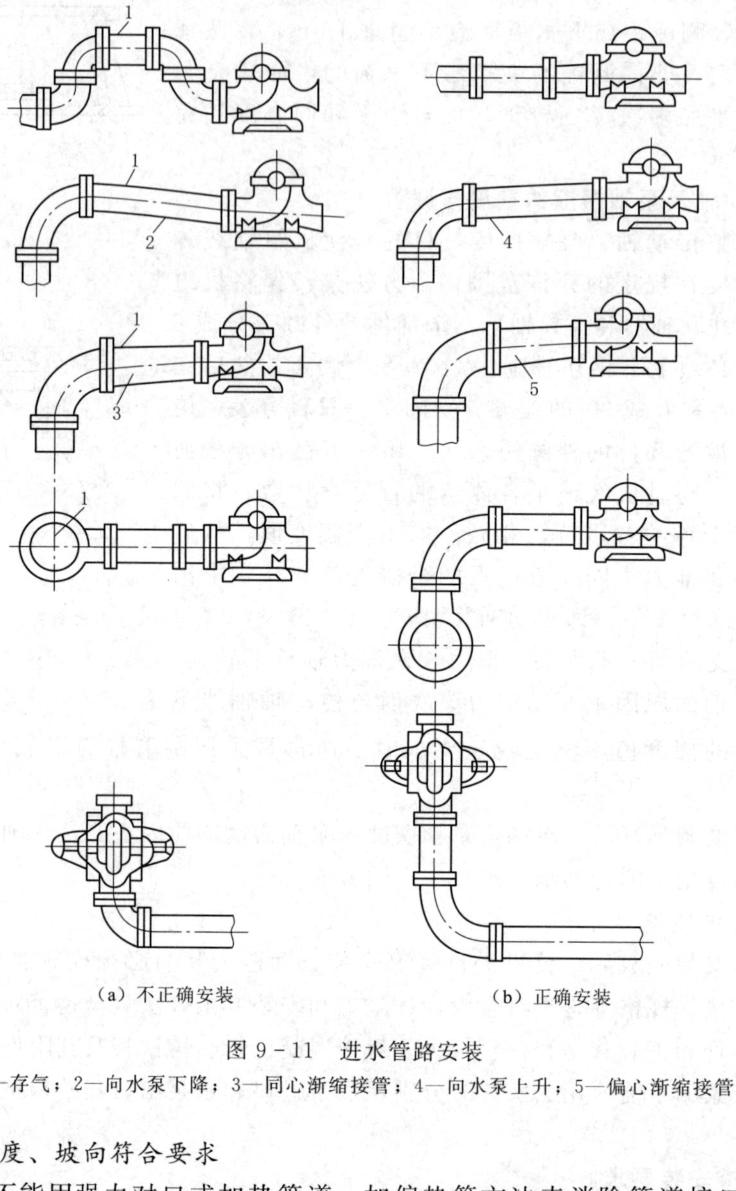

(a) 不正确安装 (b) 正确安装

图 9-11 进水管路安装

1—存气；2—向水泵下降；3—同心渐缩接管；4—向水泵上升；5—偏心渐缩接管

4. 管道坡度、坡向符合要求

管道连接不能用强力对口或加热管道、加偏垫等方法来消除管道接口的空隙、偏差、错口等缺陷。

5. 管道必须支承和固定

管道不宜直接铺设在地面上，必须支承在支墩和镇墩上，水泵进、出口的管道及阀件必须设置支承。

6. 应在泵房与进水池处设柔性接头

为了避免泵房与进水池发生不均匀沉陷，使管道遭受破坏，应分别设置柔性接头（用橡胶或塑料制成）或刚性接头（用钢材制成）。管道与墙体间的缝隙必须进行防渗处理。

7. 刚性连接的长出水管道上应设伸缩节

在刚性连接的长出水管道上，为避免管道内产生较大温度应力，应设置伸缩节以保证管道的自由伸缩，伸缩节应与管道同心，伸缩量应满足设计要求。

（二）管道的连接

为保证管道的密封良好，管道安装连接是非常重要的。管材不同，铺设方法不同，管道的连接方法不同，管道接头的连接也不一样。管段间通常采用法兰盘、承插式接头和套管式接头连接。钢管大多采用法兰盘连接，铸铁管、混凝土管及钢筋混凝土管多采用承插式接头，大直径的平口钢筋混凝土管多采用套管式接头。

1. 法兰盘连接

连接时，应在连接两管段的法兰盘之间加垫一层涂有白铅油的 3～5mm 厚橡胶（或石棉）垫圈，也可用桐油石灰加麻绳作垫圈。垫圈应端正位于两法兰盘之间，不能有偏移和厚薄不均现象。管子就位后，校正垫圈，再将螺栓及螺母点上机油，对称地上紧螺栓。

2. 承插式接头

承插式接头有填料止水式和橡胶止水式两种。管道铺设时，每节管段的前端为插口，末端为承口，插口插入已铺好管段的承口中，插口端面与承口支撑面间应留有 3～8mm 空隙，以承受温度变化或其他原因引起的管子伸缩变形。填料止水承插式接头是在插口外壁与承口内壁间的间隙中嵌入油麻绳等填料，外口处用石棉水泥或水泥砂浆封实，如图 9-12 所示。橡胶止水承插式接头是在安装时，先将橡胶圈套在插口上，再将插口对准就位的管子承口，徐徐插进，直至达到端面要求的空隙，如图 9-13 所示。这种方法施工进度快，止水效果好。

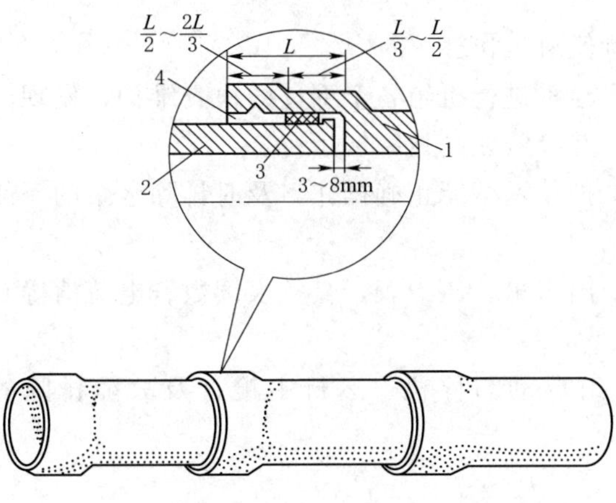

图 9-12　填料止水承插式接头

1—承口；2—插口；3—油麻绳；4—石棉水泥

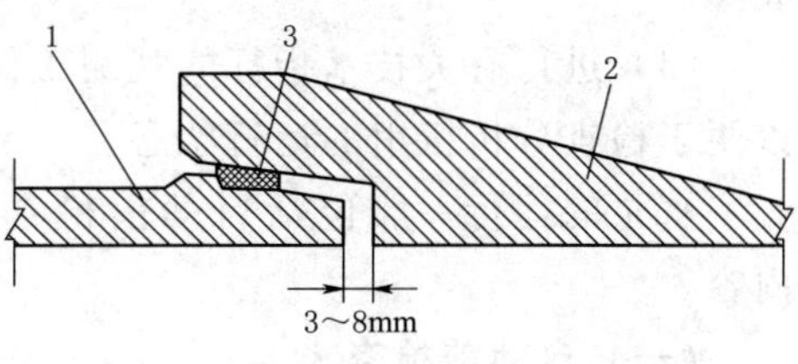

图 9-13　橡胶止水承插式接头

1—插口；2—承口；3—橡胶圈

3. 套管式接头

套管式接头是在管子接口部位套上一短管（套管），管子与套管之间的空隙（一般为 12～15mm）用油填料嵌实，然后用水封堵两侧。为便于套管与管壁的结合，通常对封堵部位的管子外壁和套管内壁表面进行凿毛处理。套管式接头如图 9-14 所示。

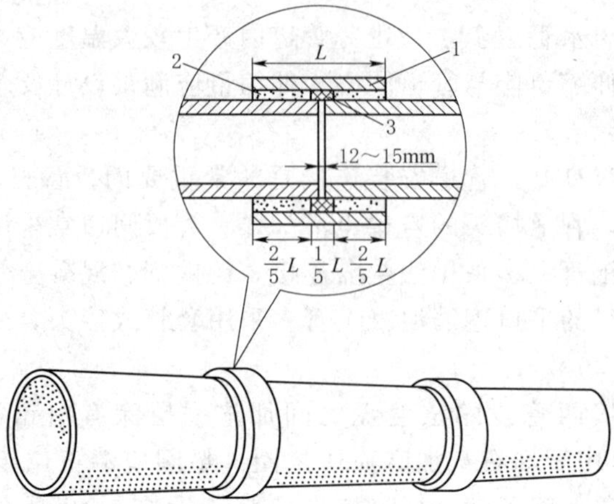

图 9-14 套管式接头

1—套管；2—石棉水泥；3—油麻绳

任务二 泵站的运行管理与故障排除

一、水泵站的运行

水泵站的运行与管理是水泵站经营管理的一项重要工作，其目的就是管好、用好水泵站，使其安全可靠、高效率、低能耗地运行，充分发挥水泵站的作用。为实现这一目标，运行人员应达到如下要求：

(1) 严格遵守安全操作规程，做好运行值班工作。

(2) 熟悉机电设备的构造和性能特点，经常进行机组各个部件的检查维护，发现问题及时处理，使机组处于良好的技术状态，并经常在高效率区运行。

(3) 熟练掌握水泵的运行操作方法和维护技术，能正确操作，及时排除水泵的一般故障。

(4) 进行有关技术指标的观测工作（如出水量、压力表、真空表读数、电流值等），以便于检查分析机组的运行状态。

水泵的运行一般包括启动前检查、机组启动与停机、运行中检查及故障排除等内容。

(一) 启动前检查

机组启动前必须做好全面的检查工作，检查的内容主要有：

(1) 进出水流道的检查。在进水口检修闸门关闭的情况下，进水池及拦污栅周围应无杂物，便于闸门的启闭；闸门的起吊设备应处于完好状态；闸阀设备等应安全可靠。

(2) 盘车检查。用手转动联轴器，手感是否灵活均匀，有无受阻和异常声音，发现问题及时解决。

(3) 轴承和填料函检查。检查轴承中润滑油是否清洁、油位是否符合标准线。填料函压盖松紧程度是否合适，水封管路有无堵塞。

(4) 辅助设备系统及仪表检查。检查辅助设备系统的漏水、漏电、漏气情况；电压表是否指示在正常电压范围内，电流表、真空表、压力表等是否正常。

(5) 其他外部条件检查。电气设备是否完好，水位、真空吸水条件是否成熟。对于新安装机组、长期停用的机组或检修后首次启动的机组，启动前应检查各处螺栓是否拧紧，机组旋转方向是否正确；其他零部件是否达到了机组安装的质量要求。

经过上述检查，各方面均属正常时，才可启动机组。

(二) 机组启动

机组启动步骤如下：

(1) 灌水或抽真空引水。离心泵在充水前应将出水管上的闸阀关闭。对于进水管直径小于或等于 300mm 的水泵可采用人工灌水启动，亦可采用真空泵抽真空引水；进水管直径大于 300mm 时，宜采用真空泵抽真空引水。无论是采用人工灌水还是抽真空引水，都应先打开泵壳顶上阀门，然后进行引水，发现水泵顶端水标管已显示有水，则表示水泵和进水管已充满水，关闭阀门，停止真空泵工作，此时可以启动水泵。

(2) 机组启动。充水完成后，关上排气阀，先开补偿器，合上电源，机组启动，打开压力表，压力表显示适当的压力后，打开真空表，观察压力表、真空表、电流表是否正常，若无异常情况，逐渐打开出水管阀门直至进入正常运行状态。

轴流泵和深井泵的启动比较容易，准备工作完成后，只要加水润滑上橡胶轴承，即可启动，至动力机达到额定转速后，停止加水，此时可用水泵抽上来的压力水进行润滑。

(3) 启动后的检查。机组启动后，应对水泵填料函、轴承、各类仪表、电气设备等做一次检查，发现问题应及时进行处理；若一切正常，则机组启动过程结束。

(三) 运行中检查

机组在正常运行过程中，工作人员应经常巡回观察机组运行情况，发现异常情况及时处理。主要检查内容有：

(1) 监视水泵运行是否有振动和异常杂声。机组投入运行后，监视其运行是否平稳，声音是否正常，以判断机组运行状况。若发现有异常杂音或不正常的振动、慢转等现象，应立即关闸停机检查，找出问题，避免发展为重大事故，修理完好后再开机。

(2) 检查填料函的工作情况。不能过紧也不能过松，要保证在正常运行状态。正常漏水程度为每分钟 10～60 滴。滴水过多，说明填料磨损或填料压盖过松，起不到水封作用，空气易于进入泵内，破坏真空，致使水泵效率降低。滴水过少，说明填料压盖过紧，填料易被磨损发热，同时增加了泵轴的机械磨损，进而增大了功率损失。

(3) 注意轴承温度变化。水泵电动机的轴承温度不宜过高，一般滑动轴承不得超过 70℃，滚动轴承不得超过 90℃。通常采用的方法是凭经验用手摸，若烫手，说明温度过高。轴承温度过高，将导致润滑油质分解，摩擦面油膜被破坏，润滑失败，致使轴承温度更趋升高，严重时会造成泵轴咬死，甚至发生断轴事故。

（4）监视仪表读数。机组是否正常工作可通过各种仪表反映出来，每台机组都有自己的工作参数值，监视仪表读数，若发现不正常，要仔细分析原因，采取措施加以排除。

（5）监视进水池水位。若水位降得过低，水泵进水口产生涡流，空气可能被吸入泵内，对水泵运行十分不利。此时应采取措施，使进水池中水位升高。

（6）定时做好泵站运行记录。泵站运行记录数据是泵站经济运行或进行经济分析的重要依据，对于判断泵站技术状况以及做出相应的决策都有着重要意义。所以，运行值班人员必须认真做好运行记录，即把出水量、压力表、真空表、电流表、电压表等技术数据准确地记录下来。对机组的异常情况，应增加记录内容，以便分析原因，及时排除。

（四）停机

（1）离心泵在停车时，首先慢慢关闭出水管上的闸阀，然后切断电源，停止电动机转动；停泵后，将真空表、压力表及冷却水管阀门关闭；做好泵体清洁卫生和保养工作。

（2）轴流泵在停车时，可直接切断电源，使电动机停止运转，水泵也就停止运行了。然后关闭冷却水及轴承润滑管上的阀门。

（3）若为多台机组，应逐台停车。

（4）对于水轮泵，停车时，闸门或活动导水叶要关严，以避免漏水时水轮泵继续低速运转，烧毁橡胶轴承。

（5）深井泵停车后不能立即再次启动，以防产生水流冲击，一般间隔 5min 以后再启动。对于长期停止运行的深井泵，最好每隔几天运行一次，以防零部件的锈死。

（6）冬季长时间停车时，应将泵体下部螺钉打开，放空水泵内的剩余水，以防止水泵冻裂。

二、水泵站的管理

泵站管理的目的是既要确保人员、设备安全，又要保证机组安全可靠、高效率、低成本地运行。泵站的管理内容包括许多方面，如组织管理、设备管理、用水管理、财务管理、工程管理等。因此，要做好泵站的管理工作，必须不断积累和学习先进的管理经验，建立健全科学合理的规章制度。

（一）人员组成及岗位职责

因水泵站的性质、规模不同，管理人员的组成也不相同。一般的水泵站通常应设站长、技术员、运行班长与值班员四个职位，其职责应有区别。管理人员应各负其责，相互配合，并相互协调工作。

（二）管理制度

建立健全科学合理的泵站管理制度是充分发挥泵站作用和提高泵站效率的重要环节。制度的合理与否取决于制度是否切实可行，是否有利于管理、有利于生产。管理制度的制定，必须从实际出发，认真做好调查研究。各地区可结合泵站设备的具体情况和运行规律，必要的安全操作规程和交接班制度等。

1. 运行维修制度

运行维修制度包括开停机制度、值班巡视制度、检查维修制度等。开停机制度主要包括机组的开机程序、停机程序与临时停机程序，以及有关的要求和规定等；值班巡视制度主要包括机组运行后，值班人员应尽的职责和必须遵守的各项规章制度等；检查维修制度主要包括对机组进行维修及全面检查时应遵循的原则和规定等。

2. 交接班制度

交接班制度的建立主要是为了加强工作人员的组织性、纪律性，增强其工作责任心。其主要内容包括交接班时间、交接班时的工作转接要求、对接班人员的要求、对交班人员的要求及责任划分等。

3. 安全生产制度

安全生产制度是保证安全生产的前提条件，泵站所有工作人员都应严格遵守。其内容主要包括：带电和转动部分的保护；限制非管理人员进入泵房；高压电气设备的安全操作与劳动保护；开关控制设备的正确操作顺序；值班人员的精神状态与健康状况等。

三、水泵故障排除及维护

（一）水泵常见故障及排除

水泵在运行中可能会发生这样或那样的故障，若不及时排除，将会导致零件损坏，影响正常抽水。水泵的故障现象很多，产生的原因也各不相同，但正确判断故障原因是排除故障的前提。只要根据现象找出故障原因，提前预防和采用有针对性的排除方法及时排除，就能使机组继续正常运转。水泵常见故障、产生原因及排除方法列于表 9－1，以供参考。

表 9－1　水泵常见故障及排除

故障现象	产生原因	排除方法
启动后水泵不出水或出水量少	1. 启动前没有充水或未充满水 2. 底阀未打开或滤水网堵塞 3. 进水管口未淹没在水中或淹没深度不够 4. 叶轮流道被堵塞 5. 水泵转向不对或叶轮装反 6. 转速不够 7. 填料函及进水部分漏气 8. 进水管路安装不合理，存有气囊 9. 水面有漩涡，带入空气 10. 进水池水位下降或水泵安装过高 11. 水泵装置扬程大于水泵性能扬程	1. 停车重新充水 2. 修理或清除杂物 3. 降低进水管口，增加水下淹没深度 4. 打开泵盖，清除杂物 5. 调整转向，重新安装叶轮 6. 检查电压是否降低，调整转速 7. 加强密封、水封或修补管路 8. 改装进水管路，消除形成气囊部位 9. 加大进水口淹没深度或采取措施 10. 调整水泵安装高度 11. 更换水泵型号
水泵开启不动或功率过大	1. 填料压得过紧，泵轴弯曲磨损 2. 联轴器间隙过小 3. 电压过低 4. 转速过高 5. 泵内有杂物 6. 进水管吸入泥沙和泥沙堵死水泵 7. 流量过大	1. 松压盖，校直修理泵轴 2. 调整间隙 3. 检查电路 4. 降低转速 5. 清除杂物 6. 排除泥沙 7. 适当关闭出水闸阀，调节流量

续表

故障现象	产生原因	排除方法
机组有异常振动和噪声	1. 基础螺栓松动或安装不完善 2. 联轴不同心或轴有弯曲 3. 转动部分松动或损坏 4. 轴承磨损 5. 进水管漏气 6. 叶轮孔道堵塞 7. 泵轴缺油 8. 发生汽蚀 9. 有石块落入泵内	1. 拧紧螺栓，填实基础 2. 调整同心度，校直或更换泵轴 3. 加固松动部分，更换损坏部件 4. 更换或修理轴承 5. 检查漏气部位，进行修补 6. 清除堵塞杂物 7. 加油至要求油位 8. 降低吸水高度 9. 清除石块
轴承过热	1. 轴承安装不良 2. 轴承磨损或松动 3. 轴承缺油和油太多 4. 油质差，不干净 5. 轴承损坏 6. 滑动轴承的甩油不起作用 7. 轴向推力不平衡	1. 校正轴承 2. 修理或更换轴承 3. 调整加油量 4. 更换新油 5. 更换轴承 6. 调整油环位置和更换油环 7. 检查平衡装置
填料函过热	1. 填料压得过紧 2. 填料环位置不准 3. 填料内冷却水不通 4. 泵轴与填料环的径向间隙过小	1. 调节填料压盖松紧 2. 调整填料环位置 3. 检查水封管路，保持畅通 4. 调整好泵轴与填料函的径向间隙
填料函漏水过多	1. 填料磨损 2. 填料压得不紧 3. 水封水水质差，泵轴磨损 4. 水封水压力过大	1. 更换填料 2. 拧紧压盖或更换填料 3. 换清洁水并修理泵轴 4. 减小水封水的压力
运行中扬程降低	1. 转速降低 2. 出水管道损坏 3. 叶轮损坏 4. 水中进入空气	1. 检查原动机及电源 2. 关小出水阀门，检查管道 3. 拆开修理 4. 检查进水管道及填料函的严密性
电机过载（轴流泵）	1. 叶片安装角过大 2. 水泵转速过大 3. 出水拍门开启度过小或装有出水闸阀没全部打开	1. 减小叶片安装角度 2. 降低转速 3. 检查拍门和闸阀开启度过小的原因

（二）排除水泵故障应注意问题

（1）详细了解故障发生前的情况，并进行系统的检查，以便分析、判断故障的原因。

（2）水泵发生一般故障，尽可能不要马上停机，以便在运行中观察故障情况，正确分析故障原因。

（3）先不急于拆卸水泵，应先用听声音、听振动、看仪表等外部检查法来判断，弄清事故的原因、位置，然后决定是否需要拆卸水泵进行检修或修理。

（4）水泵产生故障的原因很多，情况也比较复杂，涉及的范围较广，必须针对具体情况具体分析，先检查经常发生及容易判断的原因，再检查较为复杂的原因。

（5）进行不停机检查时，一定要注意安全，只容许进行外部检查，而且不能触及旋转部件。

(6) 突发严重故障时，应立即关机，以防事故扩大，并采取相应的措施保证人身安全与设备安全，避免事故发生。

(三) 水泵的维护

做好水泵的维修与养护工作是十分重要的，通过对水泵的日常维护，可以及时发现水泵的事故隐患并加以排除，恢复其正常工作性能，延长使用寿命。水泵的维护包括日常保养、定期保养、小修和大修。日常保养主要指水泵部件及管道的养护与防腐保洁；定期保养是指每隔一段时间由操作人员进行的一次全面养护；小修是每年进行一次的检查维修，工程上通常称为岁修：大修是指每隔几年对水泵解体进行仔细清洗检查的全面检修。由于各地机组情况、运行条件和正常维护检修的水平各异，大修周期可根据实际情况确定。

有关水泵保养与检修的情况见表 9-2。

表 9-2 水泵保养与检修

级别	保养检修内容	周期	完成人员
日常保养 (一级保养)	1. 保持水泵清洁 2. 观察水泵的运行，有无杂音或振动，保持正常运转 3. 检查各部位螺钉的松动情况、填料函松紧情况、轴承油质和油量，保持各部件正常 4. 填写水泵运行记录	每天进行	操作人员
定期保养 (二级保养)	1. 完成日常保养的全部内容 2. 压力表、真空表及其导管的清扫，保持各种表计的指示准确 3. 保持水封管正常冷却和密封	运行 720h 进行一次	操作人员
小修（岁修）	1. 完成定期保养的全部内容 2. 打开泵盖，取出转动部件 3. 轴承盖解体，清扫、换油、重新调整间隙 4. 对各零部件进行肉眼检查和尺寸测量，并记录设备检修档案 5. 修理在运行中发生的各种缺陷，更换零部件，紧固全部螺钉 6. 仔细调整联轴器同心度 7. 确定是否提前或推迟大修	运行 2000h 左右进行一次	检修人员
大修	1. 对水泵进行解体，拆卸所有零件，仔细检查并清洗 2. 更换所有带有缺陷和损坏的零件 3. 测量并调整泵体间隙和同心度	运行 5000～ 12000h 进行一次	检修人员

在进行水泵检修过程中应注意以下事项：

(1) 水泵的拆卸与装配应严格按照拆装顺序进行，易于混淆的零部件应做好标志，以避免错装。

(2) 在水泵的拆卸和装配过程中，应注意合理地使用工具，禁止使用大锤直接敲打部件，必须使用时，应垫木块操作。

(3) 螺母锈死时，应先浇上煤油或喷上松锈剂，待渗入螺纹后再拧松，以免拧断螺栓或拧滑螺母而造成拆卸的麻烦。螺母拆下后应带在螺栓上一起保存，最好放入煤油中浸泡。

(4) 检修过程中一定要提高安全意识，注意人身和设备的安全，特别是起吊工作更应仔细检查，以免发生事故。

值得注意的是，机组的大修还包括检修安装后的试车和验收。试车前应进行全面检查，经检验合格后，先进行空转试验，然后进行带负荷试验。水泵在设计负荷下运转不少于2h。机组经过带负荷试车合格后，即可办理验收手续。

任务三 泵站经济技术指标确定

泵站技术管理工作的评估，是根据国家规定的技术经济指标，以定量计算为依据进行考核的同时，也为提高泵站管理水平，进行技术改造提供基本依据。泵站管理的主要任务是管好工程设备，充分发挥泵站的效益，促进经济发展，省水节能，降低排灌成本。为了加强泵站工程技术管理，把管理工作集中在泵站机电设备和泵站建筑物范围内，《泵站技术管理规程》(GB/T 30948—2021) 规定考核泵站技术管理工作应以下列八种技术经济指标为依据。

一、建筑物完好率

工程完好率是指在泵站管理机构负责技术管理范围内的全部工程中，完好的工程数占工程总数的百分比。

建筑物完好率可按下式计算

$$K_{jz}=\frac{N_{wj}}{N_j}\times 100\% \tag{9-2}$$

式中 K_{jz}——建筑物完好率，即完好的建筑物数与建筑物总数的百分比；

N_{wj}——完好的建筑物数；

N_j——建筑物总数。

建筑物完好率不应低于85%。

二、设备完好率

设备完好率是指水泵机组的完好台套数占总台套数的百分比，是反映泵站机组设备技术状态的重要指标，用下式表示

$$K_{sb}=\frac{N_{ws}}{N_s}\times 100\% \tag{9-3}$$

式中 K_{sb}——设备完好率，即泵站机组的完好台套数与总台套数的百分比；

N_{ws}——机组完好的台套数；

N_s——机组总台套数。对于有备用机组的泵站，计算设备完好率时，机组总台套数中可扣除轮修机组数量。

设备完好率不应低于90%，为提高设备完好率，可开展“设备升级”竞赛，发动和依靠群众，进行技术革新，改善设备的技术状态。

三、泵站效率

泵站效率是机组输出功率与输入功率比值的百分数。泵站效率反映了泵站运行中水泵动力机、传动装置、管路系统、进水池的综合效率，其表达式为

测试单台机组时

$$\eta_{bz}=\frac{\rho g Q_b H_{bz}}{1000P}\times 100\% \tag{9-4}$$

式中 η_{bz}——泵站效率；

ρ——水的密度，kg/m^3；

g——重力加速度，m/s^2；

Q_b——水泵流量，m^3/s；

H_{bz}——泵站净扬程，m；

P——电动机输入功率，kW。

测试整个泵站时

$$\eta_{bz}=\frac{\rho g Q_z H_{bz}}{1000\sum P_i}\times 100\% \tag{9-5}$$

式中 η_{bz}——泵站效率；

ρ——水的密度，kg/m^3；

g——重力加速度，m/s^2；

Q_z——泵站流量，m^3/s；

H_{bz}——泵站净扬程，m；

P_i——第 i 台电动机输入功率，kW。

注：泵站净扬程指泵站引水渠道（管道、进水河道）末端到出水渠道（管道、出水河道）首端的水位差。

泵站效率应根据泵型、泵站设计扬程或平均净扬程以及水源的泥沙含量，并符合表9-3的规定。

表 9-3　　泵站效率规定值

泵站类别		泵站效率/%
轴流泵站或导叶式混流泵站	净扬程小于 3m	≥55
	净扬程为 3～5m（不含 5m）	≥60
	净扬程为 5～7m（不含 7m）	≥64
	净扬程小于 3m	≥68
离心泵站或蜗壳式混流泵站	输送清水	≥60
	输送泥沙水	≥55

注　对于长距离管道输水的泵站，考虑到输水管道水力损失所占比重较高，可根据工程实际运行情况，考核泵段效率。

四、能源单耗

能源单耗是指水泵机组将 1000t 水提高 1m 所需的能量。计算能源单耗的基本公式

如下

$$e=\frac{\sum E_i}{3.6\rho\sum Q_{zi}H_{bzi}t_i} \tag{9-6}$$

式中 e——能源单耗，即水泵每提水1000t、提升高度为1m所消耗的能量，[kW·h/(kt·m)]或[kg/(kt·m)]；

E_i——泵站第i时段消耗的总能量，kW·h；或燃油，kg；

Q_{zi}——泵站第i时段运行时的总流量，m^3/s；

H_{bzi}——第i时段的泵站平均净扬程，m；

t_i——第i时段的运行历时，h。

泵站能源单耗考核指标应符合下列规定：

(1) 对于电力泵站，净扬程小于3m的轴流泵站或导叶式混流泵站和输送含泥沙水的离心泵站或蜗壳式混流泵站能源单耗不应大于4.95kW·h/(kt·m)，其他泵站不应大于4.53kW·h/(kt·m)。

(2) 对于内燃机泵站能源单耗不应大于1.28kg/(kt·m)。

(3) 对于长距离管道输水的泵站，能源单耗考核标准可根据工程实际运行情况，在(1)、(2)规定的基础上适当降低。

五、供排水成本

供排水成本包括电费或燃油费、水资源费、工资、管理费、维修费、固定资产折旧和大修理费等。泵站工程固定资产折旧率应按《泵站技术管理规程》的规定计算，见表9-4。

表9-4　泵站工程固定资产基本折旧率表

固定资产分类	折旧年限/a	净残值占原值/%	每年基本折旧率/%
一、堤或闸涵建筑物			
1. 大型混凝土、钢筋混凝土闸	50	0	2.00
2. 中小型混凝土、钢筋混凝土堤、闸	50	0	2.00
3. 土、土石混合等当地材料堤坝	50	0	2.00
4. 混凝土、沥青等防渗的土、土石、堆石、砌石等当地材料堤坝	50	0	2.00
5. 中小型涵洞	40	0	2.50
二、泄洪、放水管或洞建筑物			
1. 大型混凝土、钢筋混凝土管、洞	50	0	2.00
2. 中小型混凝土、钢筋混凝土管、洞	40	0	2.50
3. 浆砌石管、洞	30	0	3.33
4. 砖砌管、洞	20	0	5.00
三、引水、灌排渠（河）道、管网			
（一）大型			
1. 混凝土、钢筋混凝土引水渠道	50	0	2.00

续表

固 定 资 产 分 类	折旧年限/a	净残值占原值/%	每年基本折旧率/%
2. 一般浆砌引水、灌溉渠（河）道	50	0	2.00
3. 混凝土、沥青等护砌防渗渠（河）道	40	0	2.50
4. 跌水、渡槽、倒虹吸等建筑物	50	0	2.00
（二）中小型			
1. 一般浆砌引水、灌溉渠道	40	0	2.50
2. 混凝土、沥青等护砌防渗渠道	30	0	3.33
3. 塑料等非永久性防渗渠道	25	0	4.00
4. 跌水、渡槽、倒虹吸节制闸、分水闸等	30	0	3.33
（三）输排水管网			
1. 陶管、混凝土、石棉水泥管网	40	0	2.50
2. 钢管、铸铁管网	30	0	3.33
3. 塑料管	20	0	5.00
四、河道整治工程			
砌石堆石护岸	25	5	3.80
五、房屋建筑			
1. 金属和钢筋混凝土结构	50	5	1.90
2. 钢筋混凝土、砖石混合结构	40	4	2.40
3. 永久性砖木结构	30	4	3.20
4. 简易性土木建筑	15	5	6.33
5. 临时性土木建筑	3	5	19.0
六、金属结构			
1. 压力钢管（出水管道）	50	5	1.90
2. 大型闸阀、启闭设备	30	5	3.17
3. 中小型闸阀、启闭设备	20	5	4.175
七、机电设备			
1. 大型电力排灌设备	25	5	3.80
2. 中小型电力排灌设备	20	5	4.75
3. 中小型机排、机灌设备	10	5	9.50
八、输配电设备			
1. 铁塔、水泥杆	40	4	2.40
2. 电或大木杆线路	30	4	2.40
3. 变电设备	25	5	3.80
4. 配套设备	20	4	4.80
5. 其他专用设备	40	4	2.40
九、计算机监控系统			

续表

固定资产分类	折旧年限/a	净残值占原值/%	每年基本折旧率/%
1. 计算机	6	1	16.50
2. 监控设备	8	1	12.38
3. 视频设备	8	1	12.38
4. 自动化元件	10	1	9.90
十、工具、设备			
1. 生产工具、用具、勘测、实验、观测和研究等仪器设备	10	3	9.70
2. 铁路运输设备、钢制水上运输设备	25	5	3.80
3. 汽车等机动设备	15	5	6.30
4. 木质水上运输设备	10	3	9.70

供排水成本的核算有三种方法，各泵站可根据具体情况选定适合的核算方法。

（1）按单位面积核算

$$U=\frac{f\sum E+\sum C}{\sum A} \tag{9-7}$$

（2）按单位水量核算

$$U=\frac{f\sum E+\sum C}{\sum V} \tag{9-8}$$

（3）按kt·m核算

$$U=\frac{1000(f\sum E+\sum C)}{\sum GH_{bz}} \tag{9-9}$$

式中 U——供排水成本；按单位面积核算时，元/(hm^2·次）或元/(hm^2·a)；按单位水量核算时，元/m；按kt·m核算时，元/(kt·m)；

f——电单价，元/(kW·h)；或燃油单价，元/kg；

$\sum E$——供排水作业消耗的总电量，kW·h；或燃油量，kg；

$\sum C$——除电费或燃油费外的其他总费用，元；

$\sum A$——供排水的实际受益面积，hm^2；

$\sum G$、$\sum V$——供排水期间的总提水量，t或m^3；

H_{bz}——供排水作业期间的泵站平均扬程，m。

供排水成本宜与该泵站前3年平均水平比较，或在同类泵站间比较。

六、供排水量

供排水量可按下式计算

$$V=\sum Q_{zi}t_i \tag{9-10}$$

式中 V——供排水量，m^3；

Q_{zi}——泵站第i时段的平均流量，m^3/s。

t_i——泵站第i时段的历时，s。

七、安全运行率

安全运行率是泵站建筑物和机组安全运行时间的考核指标，按下式计算

$$K_a=\frac{t_a}{t_a+t_s}\times 100\% \tag{9-11}$$

式中 K_a——安全运行率；

t_a——主机组安全运行台时数，h；

t_s——因设备和工程事故，主机组停机台时数，h。

安全运行率应符合下列规定：

（1）电力泵站不应低于98%。

（2）内燃机泵站不应低于90%。

（3）对于有备用机组的泵站，计算安全运行率时，主机组停机台时数中可扣除轮修机组的停机台时数。

八、财务收支平衡率

财务收支平衡率是泵站年度内财务收入与运行支出费用的比值。泵站财务收入包括国家和地方财政补贴、水费、综合经营收入等；运行支出费用包括电费、油费、工程及设备维修保养费、大修费、职工工资及福利费等。

财务收支平衡率可按下式计算

$$K_{cw}=\frac{M_j}{M_c} \tag{9-12}$$

式中 K_{cw}——财务收支平衡率；

M_j——资金总流入量，万元；

M_c——资金总流出量，万元。

财务收支平衡率指标 K_{cw} 不应低于1.0。

泵站技术经济指标考核结果可按表9-5的内容和格式填写。

表9-5　泵站技术经济指标考核表（______年）

泵站管理单位（盖章）：　　　　考核时间：____年____月____日

序号	考核项目		单位	要求指标	实际指标
1	建筑物完好率		%		
2	设备完好率		%		
3	泵站效率		%		
4	能源单耗	电力泵站	kW·h/(kt·m)		
		内燃机泵站	kg/(kt·m)		
5	供排水量	灌溉或城镇供水量	m^3		
		排水量	m^3		
6	供排水成本	按kt·m核算	元/(kt·m)		
		按水量核算	元/m^3		
		按面积核算	元/(hm^2·次)		

续表

序号	考 核 项 目	单 位	要求指标	实际指标
7	安全运行率	%		
8	财务收支平衡率	%		
基本情况	装机台套与装机功率/(台套/kW)	泵站最高扬程/m		
	实际灌排面积/万亩	泵站最低扬程/m		
	水泵型号	泵站平均扬程/m		
	实际运行台时	同时运行的水泵（台）数		

任务四 泵 站 测 试

为了评定泵站的管理经营水平，在进行泵站考核的过程中，需要对有关基本数据进行现场测试，然后通过分析和计算，确定出泵站的技术经济指标。测试的仪器和方法多样，如：测压力的有压力表、真空表、弹簧式压力计和液体测压计等；测转速的有转速表、光电转速计、闪光测速法、直流测速发电机等；测流量的有量水堰（三角形、梯形、矩形）法、弯头量水计、体积计时法、涡轮式流量计、电磁流量计、核磁共振流量计和激光流量计等；测流速的有流速仪、浮标测流法、毕托管测流法等；测轴功率的有功率表、马达天平法、电表法等。

下面将一般中小型站常用的测试方法加以介绍。

一、水位、压力测定和扬程计算

1. 进出水池水位的测量

（1）水位尺法。在进、出水池的水位观测点垂直安装经过校正后的水位标尺，用水准仪测量水位标尺的零点高程，直接测读池水面的水位高程。

（2）浮子水位尺法。在进、出水池岸边建一测井，并和水位观测点连通，然后在一个直径约 200mm 的浮子上固定一根连杆，在连杆的上部附有标尺，浮子带动连杆在测井内随水面的升降而升降，通过已知高程的一个不动指针，读出连杆标尺上的数值，即可算出测井内（即进、出水池）的水位。

在测井处也可用浮子水位指示器，遥测和现场测读进、出水池水位。浮子水位尺法一般适用于水位变化小的场合。

将实测的进水管进口处水位∇_1、出水管出口处水位∇_2，以及引渠末端处水位∇_3和出水池后干渠首端处水位∇_4（图 9 - 15），分别按下列公式计算实际扬程和净扬程

$$H_{实}=\nabla_2-\nabla_1 \tag{9-13}$$

$$H_{净}=\nabla_4-\nabla_3 \tag{9-14}$$

式中 $H_{实}$——实际扬程，m；

$H_{净}$——净扬程，m。

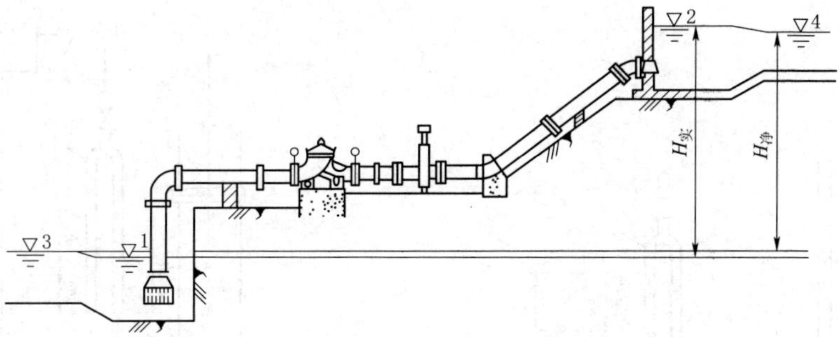

图 9-15 进出、水池水位及实际扬程与净扬程示意图

2. 压力测量和扬程计算

(1) 水泵进口处压力测定。当水泵进口压力低于大气压力时，用水柱差压计进行测试，测试设备布置如图 9-16 所示。当参比水位筒的参比水位与水泵的基准面齐平时，水泵进口真空压力测试值为

$$h_s = h \tag{9-15}$$

如果参比水位比水泵基准面低 Z，则

$$h_s = h + Z \tag{9-16}$$

如果参比水位比水泵基准面高 Z，则

$$h_s = h - Z \tag{9-17}$$

式中 h_s——水泵进口处测压点从基准面算起的真空压力值，m；

h——水柱差压计的水柱差，m；

Z——参比水位筒的参比水位与水泵基准面之间的垂直高差，m。

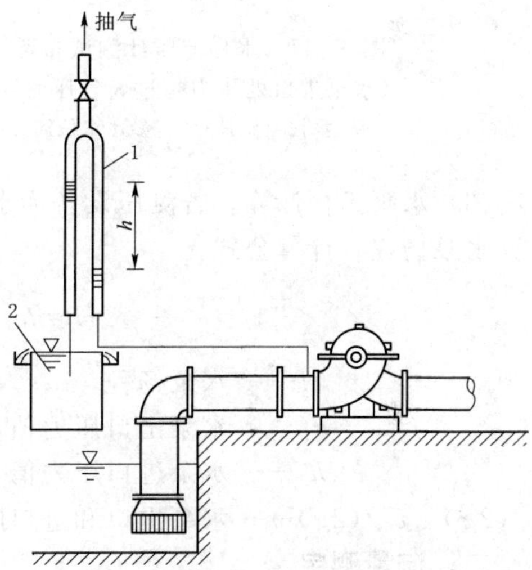

图 9-16 水柱差压计测试布置
(水泵进口处压力低于大气压时)
1—水柱差压计；2—参比水位筒

若水泵进口处压力超过大气压力，水柱差压计的测试布置如图 9-17 所示（参比水位筒的参比水位大致接近进水池的平均水位），水泵进口压力测试值为

$$h_s = Z - (h_1 - h_2) \tag{9-18}$$

式中 h_s——水泵进口处测压点从基准面算起的压力值，m；

h_1、h_2——水柱差压计两水柱的高，m；

Z——参比水位筒水面与水泵基准面之间的垂直高度，m。

(2) 水泵出口处压力测定。如果用水柱差压计测试，其测试设备布置如图 9-18 所示。水泵出口的压力测试值为

$$h_d = Z + (h_1 - h_2) \tag{9-19}$$

式中 h_d——水泵出口处测压点从基准面算起的压力值，m；

h_1、h_2——水柱差压计两水柱的高，m。

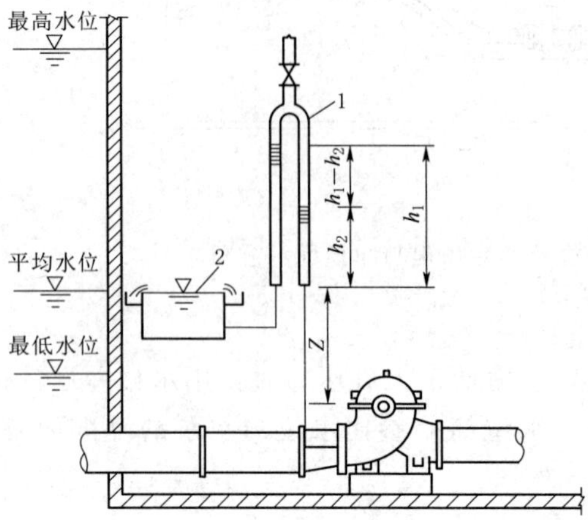

图 9-17 水柱差压计测试布置
（水泵进口处压力超过大气压时）
1—水柱差压计；2—参比水位筒

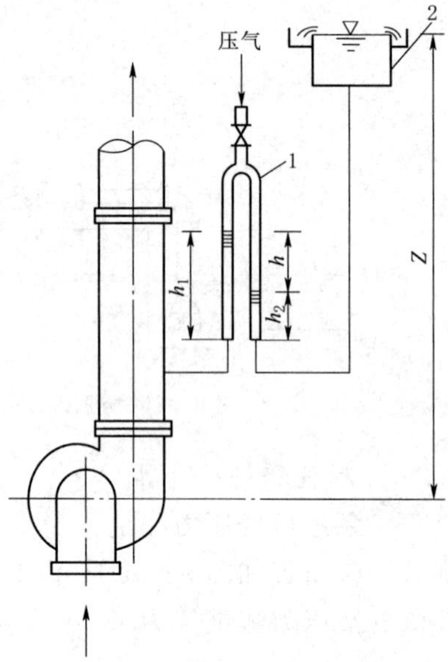

图 9-18 用水柱差压计测量
水泵出口压力
1—水柱差压计；2—参比水位筒

（3）水泵扬程计算。若测压设备为水柱差压计，当水泵进出口压力测定以后，即可计算水泵扬程。计算公式为

$$H=h_d-h_s+\frac{v_2^2-v_1^2}{2g} \tag{9-20}$$

式中 H——水泵扬程，m；
h_d——水泵出口压力值，m；
h_s——水泵进口压力值，m，压力低于大气压力时，h_s 取负值；
$v_2^2/(2g)$、$v_1^2/(2g)$——水泵出口和进口断面处的流速水头，m。

二、流量测定

流量测定的方法很多，常用方法有流速仪法和差压法等。

1. 流速仪法

流速仪法是用流速仪测量过流断面上各测点流速，然后求出过流断面的平均流速，再乘以过水断面面积，即得该过流断面上的流量。

应注意，在明渠中测流时，测流断面前后至少应各有 1m 的衬砌长度，测流断面的宽度和深度必须大于 0.8m。在压力管道中测流时，要求圆形管道直径大于 9 倍流速仪旋桨直径，或管径不小于 14m。测流断面要选在上游具有 20 倍管径（或 80 倍水力半径）的直管段，下游具有 5 倍管径（或 20 倍水力半径）的直管段的地方，断面上测点数应不少于 13 个。当管径在 250～500mm 时可采用 CBL 型泵站流速仪测定流量，该仪器可直接读出流量值。

2. 差压法

在水泵的进水管道上选择两个测压断面，分别与差压计相连通，就组成了测定水泵流量的差压流量计。

(1) 弯头流量计。如图 9-19 所示。在进水管的 90°弯管的内、外两侧钻孔与差压计相连，利用弯管内、外两侧水流产生的压力差，根据动量原理，计算水泵流量。其计算公式为

$$Q = C\mu D^2\sqrt{\frac{R}{D}}\sqrt{h} \tag{9-21}$$

式中 Q——水泵流量，m^3/s；

C——常数，$C=(\pi/4)\sqrt{g}$；

μ——流量系数；

D——管路直径，m；

R——弯头的曲率半径，m；

h——差压计的压差水柱高度，m。

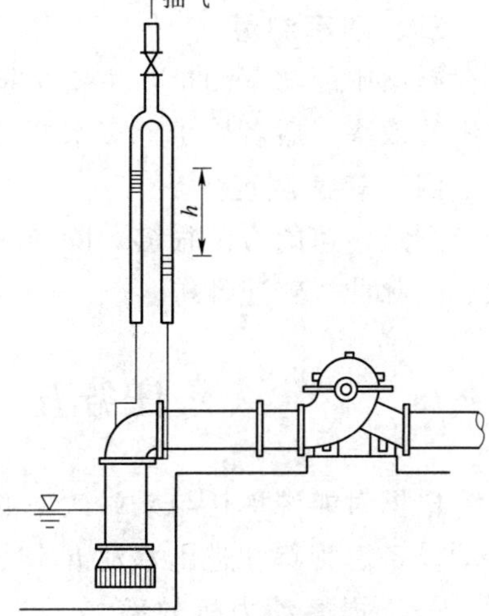

图 9-19 弯头流量计测流量

(2) 进水管差压法。进水管差压法是利用水泵进水管道的水头损失和水泵进口动压降与进水池形成的压差进行测流的一种方法。如图 9-20 所示。根据真空水柱差压计测定的进水池水面和水泵进口断面处的压差，按下式计算其流量

$$Q = C\sqrt{h} \tag{9-22}$$

式中 Q——水泵流量，m^3/s；

C——流量系数，通过现场标定后确定；

h——差压计水头差，m。

(3) 进口喇叭差压法。进口喇叭差压法是根据动能和压能转换原理，利用真空水柱差压计测量进水池静压与喇叭口收缩断面处之间的压差（图 9-21）。通过标定测试确定出流量系数后，按式（9-22）计算其流量。该方法适用于中小型轴流泵站。

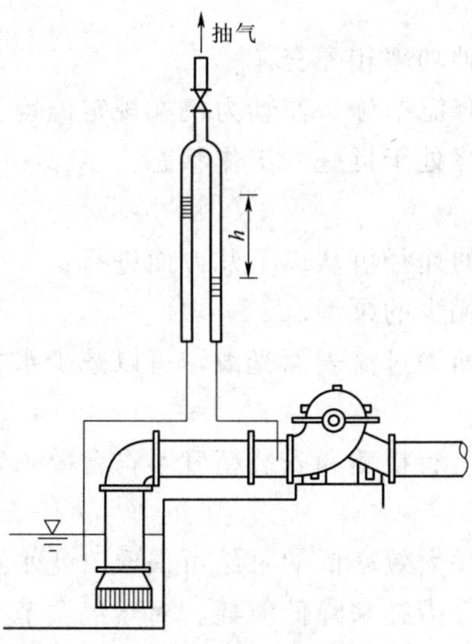

图 9-20 进水管差压法测流量

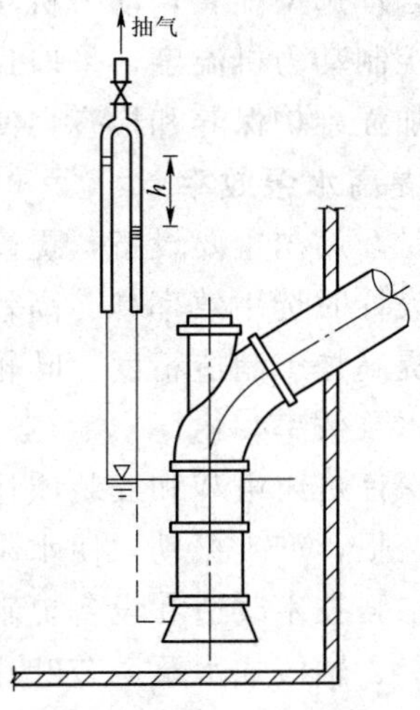

图 9-21 进口喇叭差压法测流量

泵站测流的方法很多，除上述方法外，毕托管法也是常用方法之一，大型泵站还可采用食盐浓度、超声波流量计等方法测定水泵流量。

三、功率测量

泵站中的功率测量，主要是指电动机输入功率和水泵轴功率的测量，前者用于计算机组的效率，后者用于计算水泵的效率。功率测量常用马达天平法和电表测算法。

四、转速测定

测定转速的方法很多，除使用各种测速表外，目前广泛使用的还有晶体管数字测速仪、电脉冲式转速计等。

任务五 泵站节能技术运用

根据对能源单耗与泵站效率的研究分析，泵站节能的关键在于提高动力机、水泵、传动设备、管路和进出水池五个方面的效率。

一、提高动力机效率

1. 电动机

当接近满载时动力机效率最高；负载越小，效率越低。因此要求泵机应合理配套，避免“大马拉小车”。若为异步电动机，可采用变极、变转差率和变频等手段实现变速调节。若为同步电动机，则可改变励磁电流调整其功率因数，使动力机的负载达到配套要求。

2. 柴油机

动力机为柴油机，当存在“大马拉小车”情况时，应根据柴油机的特性曲线，进行变速调节，使柴油机在其允许工作范围内耗油率最低的区域内正常运行。当存在“小马拉大车”情况时，应在水泵工作允许条件下，适当降低水泵转速，使水泵性能适应柴油机的动力要求。

主要从以下几方面考虑：

(1) 合理选型配套，动力机功率与水泵轴功率相配套。

(2) 控制动力机温度，采取良好的通风降温措施，使动力机在规定温度下运行。

(3) 加强维护保养和检查，使动力机始终处于良好的工作状态。

二、提高水泵效率

水泵是泵站内主要设备，提高水泵效率的途径可从以下几方面进行：

(1) 设计时选用效率高、高效区宽、能耗少的泵型。

(2) 提高加工制造精度。叶轮流槽、盘面等过流表面光滑，可以减少水力损失，有利于提高水泵效率。

(3) 保证机组组装和安装质量。若水泵组装粗糙和安装精度不符合要求，水泵运行时会加速磨损，产生振动，使水泵效率降低。

(4) 加强技术改造和设备更新。对于能耗大效率低的泵站可采取改变水泵转速、车削叶轮外径、轴流式水泵调节叶片安装角度等措施来降低能耗。对于经调节和改造后仍不能满足实际要求的，应考虑更换性能好、效率高、能耗低的水泵，进行设备更新。

(5) 合理选择机组。水泵的效率与流量、扬程有关，只有在水泵设计工况下，才能保证水泵的效率最高。偏离设计工况点，其效率就会下降。所以，对于扬程、流量随时有变化的泵站，最好采取大小水泵搭配工作，满足多数工作点在水泵高效率区内运行。

(6) 合理确定水泵安装高程。安装过高，会发生汽蚀现象，使流量、扬程效率大幅度下降。

(7) 加强维护管理。使水泵保持最佳技术状态。水泵运行一定时间后，不可避免地会产生机件磨损，增大泵内损失，降低水泵效率。所以，及时进行维护保养，更换已损坏零部件是保证水泵高效、正常工作的必要措施。

三、提高传动效率

传动效率与传动方式有关，直接传动效率最高。因此，当动力机的转速满足水泵运行工况要求时，应选择直接传动。当水泵与动力机转速不配套时，可采用变速调节，除采用皮带传动方式外，根据实际情况，还可采用齿轮变速箱、塔形皮带轮等传动方式。机组在运行时，应保持传动设备的安装质量，首先应保持泵轴和动力机轴的同心度安装标准，对于皮带传动设备，应避免皮带打滑并保持皮带轮包角值，以提高传动效率。

四、提高管道效率

(1) 采用经济管径。管道通过一定的流量，可以采用不同的管径。管径越大，水头损失越小，管道效率就越高，但加大管径将使工程造价提高。所以，在管道节能和增加管径两个方面应进行技术经济比较，选择投资少、耗能低的最优方案。当管径小于经济管径的条件下，加大管径也是提高管道效率的重要措施。

(2) 改善管道布置，减少不必要的管道附件。尽量减少管道长度，管道长度与管道损失成正比，管道越短，损失越小，管道效率就越高。管道中附件越多、形状越复杂，管道水头损失越大，效率就越低。所以，尽量缩短管道长度、减少管道附件，不仅可减少工程投资，而且还可减少能耗，提高管道效率。

(3) 提高管道的严密性。当管道安装质量较差，接口漏水时，处于负压状态时将会吸入空气，减小过流断面，引起管道效率下降，故提高管道的严密性，也可提高管道的效率。

上述措施可提高管道效率，减少能耗，但在具体应用时应注意，若水泵运行工作点长期处于额定工作点左侧，采取减少管道损失措施之后，不仅可以提高管道效率，而且也可使水泵效率提高，轴功率接近水泵额定工作点的轴功率，负荷系数增大，电机效率也可提高，泵站可以获得良好的节能效果。相反，水泵运行工作点长期处于水泵额定工作点右侧，仅采取减少管道损失的措施，则会使水泵运行工作点偏离额定工作点更远，其水泵效率下降会使电动机超载，有可能产生汽蚀，造成泵站总效率下降。对于此种情况，要考虑采取调速、车削叶轮直径等措施，达到节能的目的。

五、提高进出水池效率

计算进出水池效率的公式如下

$$\eta_{池}=\frac{H_{净}}{H_{净}+\Delta h}\times 100\% \tag{9-23}$$

式中 $H_{净}$——泵站净扬程，m；

Δh——进出水池的水头损失，m。

由式（9-23）可知，提高进出水池的效率，必须减少进出水池的水头损失。这就要求水泵机组在运行时，应保持进出水池中的水流均匀、水位平稳。若因设计、施工、管理工作的不完善影响水泵正常工作，降低泵站进出水池效率，应根据实际情况，加以改进。此外，泥沙、水草等杂物进入水泵，将会影响水泵正常工作，甚至会发生事故。所以，增设沉沙、拦污等设备，改善水质，保持水流正常流态都可提高进出水池的效率。

思 考 题

1. 水泵机组安装前应做哪些准备工作？
2. 卧式和立式机组安装的步骤有哪些？安装时应注意哪些问题？
3. 机组安装过程中如何进行找平找正？
4. 同心度如何校正？
5. 管道安装一般有哪些要求？常用管段接头形式有哪些？
6. 泵站运行内容主要有哪些？泵站运行前和运行中的检查内容有哪些？
7. 水泵启动时应按照哪些步骤启动？
8. 水泵检修时应注意哪些问题？
9. 水泵常见故障的原因有哪些？
10. 国家规定考核的八项技术经济指标是什么？
11. 水位、压力、扬程、功率和转速如何测定？
12. 泵站节能的途径有哪些？

参 考 文 献

[1] 万亮婷，袁俊森．水泵与水泵站［M］．2版．郑州：黄河水利出版社，2008．

[2] 王春堂，孙玉霞．水泵与水泵站［M］．郑州：黄河水利出版社，2011．

[3] 吴宏平，陶家俊，刘春晖．水泵与水泵站［M］．3版．郑州：黄河水利出版社，2016．

[4] 张良瑜，谭雪梅，王亚荣．泵与风机［M］．北京：中国电力出版社，2005．

[5] 王文川．工程水文学［M］．北京：中国水利水电出版社，2013．

[6] 刘鸿文．材料力学［M］．7版．北京：高等教育出版社，2024．

[7] 王春堂，王光辉．农田水利学［M］．北京：中国水利水电出版社，2023．

[8] 中华人民共和国住房和城乡建设部．GB 50265—2022 泵站设计标准［S］．北京：中国计划出版社，2022．